掛《かけ》川《がわ》 東《とう》海《かい》金《きん》 著

密教姓名学《音声篇》

奇門遁甲に基づく音声による名前の吉凶

有名人の実例で見る《開運》名づけ辞典付

太玄社

序言

「姓名」には、「音声」「字形」「字義」「画数」という四つの要素がありますが、このうち、「字形」「字義」「画数」は、「漢字」を使う「なまえ」にしか適用できません。

その点、「音声」という要素は世界共通であり、「ママ」のような「人類共通語」も存在するように、「なまえ」の「音声」は、どの人種・民族でも同様の「心理作用」を与えるものと考えることができ、「ひらがな」「カタカナ」「アルファベット」「アラビア文字」「ハングル」などの「表音文字」で表記される「なまえ」も、「発音」さえわかれば、その良し悪しや適性などを判断することができます。『密教姓名学』には「音・形・義・数」という四つの要素が揃っていますが、最初に《音声篇》を公開することにしたのは、右のような利点を考慮したものです。

本書を利用される方は、イメージする「なまえ」を「名づけ辞典」で参照し、その「音声」の組み合わせが、どの「分類」に当てはまり、どんな有名人の「なまえ」と共通するかを見てください。また、巻末の「名づけ漢字字典」には、「字義」についても大まかな説明がありますから「名づけ」の参考にしていただければ幸いです。

平成二十九年孟夏

掛川東海金

出版に寄せて

「名前」とは、物や人物に与えられた言葉で、対象の概念を明確にし、対象を呼んだり、識別する際に使われ、その目的は存在の認識にあるといえるでしょう。

名前は、「名色」(みょうしき)と、仏教では定義されます。名(naaman)と色(ruupa)の「名」とは心的・精神的なものであり、「色」は物質的なものとされ、「名色」はそれらの集まりであり、複合体とされます。古代のウパニシャッド哲学では、現象世界の名称(naaman)と形態(ruupa)、つまり概念とそれに対応する存在の意味に用いられていました。

仏教に伝わってからは、「名」と「色」でそれぞれ個人存在の精神的な面と物質的な面を表し、「名色」とはそのような心的・物的な諸要素より成る個体的存在のこととされ、本書は名前が持つ仏説からの因果関係を根底とし、「密教」と題されています。本書の内容は、体系的には「奇門遁甲姓名学」となっており、これまでの「画数」主体の「姓名学」とは異なり、「音声」主体の「姓名学」です。

名前の「名」は、「名前」の意味で古代より用いられ、「名」は人や物などを区別する呼び方であり、声に出して使うものという見方から、「音(ね)」と同じ語源と考える説もあるように、「名前」の吉凶を音で判断する方法論は根拠に乏しいものではないと思います。本来の日本語「ナマエ」の「ナ」は「ネ」(音)に由来する説からも、「音声姓名学」は、「名前」を音声として聞き、認識した人々が心理的にその音声をイメージと共に喚起し、心理的印象を伴い人物像を判断したり想起したりするうえで、その思考方式を心理的な印象ということに着目し辿るという意味で、とても興味深いものであると思いました。

文中、例題として著名人の名前なども出てきますが、その中でも「シンタロー」の例が際立っており、読んでいて「音声」による姓名学の的確さと面白さを感じます。

五十音順に配したインデックスの見やすい「五十音《音声別》名づけ辞典」による吉凶一覧に加え、「名づけ漢字字典」も所収され、これから名づけをする人たちにとって参考となる一冊となり、よくまとまっています。また、これまでの画数による日本の画一な画数姓名学とは一線を画する音声姓名学の書として白眉の著でもあります。

統計として根拠となるデータも示すことができない眉唾の「名前」の画数による吉凶の迷信に陥るのではなく、今後は心理学的にも研究されるべきである「音声」による「心理効果」という「名前」の未知の分野を奇門遁甲の術理をもって開拓していく本書が、名づけで悩む人々の愁眉を開く作品となることを願ってやみません。

２０１７年5月18日

山道帰一

密教姓名学《音声篇》――目次

すべてのものに「名」がある

五十音《音声別》名づけ辞典

名づけ漢字字典

すべてのものに「名」がある

「奇跡の人」――すべてのものに「名《なまえ》」がある

すべてのものに「なまえ」がある、と言えば、『奇跡の人』ことヘレン・ケラーの逸話を思い出す人が多いでしょう。ヘレン・ケラーの「奇跡」を呼び起こした家庭教師のアン・サリバンは、手紙の中で次のように述べています（1887年4月3日の手紙）。

『奇跡の人』（1962年米国映画）より

3月31日に、ヘレンが18の名詞と3つの動詞を知っていることがわかりました。ここにその単語のリストがあります。X印のついた単語は、彼女が自分からたずねたものです。

doll, mug, pin, key, dog, hat, cup, box, water, milk, candy, eye(X), finger(X), toe(X), head(X), cake, baby, mother, sit, stand, walk

4月1日には、knife, fork, spoon, saucer, tea, papa, bed,という名詞と、run という動詞を覚えました。

ヘレン・ケラーは生まれつきの障がい者ではなく、1歳7か月のときの高熱により、視力と聴力を失ったため、それまでに知った単語をいくつか覚えていたのでした。
それでは、なぜこの井戸の場面が、ヘレンが「すべてのものに『なまえ』がある」ことを理解した瞬間とされるのでしょうか。

アン・サリバンの1887年4月5日の手紙では、

井戸小屋に行って、私が水をくみ上げている間、ヘレンには水の出口の下にコップをもたせておきました。冷たい水がほとばしって、コップを満したとき、ヘレンの自由な方の手に「w-a-t-e-r」と綴りました。その単語が、たまたま彼女の手に勢いよくかかる冷たい水の感覚にとてもぴったりしたことが、彼女をびっくりさせたようでした。彼女はコップを落とし、くぎづけされた人のように立ちすくみました。
ある新しい明るい表情が顔に浮かびました。彼女は何度も「water」と綴りました。それから、地面にしゃがみこみその名前をたずね、ポンプやぶどう棚を指さし、そして突然ふり返って私の名前をたずねたのです。私は「Teacher」と綴りました。（中略）家にもどる道すがら彼女はひどく興奮していて、手にふれる物の名前をみな覚えてしまい、数時間で今までの語彙に三十もの新しい単語をつけ加えることになりました。

（出典：アン・サリバン『ヘレン・ケラーはどう教育されたか』）

ヘレン・ケラーはその時のことを、『私の生涯』という自著の中で、次のように記述しています。

「だれかが水を汲んでいるところでした。先生は私の手をその水の吹き出し口の下に置きました。冷たい水が片方の手の上をほとばしり流れている間、先生はもう片方の手に《water》と言う単語を、始めはゆっくりと、次には速く、綴りました。私はじっと立って、先生の指の動きに全神経を集中させました。突然私は、なにか忘れていたものについての微かな意識、わくわくするような思考のよみがえりを感じました。そして、どういうわけか、**言語の持つ秘密**が私に啓示されたのです。

私はその時、**w-a-t-e-r**という綴りが、私の手の上を流れている、この素晴しい、冷たい物を意味していることを知ったのです。この生き生きとした単語が、私の魂を目覚めさせ、光と希望と喜びを与え、(暗黒の世界から)解き放ったのです。実のところ、まだ越えなければならない障害はありましたが、その障害もやがては取り払われるはずのものでした。

たまらないほど勉強したくなって、私は井戸小屋を去りました。すべての**物が名前を持ち、各々の名前が新しい思想を産み出す**のです。家に戻ると、私の触るあらゆる対象が、まるで生命に溢れてうち震えているかのように思えました」(太字は筆者)

それまでに、ヘレンが知っていた単語と、井戸小屋の場面で知った「すべてのものに『なまえ』がある」ことの違いは何なのでしょうか。

そもそも「なまえ」とはいったい何なのでしょうか?

「名《なまえ》」とは何か――老子 第一章

道可道非常道　道の道とすべきは常の道にあらず
名可名非常名　名の名とすべきは、常の名にあらず

この世には、「法則」「原理」「真理」などと呼ばれるもの、つまり「道」がありますが、永久不変の「法則」「原理」「真理」と言えるものはなく、時間的・空間的条件により、どんな「法則」「原理」「真理」も変化してしまうものです。

「法則」「原理」「真理」などと同じように、「名」は絶対的なものではなく、時間的・空間的条件が変化すれば、「名」も変わってしまいますし、「名」が同じでも意味が違っていたりするものです。

「名」とは、あるものが何であるかを認識するためにあり、人間は「名」がなければ、そのものを認識することができませんから、どんなものであれ、必ず「名」をつけて呼ぶのです。

無名天地之始　天地の始めを無と名づけ、
有名万物之母　万物の母を有と名づく

宇宙の始まりには、まだ何もなかった、と考えることができますが、何もない状態には、認識する主体も客体もおらず、認識することすらできません。このような、何も認識できない状態を「無」と

言います。人間は何にでも名前をつけないと認識することができないので、何も認識できない状態を「無」と名づけました。

宇宙が始まると、あらゆる現象に「名」をつけて認識することができるようになり、あらゆるものが存在できる、つまり「生まれる」ようになります。このような状態を「有」と言い、すべてのものの根本と言えます。

故常無欲以観其妙　故に、常に無をもってその妙を見んと欲し、

常有欲以観其徼　常に有をもってその徼（もとめるところ）を見んと欲す

つまり、認識できない、実体の見えない現象に名づけた「無」という名前にこそ、抽象化や概念化という、人類の智慧を見出すことができ、実体の見える、認識できる現象に対しては「有」という名前をつけて認識し、やはり抽象化・概念化することに成功したのです。

此両者同出而異名　この両者は同じ出にして、しかして異名なり

同謂之玄、玄之又玄、衆妙之門　同じくこれを玄と言い、玄これ又玄、衆妙の門なり

あらゆるものに「名」をつけること、つまり抽象化・概念化して認識することこそが、人類の智慧というべきものであり、人類が他の動物と一線を画するものです。

中でも「無」と「有」という概念こそ叡智と言うべきであり、このような認識の仕組みを正しく理解することにより、人間はさらに高度な認識に達することができます。

このように、「無」と「有」とは、根本的には同じことを表すものであり、あらゆるものに名前をつけ、抽象化・概念化して認識することを表しています。

「有」と「無」が同じで「異名」と言えば、「色即是空・空即是色」を思い出す人も多いことでしょう。「有」も「無」も「関係」であり、「色」と「空」が等しいのと同様に、「同出而異名」、つまりもともとは同じものなのです。

「色即是空」は、「色＝空」、つまりまったく同じ、と言う意味であり、「空即是色」と続けて念押ししています。現代でもこれを理解できない仏教者が多い中、老子は、紀元前6世紀ごろ、言葉は違うものの、すでに「色即是空」を理解していました。

また、人間は「言語」なしに「思考」できるか、という論争が、現代でも行われていますが、「名」つまり「言語」なしには思考できないことを、老子が喝破していたのです。

なかには、「自分はイメージだけで思考できる」という人がいて、だから、人間は「言語」がなくても「思考」できる、などと言うのですが、人間のイメージというものは、それが音声であれ、画像であれ、触覚であれ、嗅覚であれ、膨大に貯えられた記憶の中から、そのイメージを取り出すためには、インデックスが必要であり、「言語」でできた「目次」つまり「名」なしには特定できません。

たとえば、自分がまだ言語を知らない赤ちゃんのときの記憶やイメージだとしても、「言語」を知ってからは、「これは1歳の誕生日だ」とか、「母親が今より若い」とか「犬が吠えた」とか、「母乳が甘かった」とか、必ず「言語」を伴ったイメージに変化しているものです。

作家の三島由紀夫は、自分が生れたときのことを覚えている、と公言し、「その時に見た時計の針の位置まで覚えている」と言っています。時計の針の位置は、画像として覚えていたはずですから、まだ「言語」で「思考」していなかったかもしれませんが、その画像を思い出すと、「自分が生れた瞬間」とか「回りに誰がいた」とか「時計の針の位置から見て出生時刻は何時何分だ」とか、膨大な「言語」情報が、自動的に想起されてしまいます。

つまり人間は、あの時は「言語」なしで「思考」していたはずだ、と思うことは可能ですが、実際に「言語」抜きで「思考」することは、特殊な訓練でもしない限りとうていできないのです。

筆者自身は凡人なので、2歳4か月にあたる年の、8月28日が最初の記憶です。なぜ具体的な日にちまでわかるのかと言うと、曾祖母が亡くなった時に、黒服の人が大勢集まって、多分通夜だったのでしょう、入棺が行われ、3歳年上の兄が「おばあちゃん死んじゃった」と泣いていたからです。人の集まりや入棺も画像として憶えているのですが、「おばあちゃん死んじゃった」という「言語」とセットでなければ、これほど具体的な記憶として残らなかったのではないかと思います。もちろん、その日付は、あとで記録からわかったことです。

十二縁起《えんぎ》

仏教で「名《なまえ》」は「名色《めいしき》」という言葉で表現されます。「名色」を理解するためには「十二縁起」を知る必要があります。

仏教の開祖、お釈迦様は「一切はみな苦である」と説き、その原因を「十二縁起」というコンテンツ（項目、目次）で示しました。

「縁起《えんぎ》」とは「空《くう》」のことであり、「空」とは「関係」（の認識）ということですが、「（同時的）相互関係」と「（前後的）因果関係」の中では、主に「（前後的）因果関係」に属するもので、次の十二の段階に分けて表します。

無明《むみょう》→行《こう》→識《しき》→名色《めいしき》→六入《ろくにゅう》→触《しょく》→受《じゅ》→愛《あい》→取《しゅ》→有《ゆう》→生《せい》→老死《ろうし》

これらはさらに、過去、現在、未来に分けられ、それぞれに「因」と「果」、つまり原因と結果があります。

無明・行……………………過去二因
識・名色・六入・触・受……現在五果
愛・取・有…………………現在三因
生・老死……………………未来二果

ある男女が愚かな（無明）行為（行）をします。これが「過去二因」であり、これによって、新しい生命（識＝意識）が生まれ、その肉体に「名」がつけられ（名色）、感覚器官（六入）によって外界と接触（触）し、いろいろ感じて受け止め（受）、「現在五果」となります。「現在五果」、とりわけ感受（受）によって愛着（愛）が起こり、ものごとに対して執着（取）し、執着したものを所有（有）したがり、これが「現在三因」となります。

自分の「現在三因」は、自分の「未来二果」を導くもので、生きて（生）、老いて死んで（老死）

いきます。

また同時に次の世代にとっては、前の世代の「現在三因」が自分の「過去二因」の一部分でもあります。

これらはすべて「苦」の原因であり、「苦」は八種類に分類されます。

「生苦」とは生きる苦しみ。
「老苦」とは老いる苦しみ。
「病苦」とは病気の苦しみ。
「死苦」とは死にゆく苦しみ。
「愛別離苦《あいべつりく》」とは愛するものを失う苦しみ。
「怨憎会苦《おんぞうえく》」とは嫌な人と会わなければならない苦しみ。
「求不得苦《ぐふとくく》」とは欲しいものを手に入れられない苦しみ。
「五蘊盛苦《ごうんせいく》」とは生理的、心理的欲望が強すぎる苦しみ。

以上を「八苦《はっく》」といいます。これらは、人間である限り逃れられない苦しみと言えます。
「苦」の始まりは「過去二因」にあり、なかでも「無明」が「苦」の根本的な原因となります。

生命体（生物）は、それが高等であれ原生的であれ、ただ生命体であるという存在自体によって無機的自然にたいしてひとつの異和をなしている。この異和を仮に原生的疎外と呼んでおけば、生命体はアメーバから人間にいたるまで、ただ生命体であるという理由で、原生的疎外の領域をもっており、したがってこの疎外の打消しとして存在している。この原生的疎外はフロイドの概念では生命衝動（雰囲気をも含めた広義の性衝動）であり、この疎外の打消しは無機的自然への復帰の衝動、いいかえれば死の本能であるとかんがえられている。

（吉本隆明著『心的現象論序説』より）

「生命体」の定義は、現代の生物学でも、さほど定かではありませんが、細胞を有し、細胞分裂によって子孫を増殖し、いつか必ず死ぬもの、という定義が、概ね妥当と考えられます。

人類に限らず、生命体でさえあるなら必ず生命衝動、つまりは子孫を残そうとする本能を持っており、生命体が生きるということは、子孫を残すこと、すなわち、新たな異和を生み出すことと、あとは死に向かうことです。

つまり、生命体とは、生まれながらに、自然と「疎外《そがい》」の関係にある存在です。

「十二縁起」では、人間は生まれて「識」つまり「意識」を持ったときから、「名色」「六入」「触」「受」を通じて「業」を貯えるようになります。

「業《ごう》」とは、その人の考えたこと（意業《いごう》）、やったこと（身業《しんごう》）、話したこと（口業《こうごう》）の記録であり、「三業《さんごう》」ともいいます。

自分の、ある人に対する愛着（愛）は執着（取）を生み、さらにその人を所有したい気持ち（有）になります。これが「現在三因」であり、自分にとっては「未来二果」の原因であるとともに、次の世代にとっては「過去二因」つまり「無明」と「行」にあたる、ということになります。

「愛」「取」「有」とは、要するに欲望のことですから、性欲に限らず、人間にとって「苦」の大きな原因となります。

原始的な社会では、人間の自然にたいする動物ににた関係のうちから、はじめに自然への異和の意識があらわれる。それはふくらんで自然が人間にはどうすることもできない不可解な全能物のようにあらわれる。

……（中略）……

そうして、自然がおそるべき対立物としてあらわれたちょうどそのときに、原始人たちのうえに、最初のじぶん自身にたいする不満や異和感がおおいはじめる。動物的な生活では、じぶん自身の行為は、そのままじぶん自身の欲求であった。いまは、じぶんが自然に働きかけても、じぶんのおもいどおりにはならないから、かれはじぶん自身を、じぶん自身に対立するものとして感じるようになってゆく。狩や植物の採取にでかけても、住居にこもっても、かれはじぶんがそうであるとかんがえている像のように実現されずに、それ以外の状態で満足しなければならなくなる。

（吉本隆明著『言語にとって美とはなにか』より）

人間が「識」を持ち、やがて具体的な欲求を持って自然に働きかけるようになると、それが思いどおりにはならない、というジレンマにさいなまれるようになります。

「動物的な生活では、じぶん自身の行為は、そのままじぶん自身の欲求であった」

つまり、知っているとおりに行動できるのですから、「知行合一」ということができ、仏教ではこれを「悟り」といいます。ところが、人間の行動は次第に思いどおりにはいかないようになり、「じぶん自身に対立するものとして感ずるようになってゆく」

つまり、自己対象化（自己実現）をはかる過程で「疎外」されることになるのです。

全自然を、じぶんの〈非有機的肉体〉（自然の人間化）となしうるという人間だけがもつようになった特性は、逆に、全人間を、自然の〈有機的自然〉たらしめるという反作用なしには不可能であり、この全自然と全人間の相互のからみ合いを、マルクスは〈自然〉哲学のカテゴリーで、〈疎外〉または〈自己疎外〉とかんがえたのである。

………（中略）………

ところで、〈死〉んでしまえば、すくなくとも個々の人間にとって、全自然がかれの〈非有機的肉体〉となり、そのことからかれのほうは自然の〈有機的自然〉となるという〈疎外〉の関係は消滅するようにみえる。そしてたしかに個人としての〈かれ〉にとっては消滅するのだ。しかし、生きている他の人間たちのあいだではこの全自然と全人間の関係は消滅しない。

（吉本隆明著『カール・マルクス』より）

個体としての人間は、生まれてそして死ぬ、という形でしか繰り返しませんから、「死」によって自然との異和を解消し、「疎外」の関係も消滅するはずです。

ところが、マルクスによれば、人間が他の動物と異なるのは「類」という概念を持っているところにあります。

「類」の概念とは、自分の属する人類という種と、他の動物とを区別できる、という認識能力であり、人間として育ちさえすれば、誰にも教わらなくても必ず持つようになるものです。

　動物も個体としては自己感情を持っており、自己を対象化することも可能ですが、種属としては自己を対象化できません。つまり「猫」は、自分を〝タマ〟という個体として認識することは可能ですが、「猫」という種属として認識することはできません。

　人間と動物との違い、つまり人間の人間たるゆえんは、「類」という概念を持つことにあり、この「類」という概念は、別に学習しなくても、人間として生活さえしていれば、必ずそなわるものであり、同時に、全人間と全自然との「疎外」関係を、ひとりの人間としても共有することになります。

　もちろん、ひとりの人間にとっては、他の人間や社会も、大きく自然の一部ですから、やはり「疎外」の関係が生じます。

「疎外」とは何か、と言えば、「自他」を「分別」することであり、「分別」するには、「識」が必要であり、「識」がなければ「分別」する主体には成り得ません。

　人間が「識」によって「自他」を「分別」するためには、「自分」「他人」「ママ」「パパ」「人類」「山」「川」「自然」などのような「名」が必要であり、「名」がなければ、「分別」はもとより、「感受」できないし、認識することもできません。

　十二縁起の表をもう一度見てみましょう。


無明《むみょう》↓行《こう》↓識《しき》↓名色《めいしき》↓六入《ろくにゅう》↓触《しょく》↓受《じゅ》↓愛《あい》↓取《しゅ》↓有《ゆう》↓生《せい》↓老死《ろうし》

「名色」だけ「色」の字がついていますが、六入（感覚器官）、触（接触）、受（感受）、のほうこそ通常「色」とされるものです。

「色」とは、あらゆる存在や現象の意味ですが、人間の感覚器官に触れることによって感受され、「識」によって、存在や現象として認識されるものです。

ところが、『老子』が言うように、人間が物事を認識するためには、「名」がついていることが必須条件であり、「名」がなければ「分別」できないし、「疎外」することもできません。

この世に生れたばかりの赤ん坊である人間が、初めて「感受」する場面を考えてみましょう。

その順序は、識（意識）、名色（言語）、六入（感覚器官）、触（接触）、受（感受）、となっており、「名」つまり「言語」がなければ、「認識」どころか、「感受」も成り立たないでしょう。

人間の赤ちゃんがこの世に生れて最初に話す言語は、世界共通に「ママ」であり、世界共通に「母親」「母乳」「ご飯」などの意味で使われています。「ママ」ではなく「パパ」「ババ」「ファファ」などの場合もありますが、いずれも「ア段」の「唇音」という共通点があります。

室町時代に編纂された、日本で最初のなぞなぞ集とされる「後奈良院御撰何曾《なぞ》」という文献に次のようなものがあります（後奈良天皇の父である後柏原天皇の「なぞだて」にも見られる）。

「ははには二たびあひたれども、ちちには一どもあはず」

（母には2回逢うけれど、父には1回も逢わないものは何？）

その答えは「くちびる」であり、当時「はは」という音声が、現代のような「喉音」ではなく、「唇音」だったことがわかります。つまり「ハハ」ではなく、「パパ」か「ババ」か「ファファ」と読まれていたことになります。

なぜ「ア段」の「唇音」が、最初の言語になるのかと言うと、乳児が母親の乳首を銜《くわ》えたそのままの口で発声すると「ママ」や「パパ」という音声になるためと言われています。

母乳のことを「パイパイ」と呼ぶのも、ここから来ているのでしょう。昔から、ご飯のことを「マンマ」と呼ぶのも同様です。

赤ん坊は、「ママ」と発声すると、母親が母乳をくれることを憶え、母親の「名」が「ママ」であることを認識するようになり、同時に、「自分」と「ママ」は違うもの、つまり「自他」の関係として「分別」し、「生れて最初の他人」として認識します。これは吉本隆明が『共同幻想論』において述べる「対幻想」であり、「自己疎外」つまり「個的幻想」の始まりでもあります。

また赤ん坊が、母乳が欲しくて「ママ」と呼ぶときには、「ママ」は母親の意味だけでなく、「母乳」の意味でもあり、「空腹」の状態も「感受」することになります。

つまり「空腹」という「感受」は、「意識（識）」「感覚器官（六入）」「接触（触）」だけでもたらされるものではなく、「マンマ」とか「パイパイ」などという「名（名色）」があって、ようやく「感受」されるのです。

つまり、一般的に、「言語」よりも「感受」のほうが先にあるのではないかと思われがちですが、「人類」であれば、先に「名」がなければ「感受」できない、つまり、人間が「空腹」という状態を「感受」するためには、「空腹」に相当する「名色」があって初めて「感受」できる、ということが言えます。

よく、「ストレス」とか「肩こり」という言葉を知らない人は、「ストレス」も「肩こり」も感じたことがない、などと言うのも、根拠のないことではないのです。

以上のように、老子と釈迦は、いずれも、人間の認識には「名」が必要であることを論じています。つまり「言語」なしには「思考」できないのが人間です。

老子は実在の人物ではない、とも言いますが、『史記』に拠れば、孔子が老子に教えを請うたとされ、この三人は、いずれも紀元前六世紀ごろの人と考えることができます。

論語≪正名≫

子路第十三（三）

子路曰。衛君待子而爲政。子將奚先。子曰。必也正名乎。子路曰。有是哉。子之迂也。奚其正。子曰。野哉。由也。君子於其所不知。蓋闕如也。名不正。則言不順。言不順。則事不成。事不成。則禮樂不興。禮樂不興。則刑罰不中。刑罰不中。則民無所錯手足。故君子名之必可言也。言之必可行也。君子於其言。無所苟而已矣。

子路《しろ》曰く、衛君、子を待ちて政《まつりごと》を為さば、子は将に奚《なに》をか先にせんとする。子曰く、必ずや名を正《ただ》さんか。子路曰く、是《こ》れ有るかな、子の迂《う》なるや。奚《なん》ぞ其れ正さん。子曰く、野なるかな由や。君子は其の知らざる所に於いて、蓋《けだ》し闕如《けつじょ》たり。名正しからざれば、則ち言順わず。言順わざれば、事成らず。事成らざれば、則ち礼楽興らず。礼楽興らざれば、則ち刑罰中《あた》らず。刑罰中《あた》らざれば、則ち民手足を錯《お》く所無し。故に君子之に名づくれば、必ず言う可きなり。之を言えば必ず行う可きなり。君子は其の言に於いて、苟《いやし》くもする所無きのみ。

子路が謂った。もし衛の君が先生をおむかえして政治を委ねられることになりましたら、先生は真っ先に何をなさいますか。

師が答えた。必ず名分を正そう。

すると、子路がいった。迂遠な話ですね、それが優先事項ですか。

師が謂われた。由、お前はなんと野卑な男だろう。君子は自分の知らないことについては、だまってひかえているものだ。

そもそも名分が正しくないと、論理が通らない。論理が通らなければ、政務が実行できない。政務が実行できないと、礼楽の文化が興らない。礼楽の文化が興らないと、刑罰が適正にならない。刑罰が適正でないと、人民は不安で手足の置き場にも迷うようになる。

だから君子は必ずまず名分を正すのだ。

いったい君子というものは、名分の立たないことを口にすべきでなく、口にしたことは必ずそれを実行しなければならない。

その有言実行のため、君子は軽はずみな発言をすることがない。

孔子の言行を記録したものとされる『論語』には、認識論としての「名」については論じられていませんが、右のように、「正名」という有名な節があります。

ここで孔子の言わんとすることは、たとえば、「非戦闘地域」が条件の派兵先で、「戦闘」があったことを隠蔽するために、「戦闘」を「武力衝突」などと言い換え、記録を改ざんするようなことがあれば、国民が政府を信用しなくなり、結局、政治は何もできなくなってしまう、ということであり、「名」は正しくなければならない、と述べています。

ここで言う「名」は人や事象につけられる「名前」というよりは、「大義名分」というニュアンスが強いものですが、「戦闘」と「武力衝突」のように、具体的な例を挙げて考えてみれば、やはり「名前」の問題であることが理解されます。

人間は、何にでも「名」をつけないと「認識」できないのですから、「名」が正しくないと、正しい「認識」ができないのも当然と言え、孔子が「正名」に拘ったのも、『史記』が言うとおり、本当に老子の教えがあったのかも知れません。

それでは、「姓名」もまた、「正名」であることが求められるのでしょうか。もう少し考察を進める必要があるようです。

「記号」と「言語」

「記号」と「言語」の違いは何なのでしょうか。

『老子』を借りて言うなら、「万物の母」である「有」が生み出す「万物」の一つひとつには「記号」がつけられますが、「有」や「無」には「記号」がつけられません。なぜなら、「有」も「無」も「概念」であり、「関係」を表す「言語」ですから、「記号」で表すことができないからです。

同じ「WATER」でも、水の入ったボトルに貼られたラベルなら「記号」であり、英語を知らなければ、それが、水のことなのか、ボトルのことなのか、他の液体のことかもわかりません。

ところが、「WATER」が「水」のことだと理解できると、「WATER」は「記号」から「言語」に変化します。つまり、「WATER」は水が入ったボトルに貼られたラベルであり、かつ「WATER」は「水」を意味する「名前」という重層的な「関係」として認識されるからです。

もう一度、「言語」と「思考」の関係を考えてみると、人間が「言語」を知る前には、「言語」なしで「思考」することができた可能性はありますが、「言語」を知ってからは、「言語」なしで「思考」することはできません。

「覚醒」前のヘレン・ケラーは、「言語」なしで、「記号」や「イメージ」だけを用いて「思考」していたように見えますが、いったん「言語」を知ってしまった彼女は、もう「言語」なしで「思考」していた時に戻ることができません。

「名《なまえ》」とは「言語」そのものであり、「老子」や「釈迦＝十二縁起」の言うとおり、「名」がなければ「感受」も「認識」もできないのが人間ですから、「孔子＝論語」の言うように「名」が間違っていると、「思考」や「認識」も間違ったものになる可能性があります。

ところが、スイスの言語学者フェルディナン・ド・ソシュールの言語論では、「言語」とは「記号」であり、そのものの実体などとは関係なく「恣意的」に「名」がつけられており、「構造」の中でだけ意味があるにすぎない、とします。

老子や釈迦の考え方なら、もともと物事に実体などなく、「名」つまり「言語」は「関係」を表しているものでしかありません。

「関係」は「構造」と言い換えることもできますから、東洋思想から見ると、ソシュールの言い分も、とりわけ目新しいものではありません。

ソシュールの言うように、「名」は「実体」を表すものでなく、ある「構造」の中でだけ意味がある、としても、孔子の言うように、「非戦闘地域」にだけ派兵できるという「構造」の中で、「戦闘」を「武力衝突」と言い換えて撤退を免れるのは、「文化」や「文明」に対する裏切りであり、「正名」できないと政治が成り立ちません、と心ある政治家や文化人なら考えそうなものですが、近頃はそんな人もいないようです。

ソシュールの理論では、たとえば「走る」という言葉の価値や意味は、「歩く」とか「止まる」とか、「走る」以外の言葉との要素の違い、つまり「差異」にある、と言いますが、「戦闘」と「武力衝突」に「差異」が認められるとも思えません。

赤ちゃんが「ママ」という言葉を覚えても、まだ「ママ」が「母親」のことか、「母乳」のことか、それとも自分以外の「他人」のことか、理解しているとは限りません。

しかし、「ママ」は母親、「パパ」は父親、「ババ」は祖母またはその他の他人、などと「分別」できるようになると、「差異」が生れたことになります。「差異」とは「関係」のことだったのです。
つまり、「言語」は「記号」でしかない、と言いますが、「関係」を表す「記号」が「言語」である、と言い換えるべきです。

「名は体を表す」と言いますが、人間の「姓名」がその人を「関係」として正しく表すことができるか、というと、それほど簡単ではありません。
特に出生時につけられる名前は、こんな人になってほしいという、親の希望が盛り込まれているものですが、実際にどうなるかは、もちろんわかりません。

たとえば、「慎太郎」という名前の人がいて、「慎」は「つつしみ」とか「慎重」の意味で、「太郎」は「長男」という意味のほか、「皇帝を警護する武官の筆頭」という本来の意味から「強い」というイメージ。「坂東太郎」などのように「暴れ者」の意味でも使われます。

結果から見ると、この人は長男のようなので、その「関係」だけは符号していますが、「つつしみ」もなければ「慎重」でもなく、「尊皇」の志はまったくないと表明していますから「太郎」とは言えず、まるで「正名」とは言えません。
そもそも、「慎み深い暴れん坊」という、「慎」と「太郎」の組み合わせには無理があり、この人の才能が伸び悩んだのも、その矛盾したイメージのため、という穿った見方もできないことはありません。

「姓名学」とは

本書のタイトルは『密教姓名学』としましたが、科学の領域に「姓名学」と言うものはなく、「姓名学」を名乗るものは、せいぜい「画数」を使って、「吉数」か「凶数」か、を判断するものがほとんどです。

「画数」の「姓名学」の始まりは、清朝時代の康熙《こうき》五十五（1716）年に『康熙字典《こうきじてん》』が発行され、字体が統一されて、文字の「画数」が確定し、「画数」による文字の分類が可能になってからのことです。それまでは、画数の数え方すら統一されておらず、文字の分類は不可能で、当然「画数」の「姓名学」も成り立ちませんでした。

「姓名学」における「画数」の使い方は、一文字ずつの画数を見るというよりは、ある二文字以上の画数の合計した数を見て「吉数」と「凶数」に分けて判断するものです。

「数値」に「吉数」と「凶数」があるなら、「数霊」とか「数理」というようなものを認めていると思われがちですが、もちろん、「数値」に吉凶があるわけはなく、「吉数」と「凶数」というのは、統計の結果からそう言っているだけで、「数霊」や「数理」とは関係がありません。

もし「数霊」や「数理」によって吉凶が決まるなら、たとえば「姓名学」で「二十二」は「凶数」とされますから、二十二歳とか、二十二号室とか、二十二キロとか、二十二番地などで、いちいち凶事が起こることになりそうですが、もちろんそんなわけはありません。

「画数」の「姓名学」と言っても、そこまで「科学」に反抗しているわけではなく、『康熙字典』の「画数」を組み合わせて分類し、集計した結果として得た結論ですから、「科学的」とは言えないまでも、「反科学」でもありません。

何しろ「科学」の側で、「姓名」を研究したものは皆無であり、方法論さえ提起されていないのですが、漢字を使わない西洋の科学では、「画数」の「姓名学」は扱いようがなく、研究されないのも仕方がありません。アルファベットの画数など数えようがなく、日本の「ひらがな」だって実は、画数が決まっていません。


ところが、「音声」ならどうでしょう。

「十二縁起」のところで述べたように、「ママ」のような世界共通の乳児語もありますから、「姓名」の中でも「音声」の与える心理作用は世界共通という可能性があります。

映画『奇跡の人』でも、手にかかる井戸水で「すべてのものに名がある」ことを理解したヘレン・ケラーが、「ワーラー（水）」と叫ぶ、感動の場面がありますが、先に挙げた手紙や自伝を見れば、当時、そのような声は出さなかったことがわかります。つまり、この場面の「音声」は、アーサーペン監督の演出であったことが理解できます。

なぜそうしたかと言えば、「音声」にしたほうが伝わりやすいと、監督が考えたからであり、実際、この場面は多くの観客にアピールしました。

「密教姓名学」は、「画数」の「姓名学」を否定したり、軽視したりするものではありませんが、「音声」を第一に考える理由がそこにあります。

「音声姓名学」（後述）で「シンタロー」を考えると、第一音が「シン」で「庚音」、第二音が「タ」で「丙音」、第三音が「ロー」で「景門」ですから、「太白入熒格」が成立し、「強引なやり方で、他人の利益を壊し、反撃を受ける」という象意があります。

音声以外の要素を考えると、「慎太郎」という名前について、「字義」つまり「漢字」の「意味」が矛盾しており、そのイメージが才能を伸び悩ませた、という見方を紹介しました。このような見方を「字義の姓名学」と言います。

もう一つ、「慎」のように「りっしんべん」や「心」を持つ名前の人は、心労が多くなる傾向があり、「慎太郎」氏も、見かけによらず、コンプレックスによる心労が激しいのではないかと言う判断を「字形姓名学」からみることができます。

「姓名学」には、右のような四種の要素があり、重要度の順に並べると、

一．「音声」
二．「字義」
三．「字形」
四．「画数」

ということになります。

「密教」について

仏教の開祖、お釈迦様は、紀元前六世紀ごろインド北辺の貴族の家に生まれ、妻子をもうけましたが、道を求めて出家し、「悟り」によって仏陀と仰がれ、仏教が誕生しました。

仏教の根本の教えは、「四印」と呼ばれ、「諸行無常《しょぎょうむじょう》・諸法無我《しょほうむが》・一切皆苦《いっさいかいく》・涅槃寂静《ねはんじゃくじょう》」という四つの項目から成ります。

仏陀の死後も弟子たちは仏教を広め、理論面で大きな進歩があり、「五位七十五法」という分類法により、「諸法無我」つまり「我」＝「アートマン」が存在できないことを証明しました。この段階の仏教を「有」といい、これは「存在」するものは「分類」できる、という考え方です。

ところが、どんな「存在」や「現象」でも「分類」はできますが、同じものでも「縁起」によって違う「分類」に入る、つまり物事の本質は「空」であるという理論が竜樹《りゅうじゅ》らによって展開されました。「縁起」の法則は「十二縁起」とも言われることは、先に述べました。

「有」と「空」の理論により「我」は完全に否定されましたが、インドには「輪廻《りんね》」という根強い思想があり、「我」がないのにどうやって「輪廻」できるかを説明する必要が生まれます。この問題を解決したのが「識」の理論、すなわち「唯識論」であり、「輪廻」の主体が「唯識」であることを解明し、ある事象がどんな「縁起」であるかは、自分の立ち位置によって違うことを論証しました。

次に、インドの仏教では密教化が進みます。

「密」とは「タントラ」の漢訳で、「広げる」という意味ですが、もとは「織機」の意味であり、「縦糸と横糸」で連続させることを表します。

「密教」とは、仏教の発展の中で最高位の段階であり、「密」とは「秘密」のことではなく、「緊密」のことで、蓄積した知識を「緊密」に集めて使うことを意味します。

「密教」は、現実を「悟り」の世界とみなし、神秘的な功法により、現実の煩悩を解決します。

インドでの仏教は、イスラム教徒の侵攻によって「密教」もろともに滅亡しました。

中国でも、仏教に対する弾圧は苛烈で、特に明朝では、元朝の国教であったラマ教ことチベット密教の流れを汲む「中国密教」は徹底的に弾圧されましたが、信者たちは密かに法灯を守り、チベット密教の教えをさらに進化させ、「干支」や「易卦」などの中国式「記号類型」も取り入れるようになり、特に江南地方の在家信者たちが、「南華《なんげ》密教《みっきょう》」という秘儀体系に仕上げました。

もともと密教には、「如来蔵」という、「六大如来」「八大菩薩」「五大明王」を記号化した「記号類型学」があり、「曼荼羅」という図形で表現されました。ところが「記号類型学」なら、「干支」や「易卦」を使う「道教」の「命・卜・相・医・山」のほうが優れた面が多々あり、「緊密」な知識を尊ぶ「南華密教」は、その採用を躊躇しませんでした。

「密教姓名学」の中でも「音声姓名学」は、「奇《き》門遁甲《もんとんこう》」の「姓名学」をベースにしたものです。

奇門遁甲姓名学

「奇《き》門遁甲《もんとんこう》」は、漢の張良（不明～前１８６）が、黄石公（秦時代の穏子）から授けられた、と伝説に言われるくらい古く、当時はまだ「姓名学」というものはありませんでした。

「奇門遁甲」の「姓名学」ができたのはいつごろかわかりませんが、少なくとも『康熙《こうき》字《じ》典《てん》』の完成以前、明代ごろまでには成立していたと考えられます。というのは、「奇門遁甲姓名学」には、「画数」「字形」「字義」のいずれもなく「音声」による姓名学だけがあるからです。

近世までの中国は識字率が低く、『康熙字典』以前は字体も統一していませんでしたから、文字を使う「姓名学」というのはあまり意味がなく、前述のような音声の十干分類なら、地方による発音の違いもあまり問題にならなかったのでしょう。

「奇門遁甲姓名学」は、「名前」の音声を、「第一音＝天盤十干」「第二音＝地盤十干」「第三音＝八門」「第四音＝八神」に分類し、「奇門遁甲」の「格局」つまり、分類上で非常に特徴があり「吉格」と「凶格」で良し悪しがはっきり出るパターン、を当てはめて判断します。

この「名前」は「呼び名」であり、普段どう呼ばれているかが問題です。つまり、書き方が同じでも、読み方が違えば、当然判断も違ってきます。

普通「姓名学」では、あまり「姓」の吉凶は言いませんが、普段から苗字でしか呼ばれない人や、苗字がニックネームのようになっている人は、そのまま、苗字の音声で、判断します。

たとえば、サッカーの三浦知良（みうらかずよし）は、いつも「カズ」と呼ばれており「ミウラ」とはあまり呼ばれません。

「カズ」を音声分類してみますと、第一音は「カ」で「甲音」、第二音は「ズ」で「辛音」となっているのがわかります（分類法や専門用語については後ほど説明します）。

「甲辛」の組み合わせは、「奇門遁甲」の「格局」つまり「分類」にあたりませんから決定的な要素にはなりません。ところが、「カズ」という音声は、外国語だと発音しづらく、「カス」か「カツ」という音声になりがちです。すると第二音は「庚音」であり、「甲音」と「庚音」の組み合わせは、凶格の「飛宮格《ひきゅう》」となり、「家の主人が帰らない・自分の帰る家がない・目上を失う」などの象意（文字のかたちや並びから生ずる意味や出来事）があります。確かにイタリア進出はケガに泣き、ワールドカップは、監督に嫌われて選出されず、その後も代表に選ばれず、J2リーグのチームに所属し、50歳で試合に出場し得点するなど、活躍はするものの、実力の割に結果が出ていません。

これと逆にいつも実力以上に人気や評価が高いのが、「タカ」「タキ」「タケ」などと呼ばれる人たちです。つまり、天盤は「タ」で「丙」、地盤は「カ行」で「甲」、これは「飛鳥跌穴格《ひちょうてっけつかく》」にあたり、いつも棚ぼた式の利益に恵まれます。

たとえば、「ターキー」こと、水の江瀧子、「おたかさん」こと土井たか子、「タケシ」こと北野武、他にも、貴乃花、松たか子、など、これと言ったバックボーンもないのに各界で活躍する人々です。また競馬界で「タケ」と言えば、史上最多勝利騎手の武豊。

こう言うと、もともと実力のある人たちだ、とか、親の血筋だ、とか、反論もあるでしょうから、他の例をあげると、「タカ」こと石橋貴明、「タッキー」こと滝沢秀明、などのように、どう見てもあまり実力があるとは言いがたいのに、大活躍している芸能人がいます。

「タカ」の他に「ナカ」も「飛鳥跌穴」にあたります。「ナカタ」と言えば、誰でも思い出すのがサッカーの中田英寿、さらに「ナカイ」こと、元SMAPの中居正広、いつも「ナカザワ」と呼ばれていた、モー娘の中澤裕子、など。

十分に実力がある人も、ない人もいますが、共通するのは、人気や評価が、実力よりも低く見られている人が一人もいない、ということです。

もっと最近の芸能人も挙げたいところですが、「○○48」など、グループでの活動のほうが優勢なせいか、あまり個人名で活躍する人が見当たりません。知る限りでは、高畑充希《たかはたみつき》くらいでしょうか、この人も苗字は「タカ」です。他の高畑も親子でブレイクしましたが、こちらは大失敗したようです。

日本の製薬会社三共の事実上の創業者である高峰譲吉《たかみねじょうきち》は、麴菌からジアスターゼを抽出し、自身の名の「タカ」を冠して「タカジアスターゼ」と命名して1894年に特許を申請しました。

ちなみに「タカ」は、(偶然に) ギリシャ語で「強い」「最高の」という意味だそうですから、日本語でなくとも「タカ」というのは特別の名前なのかもしれません。

また、小林祥晃という人は「風水」で有名ですが、「サチアキ」とか「ショーコー」とはあまり呼ばれず、もっぱら「ドクター・コパ」と呼ばれています。というより、呼ばせているのかもしれません。「サチアキ」なら、第一音が「サ」で「庚」、第二音も「チ」で「庚」、「戦格《せんかく》」を構成し、「ショーコー」なら天盤が「庚」、地盤が「甲」で「伏宮格《ふっきゅう》」となり、いずれも「凶格」の「名」となりますが、「コパ」なら天盤が「甲」、地盤が「癸」ですから「格局」には当たりません。

「ショーコー」と言えば、もう一人の「彰晃」のほうは、ご存じのとおりで、要するに「伏宮格」というのは、上から押さえつけられる、死ぬことも含めて、身動きができなくなることですから、もし「ショーコー」を名のっていたら、「彰晃」のようになっていたかも知れません。

かつて社会問題になった、大手商工ローンの社長に「大○健伸」という人がいました。この社長の会社は、銀行から融資を受けられない小企業に、担保もなしに、保証人をとっては高金利で金を貸し、返済できなくなると、裁判を起こして財産を差し押さえる、というやりかたを繰り返し、業界二位にまで急成長しました。しかし自殺者や自己破産を続出させて国会に証人喚問され、ついには、社員が書類の偽造で逮捕されるなど、金融免許取り消しの危機にまで至りました。

字音的に見ても、「ケンシン」が「飛宮格」、社名の「ショーコー○○ンド」が、右に挙げた二人の

「ショーコー」と同じく「伏宮格」、となっており、トラブルを起こすのも無理もありません。その後、出資法が改正され、同社も破産してしまいました。

「なまえ」には、「得するなまえ」と「損するなまえ」があり、「音声姓名学」では、これを的確に判別することができます。

「得するなまえ」とは、「吉格」の「なまえ」です。
「損するなまえ」とは、「凶格」の「なまえ」です。

赤ちゃんに命名するとき、筆名、芸名、店名、企業名などを決めるとき、できるだけ「得するなまえ」をつけ、「損するなまえ」を避けるようにしたいものです。「損するなまえ」の人は、「得するなまえ」に改名しても効果があります。いずれも、戸籍名はどうあれ、「音声」でどう呼ばれるかが大切です。

漢字が同じでも、「読み方」だけで解決する場合もあり、名刺に「カナ」をふるだけで、「改名」効果を上げることもできます。

音声の分類

字画数による姓名学は、『康熙字典《こうきじてん》』の画数を使って、素朴にデータをとった結果、成立したもので、どうしてそうなるのか、根拠を示せと言われても説明のしようはなく、「数霊」や「数理」などという、オカルトじみた言い方でお茶を濁したりしますが、もちろん通用する話ではありません。

その点、「音声姓名学」では、「音声」による「心理効果」という科学的な裏づけがあり、それ自体は誰も否定できませんから、問題は、「音声」の効果をどう分類するか、というところにかかってきます。

物事の分類方法として、「陰・陽」は最も基本的で、無限に正しい分類方法と言えます。「陰・陽」から考えると、清音は「陽」、濁音は「陰」、ということになります。日本語の清濁音の区別は簡単で、仮名文字書きにして、濁点のないのが清音、濁点のあるのが濁音、と一見してわかるようになっています。外国語についても、カタカナ表記さえできれば、まず間違えることがありません。

「五十音」の分類は、インドが起源とされ、まず「母音」と「子音」を分け、さらに「子音」を「喉音」「舌音」「歯音」「唇音」に分けます。「両唇音、唇歯音、歯摩擦音、歯茎音、軟口蓋音、声門音」という六分類もほぼ同じ分類法です。

「音声姓名学」では、音声を「五行」と「十干」に分けて分類します。

※「五行」と「十干」については、43ページをご覧ください。

木－喉音　　カ行・ハヒヘホ
火－舌音　　タテト・ナ行・ラ行
土－母音　　ア行
金－歯音　　サ行・チツ
水－唇音　　マ行・フ・バ行・パ行・ヴ行

「五行」には陰陽があり、さらに「十干《じっかん》」に分けることができます。

甲－カキクケコ・ハヒヘホ　（クァ・クイ・クゥ・クェ・クォ）
乙－ガギグゲゴ　（グァ・グェ）
丙－タテト・ナニヌネノ・ラリ　（トゥア・トゥイ・トゥウ・トゥエ・トゥオ）
丁－ダデド・ルレロ　（ルゥア・ルゥイ・ルゥウ・ルゥエ・ルゥオ）
戊－アイウエオ
己－ヤユヨ・ワヰヱヲ　（ユァ・ユィ・ユゥ・ユェ・ユォ）
庚－サシスセソ・チ・ツ　（ツァ・ツィ・ツゥ・ツェ・ツォ）
辛－ザジズゼゾ・ヂヅ・チャチュチョ　（ヅァ・ヅィ・ヅェ・ヅォ）
壬－マミムメモ・フ　（ファ・フィ・フ・フェ・フォ）
癸－バビブベボ・パピプペポ　（ヴァ・ヴィ・ヴ・ヴェ・ヴォ）

おおまかに言って、甲乙丙丁戊の音声は耳に心地よく、己庚辛壬癸の音声は耳障り、という傾向が見られます。さらに清音は濁音よりも耳あたりが良い傾向にありますから、次のように音声の吉凶を分けることができます。

陽の陽－吉音－甲丙戊
陽の陰－平音－乙丁
陰の陽－平音－庚壬

陰の陰－凶音－己辛癸

甲《こう》音は「釈迦如来《しゃかにょらい》」の音声であり、高貴な印象を人に与え、高級、栄光、寛大、品位、などを感じさせ、目上の引き立てを得やすくなります。

乙《おつ》音は「観音菩薩《かんのんぼさつ》」の音声であり、平穏な印象を人に感じさせ、普通、日常、通俗、平凡、安全、などのイメージにつながります。

丙《へい》音は「大日如来《だいにちにょらい》」の音声であり、力強さを人に感じさせ、現実的、実行力、経済力、統率力、などのイメージにつながります。

丁《てい》音は「成就如来《じょうじゅにょらい》」の音声であり、派手さを人に感じさせ、目立つ、光り輝く、徒花、などのイメージにつながります。

戊《ぼ》音は「阿弥陀如来《あみだにょらい》」の音声であり、柔軟さを人に感じさせ、要領が良い、交際がうまい、信用、融通がきく、などのイメージにつながります。

己《き》音は「文殊菩薩《もんじゅぼさつ》」の音声であり、従順さを人に感じさせ、要領が悪い、騙される、カモにされる、支配される、などのイメージにつながります。

庚《こう》音は「宝生如来《ほうしょうにょらい》」の音声であり、刺々しさを人に感じさせ、攻撃的、闘争的、などのイメージにつながります。

辛《しん》音は「月光菩薩《がっこうぼさつ》」の音声であり、純真な弱さや脆さを人に感じさせ、壊れやすい、傷つきやすい、というイメージにつながります。

壬《じん》音は「薬師如来《やくしにょらい》」の音声であり、競争力を人に感じさせ、積極的、不退転、争いを好む、などのイメージにつながります。

癸《き》音は「虚空菩薩《こくうぼさつ》」の音声であり、消極性を人に感じさせ、うだつが上がらない、隠遁、ひきこもり、などのイメージにつながります。

「文殊菩薩」「月光菩薩」「虚空菩薩」が凶の音声となっていますが、もちろん「菩薩」が凶作用ということはなく、その悪い面が強調される、という意味です。

名前の音声は、二音以上で使われる場合が多く、頭の音声と、二番目以下の音声との組み合わせにより、さまざまな象意が発生します。

「音声」ですから、実際にどう呼ばれているかが重要であり、表記は問題になりません。いつも、本名ではなくニックネームで呼ばれている場合は、ニックネームを優先します。

「加藤茶」を略して「カトちゃん」とか、姓の「森田」を逆さにして「タモリ」と呼ばれるような場合も、実際の呼び名を優先します。

いつも「姓」だけで呼ばれる場合は「姓」で判断し、
いつもフルネームで呼ばれる場合は、「名」を優先します。

名前の「音声」作用は、第一音と第二音がほとんどを占め、これは「奇門遁甲」の「天盤十干」と、「地盤十干」で判断します。

第三音や第四音の作用を見るには、やはり「奇門遁甲」の「八門《はちもん》」と「八神《はちしん》」を使います。

	1・2音	3音	4音
カ行・ハヒヘホ	甲吉	傷門凶	直符吉
ガ行	乙吉	杜門凶	六合吉
ナ行・タテト・ラリ	丙吉	景門平	朱雀凶
ダデド・ルレロ	丁吉	景門平	朱雀凶
ア行	戊吉	生門吉	勾陳凶
ヤユヨ・ワ行	己凶	死門凶	九地平
サ行・チツ	庚平	開門吉	九天吉
ザ行・ヂヅ	辛凶	驚門凶	太陰吉
マ行・フ	壬平	休門吉	螣蛇凶
バ行・パ行	癸凶	休門吉	螣蛇凶
	十干	八門	八神

奇門遁甲には「格局《かくきょく》」という分類パターンがあり、第一音から第四音までの組み合わせにより、大きな作用効果がある場合と、あまり作用がない場合があります。

名づけの際は、できるだけ「吉格」を作るように音声を配置し、「凶格」にならないことを、最優先するべきです。

◎大吉格

①第一音、②第二音、③第三音、④第四音……象意

天遁《てんとん》 ①丙、②戊、③生門……要領や交際が上手で、事業を次々に興し、新しい財源を開拓する。

地遁《ちとん》 ①乙、②己、③開門……安定や安静を得られ、家庭生活が円満。縁談がまとまる。

神遁《しんとん》 ①丙、②任意、③生門、④九天……勢いや権威権力を利用して利益を得る。少ない資本で大きな利益がある。

人遁《じんとん》 ①丁、②任意、③休門、④太陰……知識を得る喜びがあり、名声や人望を得られる。

鬼遁《きとん》 ①丁、②任意、③開門、九地……新しい知識を理解吸収できる。革新的な学問や技術のアイデアに恵まれる。

玉女守門《ぎょくじょしゅもん》 ①丁、②壬、③休門……智恵、学問、名声を得る。女性は玉の輿に乗る。

○中吉格

青龍返首《せいりゅうへんしゅ》 ①甲、②丙……目上の恩恵があり、身分地位が向上する。

飛鳥跌穴《ひちょうてつけつ》 ①丙、②甲……棚ボタ式に利益がある。

玉女守門《ぎょくじょしゅもん》 ①丁、③休門……智恵、学問、名声を得る。女性は玉の輿に乗る。

日奇得使《にっきとくし》 ①乙、②己……幸福、安逸、安静を得られる。縁談がまとまる。

月奇得使《げっきとくし》 ①丙、②戊……財源を開拓する。

星奇得使《せいきとくし》 ①丁、②壬……学問、名声を得られる。試験に合格する。他人を出し抜く。

○小吉格

乙奇《おつき》昇殿《しょうでん》　①乙、②辛乙以外、③休門、開門、生門……幸福、安逸、安静を得られる。縁談がまとまる。

※吉格を構成するのは、第一音が、「甲・乙・丙・丁」の場合に限られます。

大吉格の条件は、日本語の名前では非常に難しく、無理やり作って、好みに合わないなまえになってしまうと、「吉格」であっても「吉名」とは言えません。あまり無理せずに、できるだけ「中吉格」を狙うようにするか、「中凶格」を避けることを最優先してください。

◎中凶格

青龍逃走　①乙、②辛……目上や大切な人を失うか、見放される。
白虎猖狂　①辛、②乙……悪い病気や交通事故に遭う。
熒惑入白　①丙、②庚……強引なやり方のために、入るべき利益を他人に盗られる。
太白入熒　①庚、②丙……強引なやり方で、他人の利益を壊してしまう。
朱雀投江　①丁、②癸……成績が上がらない。試験に落ちる。文書の間違いがある。
螣蛇妖嬌　①癸、②丁……濡れ衣を着せられる。

飛宮　①甲、②庚……一家の主人が家に帰れなくなる。帰る家や職場がなくなる。
伏宮　①庚、②甲……一家の主人が死ぬ。目上を失う。
刑格　①庚、②己……異性の問題で地位を失う。刑罰に触れる。

戦格　①庚、②庚……争い、刃傷沙汰、手術など、一生に一度の大出血がある。
小格　①庚、②壬……いつも損失があり、次第に駄目になっていく。
大格　①庚、②癸……いつの間にか蝕まれ、突然駄目になる。

「中凶格」の名前は、何としても避けたいものです。
「庚音」から始まる名前は、シャープな印象があり、競争などには強いものですが、「凶格」になる組み合わせが最も多く、そうならないように注意してください。

○小凶格

干伏
日伏　①乙、②乙……安逸に耽る。家庭優先・安全・安定志向が強すぎて何もしない。
月伏　①丙、②丙……力でごり押しする。利益優先に過ぎる。守銭奴になる。
戊伏　①戊、②戊……八方美人で要領に頼りすぎ、何もできない。
己伏　①己、②己……色情に溺れる、何でも言いなりになる、苛められる。
辛伏　①辛、②辛……利益を度外視して好きなことしかやらない専門馬鹿。
壬伏　①壬、②壬……勝負に拘り、必要もないのに競いたがる。
癸伏　①癸、②癸……動きたがらない、腰が重い、おたく、ひきこもり。秘密主義。
儀反
戊反　①戊、②辛……融通が利かない。要領が悪く交際が下手。
己反　①己、②壬……柔軟性を欠き無用の争いを起こす。

辛反　①辛、②戊……純真さに欠け要領ばかりに頼る。
壬反　①壬、②己……何でも争いを避け、情に負ける。
癸反　①癸、②庚……根気や落ち着きがなく、物事を推し進められない。秘密が洩れる。

※「小凶格」は、あまり大きな害がなく、特に「吉音」である、「乙・丙・戊」の伏吟などは、何が悪いのかわからないかもしれません。それに比べると、「己・辛・壬・癸」の場合は、凶意がはっきりしており、「庚音」の次に注意すべきです。

◎大吉格　構成要件

天遁　第一音＝丙＝ラ・リ・タ・テ・ト・ナ・ニ・ヌ・ネ・ノ
　　　第二音＝戊＝ア・イ・ウ・エ・オ
　　　第三音＝生門＝ア・イ・ウ・エ・オ

地遁　第一音＝乙＝ガ・ギ・グ・ゲ・ゴ
　　　第二音＝己＝ヤ・ユ・ヨ・ワ・ヲ
　　　第三音＝開門＝サ・シ・ス・セ・ソ

神遁　第一音＝丙＝ラ・リ・タ・テ・ト・ナ・ニ・ヌ・ネ・ノ
　　　第二音＝任意＝喉音なら特に良い
　　　第三音＝生門＝ア・イ・ウ・エ・オ
　　　第四音＝九天＝サ・シ・ス・セ・ソ

人遁　第一音＝丁＝ダ・デ・ド・ル・レ・ロ
第二音＝任意＝マ行なら特に良い。
第三音＝休門＝マ・ミ・ム・メ・モ・フ・バ行・ヴァ行・パ行
第四音＝太陰＝ザ・ジ・ズ・ゼ・ゾ・ヂ・ヅ

鬼遁　第一音＝丁＝ダ・デ・ド・ル・レ・ロ
第二音＝任意＝発音でも成立。
第三音＝開門＝サ・シ・ス・セ・ソ・チ・ツ
第四音＝九地＝ヤ・ユ・ヨ・ワ

玉女　第一音＝丁＝ダ・デ・ド・ル・レ・ロ
守門　第二音＝壬＝マ・ミ・ム・メ・モ・フ
第三音＝休門＝マ・ミ・ム・メ・モ・フ・バ行・ヴァ行・パ行

○中吉格　構成要件

青龍返首　第一音＝甲＝カ・キ・ク・ケ・コ・ハ・ヒ・ヘ・ホ
第二音＝丙＝タ・テ・ト・ナ・ニ・ヌ・ネ・ノ

飛鳥跌穴　第一音＝丙＝タ・テ・ト・ナ・ニ・ヌ・ネ・ノ

第二音＝甲＝カ・キ・ク・ケ・コ・ハ・ヒ・ヘ・ホ

玉女守門　第一音＝丁＝ダ・デ・ド・ル・レ・ロ
第二音＝癸音以外の音、壬音なら大吉格。
第三音＝休門＝マ・ミ・ム・メ・モ・フ・バ行・ヴァ行・パ行

日奇得使　第一音＝乙＝ガ・ギ・グ・ゲ・ゴ
第二音＝己＝ヤ・ユ・ヨ・ワ・ヲ

月奇得使　第一音＝丙＝タ・テ・ト・ナ・ニ・ヌ・ネ・ノ
第二音＝戊＝ア・イ・ウ・エ・オ

星奇得使　第一音＝丁＝ダ・デ・ド・ル・レ・ロ
第二音＝壬＝マ・ミ・ム・メ・モ・フ

○小吉格　構成要件

乙奇昇殿　第一音＝乙＝ガ・ギ・グ・ゲ・ゴ
第二音＝任意＝辛音（ザ・ジ・ズ・ゼ・ゾ）を除く
第三音＝生門・開門・休門＝ア行・サ行・チ・ツ・マ行・バ行・パ行

「十干」について

「干支《えと》」と呼ばれる、「十干《じっかん》」と「十二支」は、陰陽に分けることができ、「陽」が「兄」、「陰」が「弟」ということになっています。


「甲＝こう」は「陽」で「兄」であり、「五行」は「木」ですから、「木」の「兄」という意味で「きのえ」と読みます。

「乙＝おつ」は「陰」で「弟」であり、「五行」は「木」ですから、「木」の「弟」という意味で「きのと」と読みます。

「丙＝へい」は「陽」で「兄」であり、「五行」は「火」ですから、「火」の「兄」という意味で「ひのえ」と読みます。

「丁＝てい」は「陰」で「弟」であり、「五行」は「火」ですから、「火」の「弟」という意味で「ひのと」と読みます。

「戊＝ぼ」は「陽」で「兄」であり、「五行」は「土」ですから、「土」の「兄」という意味で「つちのえ」と読みます。

「己＝き」は「陰」で「弟」であり、「五行」は「土」ですから、「土」の「弟」という意味で「つちのと」と読みます。

「庚＝こう」は「陽」で「兄」であり、「五行」は「金」ですから、「金」の「兄」という意味で「かのえ」と読みます。

「辛＝しん」は「陰」で「弟」であり、「五行」は「金」ですから、「金」の「弟」という意味で「かのと」と読みます。
「壬＝じん」は「陽」で「兄」であり、「五行」は「水」ですから、「水」の「兄」という意味で「みずのえ」と読みます。
「癸＝き」は「陰」で「弟」であり、「五行」は「水」ですから、「水」の「弟」という意味で「みずのと」と読みます。

つまり、「陽干」は、すべて「〇〇え」と読み、「陰干」は、すべて「〇〇と」読みますから、ここから「えと」という言葉ができ、「干支」を「えと」と読み習わすようになったものと考えられます。つまり、本来は「えと」と言えば「十干」を表わしたはずなのですが、一般に「十干」というものは、十二支に比べるとなじみの薄いものらしく、いつのまにか、年の十二支を「えと」と呼ぶようになったようです。

よって、「五行」ごとに陽干を「兄」、陰干を「弟」とするこの方法は、最初は、十干を覚えるために考え出されたのではないかという気がします。その限りでは、悪い方法ではないように思えますが、問題なのは、この方法ですと、十干というのは「五行」が分かれたもののように見えてしまうという点です。

「十干」は、春秋時代に「陰陽五行説」が出るはるか以前の殷代、またはもっと前から使われているものであり、間違えようがないのですが、日本の学者が「五行」から「十干」ができたかのように考えてしまうのは、この「えと」が一役買っているのではないかとも思えます。

五十音《音声別》名づけ辞典

「あ」から始まる「名《なまえ》」

「ア」という一音だけの名前は少ないかも知れませんが、「アア」とか「アー」など、伸ばした場合と、「アン」も同じく一音とみなします。ただし、「アーアー」「ア・ア」「アンアン」などと繰り返せば、二音と見ます。「亜亜」などと表記される場合も、実際に呼ばれる音声で判断します。「ア」は「戊音」で「阿弥陀如来」の音声ですから、柔軟さを人に感じさせ、要領が良い、交際がうまい、信用、融通がきく、などのイメージにつながる「吉音」ですが、「アンアン」とか「アイ」のように重なると、要領が良すぎて「八方美人」などと呼ばれる怖れがあります（戊伏＝小凶格）。

「ア」も「イ」も「戊音」ですから、「アンアン」の場合と同じく、柔軟さを人に感じさせ、要領が良い、交際がうまい、信用、融通がきく、などのイメージにつながる「吉音」ですが、要領が良すぎる怖れがあります。

「愛」「藍」「亜衣」などと表記によってイメージの違いがありますが、「愛」の場合は、字形で「心」を含んでおり、世界で活躍する女性の印象が強い半面、「心労」が多くなる傾向が見受けられます。

「アイカ」などのように、「アイ」に続く音声を組み合わせた名前もよくみられますが、「アイ」という印象の強さに較べると、インパクトに欠ける傾向があり、「戊音」の重なる良さも悪さも弱くなります。

あ

凶 **ああ** あーあー
あん あんあん
凶 **あい**
吉 あいあ
吉 あいあん
吉 あいい
吉 あいう
吉 あいえ
吉 あいお
吉 あいか
吉 あいき
吉 あいく
吉 あいけ

あいこ
吉　あいさ
吉　あいし
吉　あいす
吉　あいせ
吉　あいそ
あいた
あいち
あいつ
あいて
あいと
あいな
あいに
あいぬ
あいね
あいの
あいが
あいぎ
あいぐ
あいげ

名前の「音声」作用は、第一音と第二音がほとんどを占め、第三音や第四音の作用を見るには、「奇門遁甲姓名学」の「八門」と「八神」を使います。

	1・2音	3音	4音
カ行・ハヒヘホ	甲吉	傷凶	符吉
ガ行	乙吉	杜凶	合吉
ナ行・タテト・ラリ	丙吉	景平	雀凶
ダデド・ルレロ	丁吉	景平	雀凶
ア行	戊吉	生吉	陳凶
ヤユヨ・ワ行	己凶	死凶	地平
サ行・チ	庚平	開吉	天吉
ザ行・ツ	辛凶	驚凶	陰吉
マ行・フ	壬平	休吉	蛇凶
バ行・パ行	癸凶	休吉	蛇凶
	十干	八門	八神

三音目が「吉」になるのは、第一音や二音の場合とは異なり、「母音」＝「ア行」＝「生門」、「清音の歯音」＝「サ行」＝「開門」、「唇音」＝「マ行・ファ行・バ行」＝「休門」、の場合に限られます。

「休門」「開門」「生門」は「奇門遁甲」の「三吉門」と呼ばれ、文字どおりに、「休む」「開く」「生れる」という作用があります。ただし、三音目だけが吉作用

あいご
あいざ
あいじ
あいず
あいぜ
あいぞ
あいだ
あいぢ
あいづ
あいで
あいど
あいば　吉
あいび　吉
あいぶ　吉
あいべ　吉
あいぼ　吉
あいじゃ
あいじゅ
あいじぇ
あいじょ

あいや
あいゆ
あいよ
あいら
あいり
あいりん
あいる
あいれ
あいろ
あいわ
あいん
あいあん　吉
あいいん　吉
あいうん　吉
あいえん　吉
あいおん　吉
あう　凶
あうでぃ
あえ　凶
あえら

になっても、それほど大きな効果は期待できません。

「三吉門」が特に大きな作用になるのは、たとえば「乙音・己音・開門音」＝「地遁」、のような特殊な組み合わせができたときに限られます。「地遁」になるのは、「ガ行・ヤ行・サチ行」ですから、日本人の名前としては、あまり感じの良い名前になりませんが、沖縄料理の「ゴーヤーチャンプル」は「地遁」の名前であり、グループ名には使えそうです。

日本では「アイ」と聞くと、字を見なくても「愛」というイメージが浮かびやすく、「アイコ」だったら「愛子」しか思いつかないくらいです。「愛」は仏教では「苦」の一つに数えられており、そのような難しさがある「名」ですから、命名には注意が必要です。

「アン」

「アン＝杏」

「アア・アイ・アウ・アエ・アオ」戊伏＝凶格

第一音、第二音ともに「戊音」で、小凶格の「戊伏」を構成し、要領が良すぎて「八方美人」などと呼ばれる怖れがあり心労が多くなります。

あえる
凶 **あお**
吉 あおい
吉 あおえ
あおか
あおき
あおく
吉 あおさ
吉 あおし
吉 あおす
吉 あおせ
あおた
吉 あおち
あおつ
あおて
あおと
あおな
あおに
あおぬ
あおね

あおの
あおは
あおひ
吉 あおふ
あおへ
あおほ
あおま
あおみ
あおむ
あおめ
あおも
あおや
あおゆ
あおよ
あおら
あおり
あおる
あおれ
あおろ
あおわ

あおん
吉 あおふぁ
吉 あおふぃ
吉 あおふぇ
吉 あおふぉ
吉 あおば
吉 あおび
吉 あおぶ
吉 あおべ
吉 あおぼ
あか
吉 あかい
吉 あかえ
吉 あかお
あかさ
あかし
あかせ
あかね
あかの
あかは

「アイ＝青木愛・飯島愛・加護亜依・早乙女愛・杉山愛・宮里藍・福原愛」「アイコ＝三益愛子・宜保愛子・安西愛子・上村愛子・佐藤愛子・長山藍子・佐藤藍子」「アイリ＝平愛梨」「アオイ＝宮崎あおい・中島葵」

「アウディ」は、ドイツの自動車ブランド名、「アエラ」は朝日新聞系列の雑誌名、「アエル」は仙台の高層ビル名であり、あまり、日本人の名前には向かないように思えますが、最近は、このような名前も、名づけられることがあります。

ここまでは、ほとんどすべての組み合わせを記載しましたが、紙数に制限があり、これ以降は、日本人の名前として可能性のありそうなものだけに絞って表示します。

吉 あかば
あき
吉 あきえ
吉 あきお
あきこ
あきせ
あきた
あきつ
あきと
あきな
あきね
あきの
あきは
あきほ
あきよ
あきら
あきる
あく
吉 あくあ
あくさ

あくせ
あくま
あくめ
あけ
あけお
あけみ
あけよ
あこ
あっこ
あさ
吉 あさい
吉 あさえ
吉 あさお
あさか
あさき
あさこ
あさの
あさほ
あさま
あさみ

あし
あした
あしな
あしの
あしは
あしほ
あしや
あす
あすあ
あすお
あすか
あすき
あすく
あすこ
あすと
あすな
あすの
あすは
あすほ
あすま

「アカ・アキ・アク・アケ・アコ」

第一音が「戊音」、第二音は「甲音」で、「格局」を構成せず、これといった良さも悪さもありません。

「アカネ＝小田茜・大沢あかね」「アキ＝八代亜紀・向井亜紀・水沢アキ・ほしのあき」「アキコ＝小山明子・山東昭子・下重暁子・諏訪内晶子・福島晃子・松本明子・矢田亜希子」「アキナ＝中森明菜」や「アッコ＝和田アキ子」「アキオ＝実相寺昭雄・ちばあきお・盛田昭夫」「アキヒロ＝美輪明宏・大谷昭宏」「アキラ＝小林旭・浅田彰・甘利明・池上彰・因幡晃・柄本明・仰木彬・小野寺昭・川口晶・黒澤明・宝田明・寺尾聰・鳥山明・中尾彬・秦野章・布施明・松島アキラ・三田明」「アケミ＝鮎あけみ・石井明美・松野明美・増田明美・三沢あけみ」

あすみ
あすや
あすよ
あすら
あせ
あそ
吉 あそお
あた
あたえ
あたの
あたみ
あて
あち
あつ
吉 あつえ
吉 あつお
あつき
あつこ
あつし
あつと

あつな
あつは
あつほ
あつや
あつよ
あな
あんな
あなん
あに
吉 あにえ
吉 あにお
吉 あにか
あにき
あにさ
あにた
あにま
あぬ
あんぬ
あね
あの

「アサ・アシ・アス・アセ・アソ」

第一音は「庚音」で、第二音は「庚音」で格局を構成せず、これといった良さも悪さもありません。

「アサコ＝岸朝子」「アサミ＝小林麻美」「アスカ＝ＡＳＫＡ」

「アタ・アテ・アト」

第一音は「戊音」、第二音は「丙音」で「格局」を構成せず、これといった良さも悪さもありません。

「アトム＝下条アトム」

「アチ・アツ」

第一音は「戊音」、第二音は「辛音」で「格局」を構成せず、これといった良さも悪さもありません。

「アツコ＝浅野温子・前田敦子」「アツシ＝中島敦・森敦・大和屋竺・渡辺篤史」

「アナ・アニ・アヌ・アネ・アノ」

第一音は「戊音」、第二音は「丙音」で「格局」を構成せず、これといった良さも悪さもありません。

「アンナ＝土屋アンナ・梅宮アンナ・中川安奈」「アンヌ＝真

あんの
あのん
あま
あまん
あまつ
あまな
あまに
あまの
あまほ
あみ
あみい
あみえ
あみお
あみか
あみこ
あみさ
あみた
あみと
あみな
あみほ

あみま
あみや
あみゆ
あみよ
あや
あやか
あやこ
あやさ
あやた
あやと
あやな
あやの
あやほ
あやみ
あやめ
あやや
あやら
あゆ
あゆか
あゆこ

あゆた
あゆな
あゆの
あゆは
あゆほ
あゆま
あゆみ
あゆも
あよ
あよか
あよな
あよの
あら
吉　あらい
吉　あらう
吉　あらお
あらか
あらき
あらこ
あらし

理アンヌ」

「アハ・アヒ・アフ・アヘ・アホ」
「アバ・アビ・アブ・アベ・アボ」

ありそうもないので省略します。もし使ってても「格局」を構成せず、これといった良さも悪さもありません。

「アマ・アミ・アム・アメ・アモ」

第一音は「戊音」、第二音は「壬音」で、「格局」を構成せず、これといった良さも悪さもありません。

「アミ＝尾崎亜美・大貫亜美」

「アヤ・アユ・アヨ」

第一音は「戊音」、第二音は「己音」で、「格局」を構成せず、これといった良さも悪さもありません。

「アヤ＝上戸彩・松浦亜弥・杉本彩・平山あや・絢香・平原綾香・岡本綾子・小林綾

あり
ありか
ありく
ありこ
ありさ
ありす
ありた
ありと
ありな
ありま
ある
あるは
あれ
あれさ
ある
あろ
凶 **あざ**
あざみ
凶 **あじ**
凶 **あず**

あずさ
あずみ
凶 **あぜ**
凶 **あぞ**

子・藤あや子・川原亜矢子」「アユミ＝いしだあゆみ・中村あゆみ・浜崎あゆみ・渡邊あゆみ」

「アラ・アリ」

第一音は「戊音」、第二音は「丙音」で、「格局」を構成しませんから、これといった良さも悪さもありません。「アラ」は高級魚で別名を「クエ」と言います。

「アリサ＝観月ありさ」

「アル・アレ・アロ」

第一音は「戊音」、第二音は「丁音」で、「格局」を構成せず、これといった良さも悪さもありません。

「アザ・アジ・アズ・アゼ・アゾ」戊反＝凶格

第一音は「戊音」、第二音は「辛音」で、小凶格の「戊反」を構成し、融通が利かない。要領が悪く交際が下手、という象意があります。

「アズサ＝中村あずさ・中島梓・眞野あずさ・渡辺梓」「アズミ」

「い」から始まる「名《なまえ》」

い

いん
凶 **いあ**
いあん
凶 **いい**
いいとも
凶 **いう**
凶 **いえ**
いえあき
いえおき
いえかつ
いえきみ
いえくみ
いえけつ
いえこと
いえしげ

「イ」という一音だけの名前は少ないかも知れませんが、「イイ」とか「イー」など、伸ばした場合と、「イン」も同じく一音とみなします。ただし、「イーイー」「イ・イ」「インイン」などと繰り返せば、二音と見ます。「衣衣」などと表記される場合も、実際に呼ばれる音声で判断します。「イ」は「戊音」で「阿弥陀如来」の音声ですから、柔軟さを人に感じさせ、要領が良い、交際がうまい、信用、融通がきく、などのイメージにつながる「吉音」ですが、「インイン」のように重なると、要領が良すぎて「八方美人」などと呼ばれる怖れがあります（戊伏＝小凶格）。

「イア・イイ・イウ・イエ・イオ」戊伏＝凶格

第一・二音ともに「戊音」で、小凶格の「戊伏」を構成し、要領が良すぎて「八方美人」などと呼ばれがちです。「イア」や「イウ」に続く音声は、あまり、思いつきません。「イアン」は「イア」と同じく二音節と見ます。「イイ」のうち「イ・イ」と二音節で読めるのは、「井伊」くらいで、たいていは「イー」と伸ばした、一音節になってしまいます。「イエ」に続く音声と言えば「イエス」、「ス」は「開門音」で吉音です。漢字の「家」なら「家康」とか「家光」など、男性に多い名前を思い出します。

いえす
いえたか
いえただ
いえたつ
いえつぐ
いえとも
いえなり
いえのぶ
いえはる
いえまさ
いえみつ
いえむね
いえもと
凶吉 いえやす
いえよし
凶 **いお**
いおん
吉 いおす
いか
吉 いかお

いき
いく
いくこ
いくさ
いくた
いくの
いくほ
いくま
いくみ
いくや
いくよ
いくら
いけ
吉 いけあ
吉 いけい
いけこ
いけだ
いけたに
いけたつ
いけなり

いけの
いけのり
いけまつ
いけめん
いけもと
吉凶 いけばな
いこ
いこん
吉 いこい
吉 いこう
いさ
いさん
吉 いさお
いさき
いさく
いさこ
いさた
いさと
いさな
いさの

「イオ」は木星の第一衛星。「イオン」は流通グループの名称。「イオス」はカメラのブランド名で暁の女神の意。第三音の「ス」は開門音で吉。

「イカ・イキ・イク・イケ・イコ」

第一音が「戊音」で「阿弥陀如来」の音声ですから、柔軟さを人に感じさせますが、第二音が「甲音」ですから、「格局」を構成せず、これといった作用効果がありません。「イカオ」は国際民間航空機関。「イキ」と言えば「息」「壱岐」「意気」「粋」などが浮かびます。

「イクサブロウ＝山崎育三郎」

「イケ」というと「池」などが浮かびますが、「池田」「池谷」など「姓」には多いものの「名」にはあまり使いません。芸名なら「イケメン」などもありかも知れません。「イコ」はあまり聞かない名です。「イコン」は宗教画ですが、「遺恨」と聞こえる

吉 いさみ
吉 いさむ
いさよ
いし
いす
いすず
いせ
いそ
いた
いて
いと
いち
いちろ
いちろう
いつ
吉 いつお
いつこ
吉 いつみ
いつよ
いつろう

かも知れません。

「イサ・イシ・イス・イセ・イソ」

第一音が「戊音」、第二音が「庚音」で、「格局」にならず、特に良くも悪くもありません。「イサオ」は第三音が「生門音」なのでやや「吉」。

「イサオ＝青木功・飯島勲・高畑勲・冨田勲・中内功・夏八木勲・橋爪功・張本勲・尾藤イサオ」「イサミ＝近藤勇」「イサム＝長門勇・山田勇・イサムノグチ・アゴ勇」「イサミ」「イサム」は、第三音が「休門音」やや「吉」の音声です。「イスズ＝山田五十鈴・いすゞ自動車」など。「イセ＝伊勢・イセキ農機」「イソ＝磯」

「イタ・イテ・イト」

第一音が「戊音」で「阿弥陀如来」の「吉音」ですが、第二音が「丙音」で、組み合わせると「格局」ならず、特に良くも悪くもありません。

「イチ・イツ」

第一音が「戊音」、第二音が「庚音」で、「格局」にならず、特に良くも悪くもありません。

「イチロー＝鈴木一朗・小沢一郎・有島一郎・鳥羽一郎・富永一朗・鳩山一郎・古舘伊知郎・宮川一郎・水木一郎・荒木一郎」

「イツ」の語感は逸品の「逸」。「逸男」とか「逸子」など。

いざ
いざなぎ
いざなみ
いじ
いず
いぜ
いぞ
いな
いに
いぬ
いね
いの
いは
いひ
いへ
いほ
いふ
いば
いび
いぶ

いべ
いぼ
いぱ
いぱねま
いぴ
いぷ
いぺ
いぽ
いま
いまお 吉
いまこ
いまの
いまみ
いまよ
いまる
いまり
いみ
いむ
いめ
いも

「イザ・イジ・イズ・イゼ・イゾ」戊反＝凶格

第一音が「戊音」、第二音が「辛音」で、組み合わせると「小凶格」の「戊反格」となり、融通が利かない。要領が悪く交際が下手、という象意があります。

「イズミ＝芦川いづみ・坂井泉水・雪村いずみ・稲森いずみ」

「イナ・イニ・イヌ・イネ・イノ」

第一音が「戊音」、第二音が「丙音」で「格局」にならず、特に良くも悪くもありません。

「イハ・イヒ・イヘ・イホ」

第一音が「戊音」で「阿弥陀如来」の「吉音」、第二音が「甲音」でこれも「吉音」ですが、組み合わせると「格局」にならず、特に良くも悪くもありません。

「イフ」

第一音が「戊音」、第二音は「壬音」で、組「格局」にならず、特に良くも悪くもありません。

「イバ・イビ・イブ・イヴ・イベ・イボ・イパ・イピ・イ

いや
いゆ
いよ
いわ
いら
いり
吉 いりあ
いる
いれ
いろ

プ・イペ・イポ」

第一音が「戊音」、第二音が「癸音」で「格局」にならず、特に良くも悪くもありません。

「イマ・イミ・イム・イメ・イモ」

第一音が「戊音」、第二音が「壬音」で「格局」にならず、特に良くも悪くもありませんが、「イミ」「イム」だと「忌」につながりかねません。

「イヤ・イユ・イヨ・イワ」

第一音が「戊音」で、第二音が「己音」で、「格局」にならず、特に良くも悪くもありません。

「イヨ＝松本伊代」「イワオ＝漆間巌」

「イラ・イリ」

第一音が「戊音」、第二音が「丙音」で「格局」にならず、特に良くも悪くもありません。

「イラ＝石田衣良」「イリ＝丸木位里」

「イル・イレ・イロ」

第一音が「戊音」、第二音が「丁音」で「格局」にならず、特に良くも悪くもありません。

「う」から始まる「名《なまえ》」

う

うん

うあ

うい

ういきょう

ういぐる

ういろう

うえ

吉 うえあ

うえた

うえと

うか

うかい

うき

うきえ

うきか

「ウ」という一音だけの名前は、日本では少ないかも知れません。「ウウ」とか「ウー」など、伸ばした場合と、「ウン」も同じく一音とみなします。ただし、「ウーウー」「ウ・ウ」「ウンウン」などと繰り返せば、二音と見ます。「卯卯」などと表記される場合も、実際に呼ばれる音声で判断します。「ウ」は「戊音」で「阿弥陀如来」の音声ですから、柔軟さを人に感じさせ、要領が良い、交際がうまい、信用、融通がきく、などのイメージにつながる「吉音」ですが、「ウンウン」のように重なると、要領が良すぎて「八方美人」などと呼ばれる怖れがあります（戊伏＝小凶格）。

「ウア・ウイ・ウウ・ウエ・ウオ」

第一・二音ともに「戊音」で、「戊伏」ですから、要領が良すぎて「八方美人」などと呼ばれがちです。

「ウア」と言えば、歌手の「UA」以外、あまり思いつきません。「ウイ」と聞けば、「宇井」「憂い」など。「茴香」「ウイグル」「外郎」。「ウエ」に続く音声と言えば「ウエア」、「植田」「上戸」は、もっぱら「姓」のイメージですが、名でも使えないことはありません。

うきた
うぃき
うく
うけ
うけつぐ
うこ
うこん
うさ
うさぎ
うし
うす
うすざん
うせ
うそ
うた
うたこ
うただ
うたの
うたみ
うて

「ウカ・ウキ・ウク・ウケ・ウコ」

第一音が「戊音」で「阿弥陀如来」の音声ですから、柔軟さを人に感じさせますが、第二音が「甲音」ですから、「格局」を構成せず、これといった作用効果がありません。「鵜飼い」第三音の「イ」は生門音で吉。「ウキ」は、「浮き餌」「宇喜田」「wiki」など。「ウク」は「浮く」、「ウケ」は「受け継ぐ」など、「ウコ」は「ウコン」くらいです。

「ウサ・ウシ・ウス・ウセ・ウソ」

第一音が「戊音」で「阿弥陀如来」の音声ですから、柔軟さを人に感じさせますが、第二音が「庚音」ですから、「格局」を構成せず、これといった作用効果がありません。「ウサ」は「宇佐」「ウサギ」、「ウシ」は「牛」か「憂し」、「ウス」は「臼」「有珠山」、「ウセ」は「失せ」、「ウソ」は「嘘」。

「ウタ・ウテ・ウト」

第一音が「戊音」で「阿弥陀如来」の音声ですから、柔軟さを人に感じさせますが、第二音が「丙音」ですから、「格局」を構成せず、これといった作用効果がありません。

「ウチ・ウツ」

第一音が「戊音」で、第二音が「庚音」ですから、「格局」を構成せず、これ

うてな
うと
うとう
うとえ
うとこ
うち
うつ
うつみ
うつろ
うな
うに
うね
うの
うは
うひ
うへ
うほ
うふ
うぶ
うぶろ

うま
うまこ
うまや
うみ
うみえ　吉
うみこ
うみの
うみよ
うや
うやの
うゆ
うよ
うら
うらん
うらの
うらら
うり
うる
うれ
うろ

といった作用効果がありません。

「ウナ・ウニ・ウヌ・ウネ・ウノ」

第一音が「戊音」で、第二音が「丙音」ですから、「格局」を構成せず、これといった作用効果がありません。「ウナ」「ウニ」「ウネ」「ウノ」は、続く音声が見当たりません。

「ウハ・ウヒ・ウヘ・ウホ」

第一音が「戊音」で、第二音が「庚音」ですから、「格局」を構成せず、これといった作用効果がありません。

「ウフ・ウマ・ウミ・ウム・ウメ・ウモ」

第一音が「戊音」で「阿弥陀如来」の音声ですから、柔軟さを人に感じさせますが、第二音が「壬音」ですから、「格局」を構成せず、これといった作用効果がありません。「馬」は名に使わないほうが良さそうです。「ウミ」は「海」「海江」「海絵」は、意味のとおりが良好です。

「ウバ・ウビ・ウブ・ウベ・ウボ」

第一音が「戊音」で「阿弥陀如来」の音声ですから、柔軟さ

うわ
うわじま
うざ
うじ
うず
うずしお
うずまき
うずら
うぜ
うぞ

を人に感じさせますが、第二音が「発音」ですから、「格局」を構成せず、これといった作用効果がありません。「ウブロ」は時計のブランド名。

「ウヤ・ウユ・ウヨ・ウワ」

第一音が「戊音」で「阿弥陀如来」の音声ですから、柔軟さを人に感じさせますが、第二音が「己音」ですから、「格局」を構成せず、これといった作用効果がありません。続く音声はあまり見当たりません。

「ウラ・ウリ」

第一音が「戊音」で「阿弥陀如来」の音声で、柔軟さを感じさせますが、第二音が「丙音」ですから、「格局」を構成せず、これといった作用効果がありません。

「ウル・ウレ・ウロ・ウワ」

第一音が「戊音」で「阿弥陀如来」の音声で、柔軟さを感じさせますが、第二音が「丁音」ですから、「格局」を構成せず、これといった作用効果がありません。

「ウザ・ウジ・ウズ・ウゼ・ウゾ」

第一音が「戊音」で「阿弥陀如来」の音声で、第二音が「辛音」で、組み合わせると「小凶格」の「戊反格」となり、融通が利かない。要領が悪く交際が下手、ということになります。

「え」から始まる「名《なまえ》」

「エ」という一音だけの名前は、日本では少ないかも知れません。「エエ」とか「エー」など、伸ばした場合と、「エン」は同じく一音とみなします。ただし、「エーエー」「エ・エ」「エンエン」などと繰り返せば、二音と見ます。「江江」などと表記される場合も、実際に呼ばれる音声で判断します。「エ」は「戊音」で「阿弥陀如来」の音声ですから、柔軟さを人に感じさせ、要領が良い、交際がうまい、信用、融通がきく、などのイメージにつながる「吉音」ですが、「エンエン」のように重なると、要領が良すぎて「八方美人」などと呼ばれる怖れがあります（戊伏＝小凶格）。

「エア・エイ・エウ・エエ・エオ」戊伏＝凶格

第一・二音ともに「戊音」で、「小凶格の「戊伏」を構成し、要領が良すぎて「八方美人」などと呼ばれがちです。

「エイイチ＝渋沢栄一・工藤栄一・西村栄一・福井英一・大瀧詠一」「エイコ＝梓英子・瀬川瑛子・小池栄子・永島暎子・大宅映子」「エイタ＝瑛太」

「エカ・エキ・エク・エケ・エコ」

第一音が「戊音」で「阿弥陀如来」の音声ですから、柔軟さを人に感じさせま

え

凶　**えあ**

凶　**えい**

えいあ

えいか

えいき

えいこ

えいさ

えいた

えいな

えいら

えか

えかい

えき

えきか

えん

えきこ
えく
えくぼ
えけ
えこ
えこな
えこの
えさ
えし
えす
えすて
えすぱ　吉
えせ
えそ
えた
えたーなる
えて
えてるな
えと
えとう

えとな
えとらんぜ
えとろ
えち
えちご
えつ
えつお　吉
えつこ
えつみ
えな
えなみ
えに
えぬ
えね
えの
えのみ
えは
えひ
えへ
えほ

すが、第二音が「甲音」ですから、「格局」を構成せず、これといった作用効果がありません。

「エサ・エシ・エス・エセ・エソ」

第一音が「戊音」、第二音が「庚音」で、「格局」を構成せず、これといった作用効果がなく、使えそうな名前もありません。

「エタ・エテ・エト」

第一音が「戊音」、第二音が「丙音」で、「格局」を構成せず、これといった作用効果がありません。

「エチ・エツ」

第一音が「戊音」、第二音が「庚音」ですから、「格局」を構成せず、これといった作用効果がありません。

「エチゴ＝越後」「エツコ＝志穂美悦子・奈美悦子・生田悦子・市原悦子・来生えつこ・松崎悦子」「エツシ＝高橋悦史・豊川悦司」

「エナ・エニ・エヌ・エネ・エノ」

第一音が「戊音」、第二音が「丙音」で、「格局」を構成せず、

えふ
えま
えまにゅえる
えみ
えみこ
えみな
えみり
えみる
えむ
えめ
えも
えや
えゆ
えよ
えら
えらの
えり
えりな
えりぜ
える

えるざ
えれ
えれな
えろ
えろる
えば
えび
えびぞう
えびな
えびちゃん
えぶ
えべ
えぼ
えゔぁ
えゔぃ
えゔぇ
えゔぉ
えぱ
えぴ
えぴごーねん

これといった作用効果がありません。

「エハ・エヒ・エヘ・エホ」

第一音が「戊音」、第二音が「甲音」ですから、「格局」を構成せず、これといった作用効果がありません。

「エフ・エマ・エミ・エム・エメ・エモ」

第一音が「戊音」、第二音が「壬音」で、「格局」を構成せず、これといった作用効果がありません。

「絵馬」「エミ＝新藤恵美・武井咲・はしのえみ・和久井映見・ワダエミ・渡部絵美」「エミコ＝上沼恵美子・市川笑子」「エミリ＝辺見えみり・中山エミリ」

「エヤ・エユ・エヨ」

第一音が「戊音」で「阿弥陀如来」の音声ですが、第二音が「己音」ですから、「格局」を構成せず、これといった作用効果がありません。

「エラ・エリ」

第一音が「戊音」、第二音が「丙音」で「格局」を構成せず、

えぷ
えぺ
えぽ
えぽっく
えざ
えじ
えず
えぜ
えぞ

これといった作用効果がありません。

「エリ＝石田えり・深津絵里・平松愛理・村川絵梨・渡辺えり」「エリカ＝沢尻エリカ・立原えりか・羽田恵理香・秋山エリカ」「エリコ＝今井絵理子・北川悦吏子・楠田枝里子・佐藤江梨子・田村英里子・中村江里子・三浦絵理子・浅井えり子」「エリナ＝真野恵里菜」

「エル・エレ・エロ」

第一音が「戊音」で「阿弥陀如来」の音声ですが、第二音が「丁音」で、「格局」を構成せず、これといった作用効果がありません。

「エバ・エビ・エブ・エベ・エボ・エヴ」「エパ・エピ・エプ・エペ・エポ」

第一音が「戊音」で「阿弥陀如来」の音声ですから、柔軟さを人に感じさせますが、第二音が「癸音」ですから、「格局」を構成せず、これといった作用効果がありません。

「エビゾウ＝市川海老蔵」「エビちゃん」「エヴァンゲリオン」。

「エザ・エジ・エズ・エヅ・エゼ・エゾ」戊反＝凶格

第一音が「戊音」、第二音が「辛音」で、「小凶格」の「戊反格」となり、融通が利かない、要領が悪く交際が下手、などの凶意があります。

「エージ＝岡田英次・奥田瑛二・小倉エージ・沢村栄治・円谷英二・板東英二・船越英二・三善英史・吉川英治」

「お」から始まる「名《なまえ》」

お

凶 おん
凶 おあ
凶 おい
おいせ
おいた
おいな
おいら
凶 おう
凶 おえ
凶 おお
凶 おか
おかき
おかし
おかの
おかゆ

「オ」という一音だけの名前は、日本では少ないかも知れません。「オオ」とか「オー」など、伸ばした場合と、「オン」は同じく一音とみなします。ただし、「オーオー」「オ・オ」「オンオン」などと繰り返せば、二音と見ます。「尾尾」などと表記される場合も、実際に呼ばれる音声で判断します。「オ」は「戊音」で「阿弥陀如来」の音声ですから、柔軟さを人に感じさせ、要領が良い、交際がうまい、信用、融通がきく、などのイメージにつながる「吉音」ですが、「オンオン」のように重なると、要領が良すぎて「八方美人」などと呼ばれる怖れがあります（戊伏＝小凶格）。

「オア・オイ・オウ・オエ・オオ」戊伏＝凶格

第一音・二音ともに「戊音」で、小凶格の「戊伏」を構成し、要領が良すぎて「八方美人」などと呼ばれがちです。
「オウ」と聞けば、「王」「旺」「応」「央」「欧」などが浮かびます。

「オカ・オキ・オク・オケ・オコ」

第一音が「戊音」で「阿弥陀如来」の音声で、柔軟さを人に感じさせますが、第二音が「甲音」で、「格局」を構成せず、これといった作用効果がありません。

おから
おき
おきか
おきな
おきの
おく
おくと
おくら
おくり
おけ
おけい
おけら
おこ
おさ
おさふね
おさみ
おさむ
おし
おす
おせ

おせろ
おそ
おそら
おた
おたく
おたりお
おて
吉 おてい
おと
おとや
おち
おつ
おな
おに
おぬ
おね
おの
おは
おはま
おひ

「オキク＝お菊」

「オサ・オシ・オス・オセ・オソ」

第一音が「戊音」で「阿弥陀如来」の音声で、柔軟さを人に感じさせますが、第二音が「庚音」で、「格局」を構成せず、これといった作用効果がありません。

「オサム＝喜多嶋修・北山修・久野収・滝沢修・太宰治・手塚治虫・東尾修・ぼんちおさむ・宮路オサム・向井理・吉岡治」

「オスプレイ」「オセロ」

「オタ・オテ・オト」

第一音が「戊音」で、第二音が「丙音」ですから、「格局」を構成せず、これといった作用効果がありません。

「オトヒメ＝乙姫」「オトヤ＝山口二矢」

「オチ・オツ」

第一音が「戊音」で、第二音が「庚音」ですから、「格局」を構成せず、これといった作用効果がありません。

おへ
おほ
おふ
おま
おまは
おみ
おみこし
おみわたり
おむ
おむれつ
おめ
おも
おや
おゆ
およ
おら
おり
おりな
おりぜ
おる

「オナ・オニ・オヌ・オネ・オノ」

第一音が「戊音」で、第二音が「丙音」ですから、「格局」を構成せず、これといった作用効果がありません。

「オハ・オヒ・オヘ・オホ」

第一音が「戊音」で「阿弥陀如来」の音声ですから、柔軟さを人に感じさせますが、第二音が「甲音」ですから、「格局」を構成せず、これといった作用効果がなく、使えそうな名前もありません。

「オフ・オマ・オミ・オム・オメ・オモ」

第一音が「戊音」で、第二音が「壬音」ですから、「格局」を構成せず、これといった作用効果がありません。

「オヤ・オユ・オヨ」

第一音が「戊音」で、第二音が「己音」ですから、「格局」を構成せず、これといった作用効果がありません。

「オラ・オリ」

第一音が「戊音」で、第二音が「丙音」ですから、「格局」を構成せず、これといった作用効果がありません。

おるか
おれ
おろ
おろち
おば
おび
おぶ
おべ
おぼ
おゔぁ
おゔぃ
おゔ
おゔぇ
おゔぉ
おぱ
おぴ
おぷ
おぺ
おぽ
凶　**おざ**
凶　**おじ**
凶　**おず**
凶　**おぜ**
凶　**おぞ**

「オル・オレ・オロ」

第一音が「戊音」で「阿弥陀如来」の音声ですが、第二音が「丁音」ですから、「格局」を構成せず、これといった作用効果がありません。

「オバ・オビ・オブ・オベ・オボ・オヴ」

第一音が「戊音」で「阿弥陀如来」の音声ですから、柔軟さを人に感じさせますが、第二音が「癸音」ですから、「格局」を構成せず、これといった作用効果がありません。

「オパ・オピ・オプ・オペ・オポ」も同じ。

「オザ・オジ・オズ・オヅ・オゼ・オゾ」戊反＝凶格

第一音が「戊音」で「阿弥陀如来」の吉音。柔軟さや要領の良さ、交際上手、などを人に感じさせますが、第二音が「辛音」で、「小凶格」の「戊反」を構成し、融通が利かない。要領が悪く交際が下手など、「阿弥陀如来」の良さを打ち消す凶意があります。

政界の「オザワン」と呼ばれる「小澤一郎」、世界の「オザワ」と呼ばれる「小澤征爾」、世界の「オヅ」と呼ばれる「小津安二郎」。

確かにいずれも、要領が良いとか、交際上手とは言いがたく、もっぱら才能と実力本位で、世界にアピールした人たちです。

「か」から始まる「名《なまえ》」

か

かん
かあ
かい
かう
かえ
かえら
かお
かおす
かおと
かおり
かおる
かおん
かか
かき
かきお

「カ」という一音だけの名前は少ないかも知れませんが、「カア」とか「カー」など、伸ばした場合と、「カン」は同じく一音とみなします。ただし、「カーカー」「カ・カ」「カンカン」などと繰り返せば、二音と見ます。「佳佳」などと表記される場合も、実際に呼ばれる音声で判断します。「か」は「甲音」で「釈迦如来」の音声ですから、高貴な印象を人に与え、高級、栄光、寛大、品位、などを感じさせ、目上の引き立てを得やすくなるようになる「吉音」です。「カンカン」のように重なっても「伏吟」にならず、「格局」を構成しないので、悪い作用がありません。

「カン」一音のみ＝格局なし

「カン＝子母沢寛・三上寛・菊池寛」

「カア・カイ・カウ・カエ・カオ」

第一音が「甲音」、第二音が「戊音」で「格局」を構成せず、特に良い作用も悪い作用もありません。

「カエラ＝木村カエラ」「カオリ＝香西かおり・小林かおり・坂上香織・つちやかおり・松本薫・眞鍋かをり・村治佳織・桃井かおり・山口香・持田香織」「カ

かきこ
かく
かくお
かくぞう
かくべい
かけ
かけお
かけふ
かける
かこ
かこみ
かが
かがみ
かがや
かぎ
かぎお
かぎこ
かぐ
かぐや
かげ

かげお
かげこ
かげり
かご
かごや
凶 **かさ**
凶 **かし**
かしま
凶 **かす**
凶 **かせ**
凶 **かそ**
凶 **かち**
凶 **かつ**
かつお
かつの
かつや
かつよ
吉 **かた**
吉 **かて**
吉 **かと**

オル＝井上馨・兼高かおる・栗本薫・小林薫・小比類巻かほる・庄司薫・杉田かおる・別当薫」

「カカ・カキ・カク・カケ・カコ」

第一音・第二音ともに「甲音」ですから「格局」を構成せず、これといった作用効果がありません。「カキ」と言うと「牡蠣」「柿」「夏季」などが連想されます。

「カコ＝佳子」

「カガ・カギ・カグ・カゲ・カゴ」

第一音が「甲音」、第二音は「乙音」で「格局」を構成せず、これといった作用効果がありません。

「カガ＝加賀」「カギ＝鍵」「カグ＝家具」「カゲ＝影」「カゴ＝加護」

「カサ・カシ・カス・カセ・カソ・カチ・カツ」飛宮＝凶格

第一音が「甲音」、第二音は「庚音」で中凶格の「飛宮格」を構成し、目上を失う、一家の主人が家に帰れなくなる、という象意があります。

「カシマシ娘」「カスミ＝有村架純・栩内香澄美」「カツマカズ

かな
かなこ
吉 かなみ
吉 かなむ
かに
吉 かにえ
吉 かにお
かにこ
かにた
かにと
かぬ
かね
かねお
かねこ
かねた
かねと
かの
かのん
かのお
かのこ

かのた
かのと
かは
かはら
かひ
かひら
かへ
かほ
かほり
かほる
かふ
かま
かまら
かまろ
かみ
かみゆ
かみら
かむ
かむり
かめ

ヨ＝勝間和代」「カツミ＝西河克己・高橋克実・加橋かつみ・大山克巳」「カツヤ＝岡田克也・小西克哉・野村克也」「カツユキ＝篠原勝之・森且行」

「カタ・カテ・カト」青龍返首＝吉格

第一音が「甲音」、第二音が「丙音」で、中吉格の「青龍返首格」を構成し、目上の恩恵があり、身分地位が向上する、という象意があります。

「カタモリ＝松平容保」「カトチャン＝加藤茶」

「カナ・カニ・カヌ・カネ・カノ・カン」青龍返首＝吉格

第一音が「甲音」、第二音が「丙音」で、中吉格の「青龍返首格」を構成し、目上の恩恵があり、身分地位が向上する、という象意があります。

「カナ＝倉科カナ・西野カナ・夏菜」「カンナ＝橋本環奈・神津カンナ」「カナエ＝山本鼎・竹内海南江」「カナコ＝榎本加奈子・樋口可南子・深浦加奈子」「カノン」「カノコ＝岡本かの子」

「カハ・カヒ・カヘ・カホ」

第一音が「甲音」、第二音も「甲音」で、組み合わせると

かも
かや
かゆ
かよ
かわ
から　吉
からく
かり　吉
かる
かれ
かろ
かろく
かだ
かで
かど
かざ
かじ
かず
かずお
かずこ

「格局」にならず、大きな作用はありません。

「カハラ」はハワイのホテル名、「カホ＝南果歩」


「カフ・カマ・カミ・カム・カメ・カモ」

第一音が「甲音」、第二音が「壬音」で、組み合わせると「格局」にならず大きな作用はありません。

「カマロ」「カムリ」は車名。


「カヤ・カユ・カヨ・カワ」

第一音が「甲音」、第二音は「己音」で、組み合わせると「格局」にならず、大きな作用はありません。

「カヨコ＝須田開代子・森山加代子・海老名香葉子」

「カラ・カリ」青龍返首＝吉格
第一音が「甲音」、第二音が「丙音」で、中吉格の「青龍返首格」を構成し、目上の恩恵と身分地位の向上が得られます。
「KARA」「カラリオ」「カリーナ」「カラク＝三笑亭可楽」

「カル・カレ・カロ・カダ・カデ・カド」

第一音が「甲音」、第二音は「丁音」で、組み合わせると「格局」にならず、

かぜ
かぞ
かば
かび
かぶ
かべ
かぼ
かゔぁ
かゔぃ
かゔ
かゔぇ
かゔぉ

大きな作用はありません。

「カレン＝桐島かれん」「カロク＝柳家花緑」

「カザ・カジ・カズ・カヅ・カゼ・カゾ」

第一音が「甲音」、第二音が「辛音」で、「格局」にならず特に良くも悪くもありません。

「カズエ＝伊藤かずえ・吹石一恵・加藤和枝」「カズオ＝青木一雄・稲盛和夫・楳図かずお・尾崎一雄・上村一夫・菊田一夫・熊倉一雄・黒木和雄・財津和夫・志位和夫・田岡一雄・檀一雄・長谷川一夫・松井稼頭央」「カズキ＝えなりかずき・大森一樹・北村一輝・小堺一機」「カズコ＝かとうかずこ・細木数子」「カズヒコ＝長谷川和彦・加藤和彦・宮谷一彦」「カズヒロ＝清原和博・佐々木主浩・山内一弘」「カズミ＝可愛かずみ・斉藤和巳・高橋和巳・安井かずみ・渡辺香津美」「カズヤ＝小坂一也・千家和也」「カズヨシ＝斎藤和義・星野一義・三浦和義・三浦知良・森田一義」

「カバ・カビ・カブ・カベ・カボ・カヴ」

第一音が「甲音」、第二音は「癸音」で、「格局」にならず、大きな作用はありません。

「が」から始まる「名《なまえ》」

が

がん
があ
がい
がいら
がう
がえ
がお
がか
がき
がく
がけ
がこ
凶 がが
凶 がぎ
凶 がぐ

「ガ」という一音だけの名前は少ないかも知れませんが、「ガア」とか「ガー」など、伸ばした場合と、「ガン」は同じく一音とみなします。ただし、「ガーガー」「ガ・ガ」「ガンガン」などと繰り返せば、二音と見ます。「我我」などと表記される場合も、実際に呼ばれる音声で判断します。「ガ」は「乙音」で「観音菩薩」の音声ですから、平穏な印象を人に感じさせ、普通、日常、通俗、平凡、安全、などのイメージにつながる「吉音」です。

「ガンガン」のように重なると「乙奇伏吟」となり、安逸に耽る、家庭優先・安全・安定志向が強すぎて何もしない、という凶意があります。と言っても、危険は徹底的に避けるので、災害などには遭いにくいはずですが、用心深すぎて、避難勧告が出ても逃げないで被災する、というようなこともあります。

「ガア・ガイ・ガウ・ガエ・ガオ」

第一音が「乙音」＝「観音菩薩」で、第二音が「戊音」ですから、「格局」を構成せず、特に良い作用も悪い作用もありません。

「ガイア」「ガウチョ」

がげ　凶
がご　凶
がさ
がし
がす
がせ
がそ
がち
がつ
がざ　凶
がじ　凶
がず　凶
がぜ　凶
がぞ　凶
がた
がて
がと
がな
がに
がぬ

がね
がの
がは
がひ
がへ
がほ
がふ
がま
がまん
がみ
がむ
がめ
がも
がや　吉
がゆ　吉
がよ　吉
がわ　吉
がら
がり
がる

「ガカ・ガキ・ガク・ガケ・ガコ」

第一音が「乙音」、第二音は「甲音」ですから、「格局」を構成せず、これといった作用効果がありません。

「ガク＝山本学」「ガクト＝ＧＡＣＫＴ」

「ガガ・ガギ・ガグ・ガゲ・ガゴ」乙伏＝凶格

第一音・第二音とも「乙音」で「乙伏」を構成し、安全志向すぎるきらいがあります。

「レディ・ガガ」

「ガサ・ガシ・ガス・ガセ・ガソ・ガチ・ガツ」

第一音が「乙音」で「観音菩薩」の「吉音」ですが、第二音が「庚音」で、「格局」を構成せず、これといった作用効果がありません。

「ガザ・ガジ・ガズ・ガヅ・ガゼ・ガゾ」青龍逃走＝凶格

第一音が「乙音」で「観音菩薩」の「吉音」ですが、第二音が「辛音」で、「中凶格」の「青龍逃走格」を構成し、目上や大切な人を失うか見放される、という凶意があります。

「ガンジー」「ガジロウ＝佐藤蛾次郎」

がれ
がろ
がだ
がで
がど
がば
がび
がぶ
がべ
がぼ
がゔぁ
がゔぃ
がゔ
がゔぇ
がゔぉ

「ガタ・ガテ・ガト」

第一音が「乙音」で「観音菩薩」の「吉音」ですが、第二音が「丙音」で、「格局」を構成せず、これといった作用効果がありません。

「ガナ・ガニ・ガヌ・ガネ・ガノ」

第一音が「乙音」で「観音菩薩」の「吉音」、第二音が「丙音」で、組み合わせると、「格局」にならず、大きな作用はありません。

「ガハ・ガヒ・ガヘ・ガホ」

第一音が「乙音」、第二音も「甲音」で、組み合わせると「格局」にならず、大きな作用はありません。

「ガフ・ガマ・ガミ・ガム・ガメ・ガモ」

第一音が「乙音」、第二音が「壬音」で、組み合わせると「格局」にならず大きな作用はありません。

「ガメラ」

「ガヤ・ガユ・ガヨ・ガワ」

第一音が「乙音」、第二音は「己音」で、組み合わせると「日奇得使格」となり、幸福、安逸、安静を得られる、縁談がまとまる、という象意があります。

「ガラ・ガリ」

第一音が「乙音」、第二音が「丙音」で、「格局」にならず、大きな作用はありません。

「ガル・ガレ・ガロ・ガダ・ガデ・ガド」

第一音が「乙音」、第二音は「丁音」で、「格局」にならず、大きな作用はありません。

「ガレリア」「月刊ガロ」

「ガバ・ガビ・ガブ・ガベ・ガボ・ガヴ」

第一音が「乙音」、第二音は「癸音」で、「格局」にならず、大きな作用はありません。

「ガバチョ」

「き」から始まる「名《なまえ》」

「キ」という一音だけの名前は少ないかも知れませんが、「キイ」とか「キー」など、伸ばした場合と、「キン＝金さん」は同じく一音とみなします。ただし、「キーキー」「キ・キ」「キンキン」などと繰り返せば、二音と見ます。「樹木＝樹木希林」などと表記される場合も、実際に呼ばれる音声で判断します。「き」は「甲音」で「釈迦如来」の音声ですから、高貴な印象を人に与え、高級、栄光、寛大、品位、などを感じさせ、目上の引き立てを得やすくなる「吉音」です。「キンキン＝愛川欣也」のように重なっても「伏吟」にならず、格局を構成しないので、悪い作用がありません。

き

きん
きあ
きい
きう
きえ
きお
きか
きき

「キア・キイ・キウ・キエ・キオ」

第一音が「甲音」＝「釈迦如来」ですから、高貴な印象を与えますが、第二音が「戊音」ですから、「格局」を構成せず、特に良い作用も悪い作用もありません。

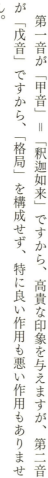

「キア」は韓国の自動車ブランド。「キイ＝北乃きい」、「キョウコ＝江波杏子・香川京子・上村香子・岸田今日子・小泉今日子・高見恭子・戸川京子・長谷川京子・深田恭子・真野響子」「キョウヘイ＝柴田恭兵・筒美京平」「キエ＝中井貴恵」

「キカ・キキ・キク・キケ・キコ」

第一音・第二音ともに「甲音」ですから、「格局」を構成せず、これといった

きく
きくえ
きくお
きくか
きくこ
きくた
きくたろう
きくな
きくの
きくじろう
きくぞう
きけ
きこ
凶 **きさ**
凶 **きし**
きしお
きしこ
凶 **きす**
凶 **きせ**
凶 **きそ**

凶 **きち**
きちこ
きちた
凶 **きつ**
きつの
吉 **きた**
きたろう
吉 **きて**
吉 **きと**
吉 **きな**
吉 **きに**
吉 **きぬ**
きぬえ
きぬこ
きぬよ
吉 **きね**
吉 **きの**
きは
きひ
きへ

作用効果がありません。
「キク＝菊」「キコ＝紀子」

「キサ・キシ・キス・キセ・キソ・キチ・キツ」飛宮＝凶格

第一音が「甲音」、第二音が「庚音」で、中凶格の「飛宮格」を構成し、目上を失う、一家の主人が家に帰れなくなる、という象意があります。
「キョウスケ＝金田一京助・氷室京介」

「キタ・キテ・キト」青龍返首＝吉格

第一音が「甲音」、第二音が「丙音」で、中吉格の「青龍返首格」を構成し、目上の恩恵があり、身分地位が向上する、という象意があります。
世界的な映画監督として北野武は海外では「キタノ」と呼ばれます。姓が「青龍返首」で、名の「タケシ」が「飛鳥跌穴」という稀有な「貴名」です。「キタロー＝喜多郎」はグラミー賞受賞の音楽家。

「キナ・キニ・キヌ・キネ・キノ」青龍返首＝吉格

第一音が「甲音」、第二音が「丙音」で中吉格の「青龍返首

きほ
きふ
きま
きみ
きむ
きめ
きも
きや
きゆ
きよ
きよし
きよか
きよこ
きよと
吉 **きら**
きらら
きらり
吉 **きり**
きりん
きりこ

格」を構成し、目上の恩恵があり、身分地位が向上する、という象意があります。

「キヌエ＝人見絹枝（日本女性初五輪メダリスト）」、「キヌコ＝伊東絹子（女優。元祖八頭身美人）」、「キヌヨ＝田中絹代（大女優）」。「絹」は字形的に良いことも悪いことも長続きしない象意。

「キハ・キヒ・キヘ・キホ」

第一音が「甲音」、第二音も「甲音」で、組み合わせると「格局」にならず、大きな作用はありません。

「キフ・キマ・キミ・キム・キメ・キモ」

第一音が「甲音」、第二音が「壬音」で、組み合わせると「格局」にならず大きな作用はありません。

「キミコ＝池上季実子・陣内貴美子・伊達公子・笠井紀美子」

「キヤ・キユ・キヨ」

第一音が「甲音」、第二音は「己音」で、組み合わせると「格局」にならず、大きな作用はありません。

「キヨコ＝水前寺清子・丹下キヨ子」「キヨシ＝西川きよし・山下清・前川清・氷川きよし・長谷川きよし・渥美清」「キヨミ＝鈴木聖美・辻元清美」

きりあ
きる
きれ
きろ
きろん
きろく
きろろ
きだ
きで
きど
きざ
きじ
きず
きぜ
きぞ
きば
きび
きぶ
きべ
きぼ
きぼう
きゔぁ
きゔぃ
きゔ
きゔぇ
きゔぉ

「キラ・キリ」青龍返首＝吉格

第一音が「甲音」で「釈迦如来」の「吉音」、第二音が「丙音」で、組み合わせると、中吉格の「青龍返首格」を構成し、目上の恩恵と身分地位の向上が得られます。

「きらら397」「キリン＝樹木希林・麒麟（漫才）」「キリコ＝磯野貴理子」

「キル・キレ・キロ・キダ・キデ・キド」

第一音が「甲音」、第二音は「丁音」で「格局」にならず、大きな作用はありません。

「キロロ＝Ｋｉｒｏｒｏ」は沖縄出身の女性デュエット。

「キザ・キジ・キズ・キヅ・キゼ・キゾ」

第一音が「甲音」、第二音が「辛音」で「格局」にならず、特に良くも悪くもありません。

「キバ・キビ・キブ・キベ・キボ・キヴ」

第一音が「甲音」、第二音は「癸音」で「格局」にならず、大きな作用はありません。

「ぎ」から始まる「名《なまえ》」

「ギ」という一音だけの名前は少ないかも知れませんが、「ギイ」とか「ギー」など、伸ばした場合と、「ギン」は同じく一音とみなします。ただし、「ギーギー」「ギ・ギ」「ギンギン」などと繰り返せば、二音と見ます。「義義」などと表記される場合も、実際に呼ばれる音声で判断します。「ギ」は「乙音」で「観音菩薩」の音声ですから、平穏な印象を人に感じさせ、普通、日常、通俗、平凡、安全、などのイメージにつながる「吉音」です。

「ギンギン」のように重なると「乙奇伏吟」となり、安逸に耽る、家庭優先・安全・安定志向が強すぎて何もしない、という凶意があります。と言っても、危険は徹底的に避けるので、災害などには遭いにくいはずですが、用心深すぎて、避難勧告が出てもすぐには逃げない、というようなこともあります。

ぎ

ぎん
ぎあ
ぎい
ぎいち
ぎう
ぎえ
ぎお
ぎか
ぎき
ぎく
ぎけ
ぎこ
凶 ぎが
凶 ぎぎ
凶 ぎぐ

「ギア・ギイ・ギウ・ギエ・ギオ」

第一音が「乙音」＝「観音菩薩」で、第二音が「戊音」ですから、「格局」を構成せず、特に良い作用も悪い作用もありません。

「ギイチ＝藤本義一・田中義一」

ぎげ　凶
ぎご　凶
ぎさ
ぎし
ぎす
ぎせ
ぎそ
ぎち
ぎつ
ぎざ　凶
ぎじ　凶
ぎず　凶
ぎぜ　凶
ぎぞ　凶
ぎた
ぎて
ぎと
ぎな
ぎに
ぎぬ

「ギカ・ギキ・ギク・ギケ・ギコ」

第一音が「乙音」、第二音は「甲音」ですから、「格局」を構成せず、これといった作用効果がありません。

「ギガ・ギギ・ギグ・ギゲ・ギゴ」乙伏＝凶格

第一音・第二音とも「乙音」で「乙伏」を構成し、安全志向すぎるきらいがあります。

「ギサ・ギシ・ギス・ギセ・ギソ・ギチ・ギツ」

第一音が「乙音」、第二音が「庚音」で、「格局」を構成せず、これといった作用効果がありません。

「ギザ・ギジ・ギズ・ギヅ・ギゼ・ギゾ」青龍逃走＝凶格

第一音が「乙音」、第二音が「辛音」で、「中凶格」の「青龍逃走格」を構成し、目上や大切な人を失うか見放される、という凶意があります。

「ギタ・ギテ・ギト」

第一音が「乙音」、第二音が「丙音」で、「格局」を構成せず、これといった作用効果がありません。

ぎね
ぎの
ぎは
ぎひ
ぎへ
ぎほ
ぎふ
ぎま
ぎみ
ぎむ
ぎめ
ぎも
吉 ぎや
吉 ぎゆ
吉 ぎよ
吉 ぎわ
ぎら
ぎり
ぎる
ぎれ

「ギナ・ギニ・ギヌ・ギネ・ギノ」

第一音が「乙音」、第二音が「丙音」で、組み合わせると、「格局」にならず、大きな作用はありません。

「ギハ・ギヒ・ギヘ・ギホ」

第一音が「乙音」、第二音も「甲音」で、「格局」にならず、大きな作用はありません。

「ギフ・ギマ・ギミ・ギム・ギメ・ギモ」

第一音が「乙音」、第二音が「壬音」で、「格局」にならず、大きな作用はありません。

「ギヤ・ギユ・ギヨ・ギワ」日奇得使格＝吉格

第一音が「乙音」、第二音は「己音」で、「日奇得使格」を構成し、幸福、安逸、安静を得られる、縁談がまとまる、という象意があります。

「ギラ・ギリ」

第一音が「乙音」、第二音が「丙音」で、「格局」にならず、大きな作用はありません。

ぎろ
ぎだ
ぎで
ぎど
ぎば
ぎび
ぎぶ
ぎべ
ぎぼ
ぎゔぁ
ぎゔぃ
ぎゔ
ぎゔぇ
ぎゔぉ

「ギル・ギレ・ギロ・ギダ・ギデ・ギド」

第一音が「乙音」、第二音は「丁音」で、「格局」にならず、大きな作用はありません。

「ギバ・ギビ・ギブ・ギベ・ギボ・ギヴ」

第一音が「乙音」、第二音は「癸音」で、「格局」にならず、大きな作用はありません。

「く」から始まる「名《なまえ》」

「ク」という一音だけの名前は少ないかも知れませんが、「クウ」とか「クー」など、伸ばした場合と、「クン」は同じく一音とみなします。ただし、「クークー」「ク・ク」「クンクン」などと繰り返せば、二音と見ます。「九九」などと表記される場合も、実際に呼ばれる音声で判断します。「ク」は「甲音」で「釈迦如来」の音声ですから、高貴な印象を人に与え、高級、栄光、寛大、品位、などを感じさせ、目上の引き立てを得やすくなる「吉音」です。「クンクン」のように重なっても「伏吟」にならず、格局を構成しないので、悪い作用がありません。

「クア・クイ・クウ・クエ・クオ」

第一音が「甲音」＝「釈迦如来」ですから、高貴な印象を与えますが、第二音が「戊音」ですから、「格局」を構成せず、特に良い作用も悪い作用もありません。

「クエ」は高級魚で別名「アラ」。「クオン＝久遠」

「クカ・クキ・クク・クケ・クコ」

第一音・第二音ともに「甲音」ですから、「格局」を構成せず、これといった作用効果がありません。

く

くん
くあ
くあとろ
くい
くう
くえ
くお
くおん
くか
くき
くく
くけ
くこ
凶 くさ
凶 くし

凶 **くす**

凶 **くせ**

凶 **くそ**

凶 **くち**
くちこ
くちた

凶 **くつ**
くつの

吉 **くた**

吉 **くて**

吉 **くと**

吉 **くな**

吉 **くに**
くにお
くにこ
くにたろう

吉 **くぬ**

吉 **くね**

吉 **くの**

くは

くひ

くへ

くほ

くふ

くま
吉 くまえ
吉 くまお
くまこ
くまた
くまと
くまの
くまや
くまよ
くまろう

くみ
くみえ
くみお
くみこ
くみと
くみの

「クサ・クシ・クス・クセ・クソ・クチ・クツ」飛宮＝凶格

第一音が「甲音」で「釈迦如来」の「吉音」ですが、第二音が「庚音」で、組み合わせると、凶格の「飛宮格」を構成し、目上を失う、一家の主人が家に帰れなくなる、という象意があります。

「クタ・クテ・クト」「クナ・クニ・クヌ・クネ・クノ」青龍返首＝吉格

第一音が「甲音」で「釈迦如来」の「吉音」で、高貴な印象を人に与え、高級、栄光、寛大、品位、などを感じさせます。さらに第二音が「丙音」で、中吉格の「青龍返首格」を構成し、目上の恩恵があり、身分地位が向上する、という象意があります。

「クニオ＝小川国夫・辻邦生・柳田邦男・長谷邦夫・鳩山邦夫・酒井くにお・柳田國男・米長邦雄」「クニコ＝麻木久仁子・葦原邦子・三宅邦子・向田邦子・山田邦子」

「クハ・クヒ・クヘ・クホ」

第一音が「甲音」、第二音も「甲音」で、組み合わせると「格局」にならず、大きな作用はありません。

くみよ
くむ
くめ
くめお
くめこ
くめた
くめと
くめの
くめよ
くも
くや
くゆ
くよ
くわ
くわとろ
くら　吉
くらら
くらり
くり　吉
くりな

「クフ・クマ・クミ・クム・クメ・クモ」

第一音が「甲音」、第二音が「壬音」で、組み合わせると「格局」にならず大きな作用はありません。

「クミ＝中田久美・中村久美・水野久美」「クミコ＝大場久美子・遠藤久美子」

「クヤ・クユ・クヨ・クワ」

第一音が「甲音」、第二音は「己音」で、組み合わせると「格局」にならず、大きな作用はありません。

「クワトロ」はドイツ語で4の意味。「アウディ・クワトロ」は四輪駆動車。

「クラ・クリ」青龍返首＝吉格

第一音が「甲音」で「釈迦如来」の「吉音」で、高貴な印象を人に与え、高級、栄光、寛大、品位、などを感じさせます。さらに第二音が「丙音」で、組み合わせると、中吉格の「青龍返首格」を構成し、目上の恩恵と身分地位の向上が得られます。

「クララ＝遥くらら」「クリコ＝波乃久里子」

「クル・クレ・クロ・クダ・クデ・クド」

第一音が「甲音」、第二音は「丁音」で、組み合わせると「格局」にならず、大きな作用はありません。

くりこ
くりーむ
くる
くれ
くろ
くろえ
くろこ
くろの
くろま
くろみ
くだ
くで
くど
くざ
くじ
くず
くぜ
くぞ
くば
くび

くぶ
くべ
くぼ
くぼた
くゔぁ
くゔぃ
くゔ
くゔぇ
くゔぉ

「クザ・クジ・クズ・クヅ・クゼ・クゾ」

第一音が「甲音」、第二音が「辛音」で、組み合わせると「格局」にならず、特に良くも悪くもありません。

「クバ・クビ・クブ・クベ・クボ・クヴ」

第一音が「甲音」、第二音は「癸音」で、組み合わせると「格局」にならず、大きな作用はありません。

「ぐ」から始まる「名《なまえ》」

ぐ

ぐん
ぐあ
ぐい
ぐう
ぐえ
ぐお
ぐか
ぐき
ぐく
ぐけ
ぐこ
ぐが
ぐぎ
ぐぐ
ぐげ

「グ」という一音だけの名前は少ないかも知れませんが、「グウ」とか「グー」など、伸ばした場合と、「グン」は同じく一音とみなします。ただし、「グーグー」「グ・グ」「グングン」などと繰り返せば、二音と見ます。「具具」などと表記される場合も、実際に呼ばれる音声で判断します。「グ」は「乙音」で「観音菩薩」の音声ですから、平穏な印象を人に感じさせ、普通、日常、通俗、平凡、安全、などのイメージにつながる「吉音」です。

「グングン」のように重なると「乙奇伏吟」となり、安逸に耽る。家庭優先・安全・安定志向が強すぎて何もしない、という凶意があります。と言っても、危険は徹底的に避けるので、災害などには遭いにくいはずですが、用心深すぎて、避難勧告が出てもすぐには逃げない、など、判断を誤ることがあります。

「グア・グイ・グウ・グエ・グオ」

第一音が「乙音」、第二音が「戊音」ですから、「格局」を構成せず、特に良い作用も悪い作用もありません。

「グカ・グキ・グク・グケ・グコ」

第一音が「乙音」、第二音は「甲音」ですから、「格局」を構成せず、これとい

ぐご
ぐさ
ぐし
ぐす
ぐせ
ぐそ
ぐち
ぐつ
ぐざ　凶
ぐじ　凶
ぐず　凶
ぐぜ　凶
ぐぞ　凶
ぐた
ぐて
ぐと
ぐな
ぐに
ぐぬ
ぐね

った作用効果がありません。

「グガ・グギ・ググ・グゲ・グゴ」

第一音・第二音とも「乙音」で「乙伏」を構成し、安全志向すぎるきらいがあります。

「グサ・グシ・グス・グセ・グソ・グチ・グツ」

第一音が「乙音」で「観音菩薩」の「吉音」ですが、第二音が「庚音」で、「格局」を構成せず、これといった作用効果がありません。

「グザ・グジ・グズ・ギヅ・ギゼ・ギゾ」青龍逃走＝凶格

第一音が「乙音」で「観音菩薩」の「吉音」ですが、第二音が「辛音」で、「中凶格」の「青龍逃走格」を構成し、目上や大切な人を失うか見放される、という凶意があります。

「グタ・グテ・グト」

第一音が「乙音」で「観音菩薩」の「吉音」ですが、第二音が「丙音」で、「格局」を構成せず、これといった作用効果がありません。

ぐの	
ぐは	
ぐひ	
ぐへ	
ぐほ	
ぐふ	
ぐま	
ぐみ	
ぐむ	
ぐめ	
ぐも	
ぐや	吉
ぐゆ	吉
ぐよ	吉
ぐわ	吉
ぐら	
ぐり	
ぐる	
ぐれ	
ぐろ	

「グナ・グニ・グヌ・グネ・グノ」

第一音が「乙音」で「観音菩薩」の「吉音」、第二音が「丙音」で、組み合わせると、「格局」にならず、大きな作用はありません。

「グハ・グヒ・グヘ・グホ」

第一音が「乙音」、第二音も「甲音」で、組み合わせると「格局」にならず、大きな作用はありません。

「グフ・グマ・グミ・グム・グメ・グモ」

第一音が「乙音」、第二音が「壬音」で、組み合わせると「格局」にならず大きな作用はありません。

「グヤ・グユ・グヨ・グワ」日奇得使格＝吉格

第一音が「乙音」、第二音は「己音」で、組み合わせると「日奇得使格」となり、幸福、安逸、安静を得られる、縁談がまとまる、という象意になります。

「グラ・グリ」

第一音が「乙音」、第二音が「丙音」で、「格局」にならず、大きな作用はありません。

ぐだ
ぐで
ぐど
ぐば
ぐび
ぐぶ
ぐべ
ぐぼ
ぐゔぁ
ぐゔぃ
ぐう
ぐゔぇ
ぐゔぉ

「グル・グレ・グロ・グダ・グデ・グド」

第一音が「乙音」、第二音は「丁音」で、「格局」にならず、大きな作用はありません。

「グバ・グビ・グブ・グベ・グボ・グヴ」

第一音が「乙音」、第二音は「癸音」で、「格局」にならず、大きな作用はありません。

「け」から始まる「名《なまえ》」

け

けん
けあ
けい
けいいち
けいきち
けいこ
けいぞう
けいた
けいと
けいな
けいみ
けいま
けいや
けいわ
けう

「ケ」という一音だけの名前は少ないかも知れませんが、「ケイ」とか「ケー」など、伸ばした場合と、「ケン」は同じく一音とみなします。ただし、「ケーケー」「ケ・ケ」「ケンケン」などと繰り返せば、二音と見ます。「賢賢」などと表記される場合も、実際に呼ばれる音声で判断します。「ケ」は「甲音」で「釈迦如来」の音声ですから、高貴な印象を人に与え、高級、栄光、寛大、品位、などを感じさせ、目上の引き立てを得やすくなる「吉音」です。「ケンケン」のように重なっても「伏吟」にならず、格局を構成しないので、悪い作用がありません。

「ケア・ケイ・ケウ・ケエ・ケオ」

第一音が「甲音」、第二音が「戊音」で、「格局」を構成せず、特に良い作用も悪い作用もありません。

「ケイ＝石黒ケイ・石坂啓・熊井啓・佐藤慶・清水圭・谷啓・錦織圭」「ケイコ＝竹下景子・藤圭子・斉藤慶子・淡路恵子・内海桂子・荻野目慶子・落合恵子・岸恵子・北川景子・高橋恵子・戸田恵子・中島啓江・花田景子・樋口恵子・松坂慶子」「ケイスケ＝鳳啓助・木下恵介・桑田佳祐・浜圭介・本田圭佑」「ケイジ＝大沢啓二・佐田啓二」「ケイゾウ＝小山敬三・中西圭三・小渕恵三・蟹江敬三・川崎敬三」「ケンイチ＝榎本健一・大前研一・北見けんいち・竹村健一・陳建

けえ
けお
けか
けき
けく
けけ
けこ
けさ　凶
けし　凶
けす　凶
けせ　凶
けそ　凶
けち　凶
けつ　凶
けた　吉
けて　吉
けと　吉
けな　吉
けに　吉
けぬ　吉

一・萩原健一・福井謙一・堀江謙一・美川憲一・谷沢健二」

「ケカ・ケキ・ケク・ケケ・ケコ」

第一音・第二音ともに「甲音」ですから、「格局」を構成せず、これといった作用効果がありません。

「ケサ・ケシ・ケス・ケセ・ケソ・ケチ・ケツ」飛宮＝凶格

第一音が「甲音」で「釈迦如来」の「吉音」ですが、第二音が「庚音」で、凶格の「飛宮格」を構成し、目上を失う、一家の主人が家に帰れなくなる、という象意があります。

「ケンスケ＝石津謙介・江畑謙介」

「ケタ・ケテ・ケト」青龍返首＝吉格

第一音が「甲音」で「釈迦如来」の「吉音」で、高貴な印象を人に与え、高級、栄光、寛大、品位、などを感じさせます。さらに第二音が「丙音」で、組み合わせると、中吉格の「青龍返首格」を構成し、目上の恩恵があり、身分地位が向上する、という象意があります。

「ケンタロウ＝坂口健太郎・小林健太郎・清水健太郎」「ケント＝山崎賢人」

けね　吉
けの　吉
けは
けひ
けへ
けほ
けふ
けま
けみ
けむ
けめ
けも
けや
けよ
けわ
けら　吉
けり　吉
ける
けれ
けろ

「ケナ・ケニ・ケヌ・ケネ・ケノ・ケン」青龍返首＝吉格

第一音が「甲音」、第二音が「丙音」で、中吉格の「青龍返首格」を構成し、目上の恩恵があり、身分地位が向上する、という象意があります。例外的に「ン」を「丙音」とします。

「ケン＝高倉健・田中健・宇津井健・石黒賢・金子賢・緒方拳・松平健・渡辺謙・上原謙・山内賢」

「ケハ・ケヒ・ケヘ・ケホ」

第一音、第二音とも「甲音」で「格局」にならず、大きな作用はありません。

「ケフ・ケマ・ケミ・ケム・ケメ・ケモ」

第一音が「甲音」、第二音が「壬音」で「格局」にならず大きな作用はありません。

「ケヤ・ケユ・ケヨ・ケワ」

第一音が「甲音」、第二音は「己音」で、「格局」にならず、大きな作用はありません。

「ケラ・ケリ」青龍返首＝吉格

第一音が「甲音」で「釈迦如来」の「吉音」で、高貴な印象を人に与え、高級、

けだ
けで
けど
けざ
けじ
けず
けぜ
けぞ
けば
けび
けぶ
けべ
けぼ
けゔぁ
けゔぃ
けゔ
けゔぇ
けゔぉ

栄光、寛大、品位、などを感じさせます。さらに第二音が「丙音」で、組み合わせると、中吉格の「青龍返首格」を構成し、目上の恩恵と身分地位の向上が得られます。

「ケル・ケレ・ケロ・ケダ・ケデ・ケド」

第一音が「甲音」、第二音は「丁音」で、組み合わせると「格局」にならず、大きな作用はありません。

「ケザ・ケジ・ケズ・ケヅ・ケゼ・ケゾ」

第一音が「甲音」、第二音が「辛音」で、「格局」にならず、特に良くも悪くもありません。

「ケンジ＝遠藤賢司・宇都宮健児・小佐野賢治・君原健二・沢田研二・中上健次・新沼謙治・羽賀研二・三隅研次・溝口健二・宮沢賢治・宮本顕治」「ケンゾウ＝河原崎建三・北方謙三・高田賢三・丹下健三」

「ケバ・ケビ・ケブ・ケベ・ケボ・ケヴ」

第一音が「甲音」、第二音は「癸音」で、組み合わせると「格局」にならず、大きな作用はありません。

「げ」から始まる「名《なまえ》」

げ

げん
げあ
げい
げう
げえ
げお
げか
げき
げく
げけ
げこ
げが
げぎ
げぐ
げげ

「ゲ」という一音だけの名前は少ないかも知れませんが、「ゲエ」とか「ゲー」など、伸ばした場合と、「ゲン」は同じく一音とみなします。ただし、「ゲーゲー」「ゲ・ゲ」「ゲンゲン」などと繰り返せば、二音と見ます。「解夏」などと表記される場合も、実際に呼ばれる音声で判断します。「ゲ」は「乙音」で「観音菩薩」の音声ですから、平穏な印象を人に感じさせ、普通、日常、通俗、平凡、安全、などのイメージにつながる「吉音」です。

「ゲンゲン」のように重なると「乙奇伏吟」となり、安逸に耽る、家庭優先・安全・安定志向が強すぎて何もしない、という凶意があります。と言っても、危険は徹底的に避けるので、災害などには遭いにくいはずですが、用心深すぎて、避難勧告が出てもすぐには逃げない、など、判断を誤ることがあります。

「ゲア・ゲイ・ゲウ・ゲエ・ゲオ」

第一音が「乙音」＝「釈迦如来」ですから、高貴な印象を与えますが、第二音が「戊音」ですから、「格局」を構成せず、特に良い作用も悪い作用もありません。

げご
げさ
げし
げす
げせ
げそ
げち
げつ
げざ　凶
げじ　凶
げず　凶
げぜ　凶
げぞ　凶
げた
げて
げと
げな
げに
げぬ
げね

「ゲカ・ゲキ・ゲク・ゲケ・ゲコ」

第一音が「乙音」、第二音は「甲音」ですから、「格局」を構成せず、これといった作用効果がありません。

「ゲガ・ゲギ・ゲグ・ゲゲ・ゲゴ」

第一音・第二音とも「乙音」で「乙伏」を構成し、安全志向すぎるきらいがあります。

「ゲサ・ゲシ・ゲス・ゲセ・ゲソ・ゲチ・ゲツ」

第一音が「乙音」で「観音菩薩」の「吉音」ですが、第二音が「庚音」で、「格局」を構成せず、これといった作用効果がありません。

「ゲザ・ゲジ・ゲズ・ゲヅ・ゲゼ・ゲゾ」青龍逃走＝凶格

第一音が「乙音」で「観音菩薩」の「吉音」ですが、第二音が「辛音」で、「中凶格」の「青龍逃走格」を構成し、目上や大切な人を失うか見放される、という凶意があります。

「ゲタ・ゲテ・ゲト」

第一音が「乙音」で「観音菩薩」の「吉音」ですが、第二音が「丙音」で、「格局」を構成せず、これといった作用効果がありません。

げの
げは
げひ
げへ
げほ
げふ
げま
げみ
げむ
げも
げや　吉
げゆ　吉
げよ　吉
げわ　吉
げら
げり
げる
げれ
げろ
げだ

「ゲナ・ゲニ・ゲヌ・ゲネ・ゲノ」

第一音が「乙音」で「観音菩薩」の「吉音」、第二音が「丙音」で、組み合わせると、「格局」にならず、大きな作用はありません。

「ゲハ・ゲヒ・ゲヘ・ゲホ」

第一音が「乙音」、第二音も「甲音」で、組み合わせると「格局」にならず、大きな作用はありません。

「ゲフ・ゲマ・ゲミ・ゲム・ゲメ・ゲモ」

第一音が「乙音」、第二音が「壬音」で、組み合わせると「格局」にならず大きな作用はありません。

「ゲヤ・ゲユ・ゲヨ・ゲワ」

第一音が「乙音」、第二音は「己音」で、組み合わせると「日奇得使格」となり、幸福、安逸、安静を得られる、縁談がまとまる、という象意があります。

「ゲラ・ゲリ」

第一音が「乙音」、第二音が「丙音」で、「格局」にならず、大きな作用はありません。

げで
げど
げば
げび
げぶ
げべ
げぼ
げゔぁ
げゔぃ
げゔ
げゔぇ
げゔぉ

「ゲル・ゲレ・ゲロ・ゲダ・ゲデ・ゲド」

第一音が「乙音」、第二音は「丁音」で、「格局」にならず、大きな作用はありません。

「ゲバ・ゲビ・ゲブ・ゲベ・ゲボ・ゲヴ」

第一音が「乙音」、第二音は「癸音」で、「格局」にならず、大きな作用はありません。

「こ」から始まる「名《なまえ》」

こ

こん
こあ
こい
こいきち
こいたろう
こいち
こいぞう
こいな
こいま
こいや
こいわ
こう
こえ
こお
こか

「コ」という一音だけの名前は少ないかも知れませんが、「コオ」とか「コー」など、伸ばした場合と、「コン」は同じく一音とみなします。ただし、「コーコー」「ケ・ケ」「コンコン」などと繰り返せば、二音と見ます。「昏昏」などと表記される場合も、実際に呼ばれる音声で判断します。「コ」は「甲音」で「釈迦如来」の音声ですから、高貴な印象を人に与え、高級、栄光、寛大、品位、などを感じさせ、目上の引き立てを得やすくなる「吉音」です。「コンコン」のように重なっても「伏吟」にならず、格局を構成しないので、悪い作用がありません。

「コア・コイ・コウ・コエ・コオ」

第一音が「甲音」＝「釈迦如来」ですから、高貴な印象を与えますが、第二音が「戊音」で、「格局」を構成せず、特に良い作用も悪い作用もありません。
「コイタロウ＝鯉太郎（釣りバカ長男）」「コウ＝柴咲コウ」「コウイチ＝飯干晃一・緒方孝市・加藤紘一・坂田晃一・佐藤浩市・すぎやまこういち・田中耕一・田淵幸一・中野浩一・浜田幸一・三浦洸一・森田公一・輪島功一」

「コカ・コキ・コク・コケ・ココ」

第一音・第二音ともに「甲音」で、「格局」を構成せず、これといった作用効

こき 凶
こく 凶
こけ 凶
ここ 凶
こさ 凶
こし 凶
こす 凶
こせ 凶
こそ 凶
こち 凶
こつ 凶
こた 吉
こて 吉
こと 吉
こな 吉
こに 吉
こぬ 吉
こね 吉
この 吉
こは 吉

果がありません。
「コウキ＝石井紘基・亀田興毅・三谷幸喜」

「コサ・コシ・コス・コセ・コソ・コチ・コツ」飛宮＝凶格

第一音が「甲音」で「釈迦如来」の「吉音」ですが、第二音が「庚音」で、凶格の「飛宮格」を構成し、目上を失う、一家の主人が家に帰れなくなる、という象意があります。
「コサン＝柳家小さん」「コスモス」「コストコ」「コウスケ＝北島康介・萩野公介・豊原功補・福留孝介」

「コタ・コテ・コト」青龍返首＝吉格

第一音が「甲音」で「釈迦如来」の「吉音」で、高貴な印象を人に与え、高級、栄光、寛大、品位、などを感じさせます。さらに第二音が「丙音」で、組み合わせると、中吉格の「青龍返首格」を構成し、目上の恩恵があり、身分地位が向上する、という象意があります。
「コータロー＝吉田鋼太郎・山本コータロー・押尾コータロー」「コト＝琴・古都」「コトミ＝京野ことみ」

「コナ・コニ・コヌ・コネ・コノ」青龍返首＝吉格

第一音が「甲音」、第二音が「丙音」で、中吉格の「青龍返首格」を構成し、

こひ
こへ
こほ
こふ
こま
こみ　吉
こむ　吉
こめ
こや
こゆ
こよ
こわ
こら　吉
こり　吉
こる
これ
ころ
こだ
こで
こど

目上の恩恵があり、身分地位が向上する、という象意があります。
「コナン」「コニー」

「コハ・コヒ・コヘ・コホ」

第一音が「甲音」、第二音も「甲音」で、組み合わせると「格局」にならず、大きな作用はありません。
「コウヘイ＝大友康平・小栗康平・つかこうへい」

「コフ・コマ・コミ・コム・コメ・コモ」

第一音が「甲音」、第二音が「壬音」で、組み合わせると「格局」にならず大きな作用はありません。

「コヤ・コユ・コヨ・コワ」

第一音が「甲音」、第二音は「己音」で、組み合わせると「格局」にならず、大きな作用はありません。

「コラ・コリ」青龍返首＝吉格

第一音が「甲音」で「釈迦如来」の「吉音」で、高貴な印象を人に与え、高級、栄光、寛大、品位、などを感じさせます。さらに第二音が「丙音」で、組み合わせると、中吉格の「青龍返首格」を構成し、目上の恩恵と身分地位の向上が得ら

こざ
こじ
こず
こぜ
こぞ
こば
こび
こぶ
こべ
こぼ
こゔぁ
こゔぃ
こゔ
こゔぇ
こゔぉ

れます。

「コル・コレ・コロ・コダ・コデ・コド」

第一音が「甲音」、第二音は「丁音」で、組み合わせると「格局」にならず、大きな作用はありません。

「ゴロウ＝稲垣吾郎・伊吹吾郎・岸谷五朗・納谷悟朗・野口五郎」

「コザ・コジ・コズ・コヅ・コゼ・コゾ」

第一音が「甲音」、第二音が「辛音」で、組み合わせると「格局」にならず、特に良くも悪くもありません。

「コウジ＝石坂浩二・今田耕司・岡崎宏司・吉川晃司・具志堅幸司・貴乃花光司・谷川浩司・玉置浩二・鶴田浩二・仲本工事・東野幸治・山本浩二・若松孝二」「コズエ＝斎藤こず恵」

「コバ・コビ・コブ・コベ・コボ・コヴ」

第一音が「甲音」、第二音は「癸音」で、組み合わせると「格局」にならず、大きな作用はありません。

「ご」から始まる「名《なまえ》」

ご

ごん　ごあ　ごい　ごう　ごえ　ごお　ごか　ごき　ごく　ごけ　ごこ　ごが　ごぎ　ごぐ　ごげ

「ゴ」という一音だけの名前は少ないかも知れませんが、「ゴウ」とか「ゴー」など、伸ばした場合と、「ゴン」は同じく一音とみなします。ただし、「ゴーゴー」「ゴ・ゴ」「ゴンゴン」などと繰り返せば、二音と見ます。「午午」などと表記される場合も、実際に呼ばれる音声で判断します。「ゴ」は「乙音」で「観音菩薩」の音声ですから、平穏な印象を人に感じさせ、普通、日常、通俗、平凡、安全、などのイメージにつながる「吉音」です。

「ゴンゴン」のように重なると「乙奇伏吟」となり、安逸に耽る、家庭優先・安全・安定志向が強すぎて何もしない、という凶意があります。と言っても、危険は徹底的に避けるので、災害などには遭いにくいはずですが、用心深すぎて、避難勧告が出てもすぐには逃げない、など、判断を誤ることがあります。

「ゴア・ゴ・ゴウ・ゴ・ゴオ」

第一音が「乙音」、第二音が「戊音」で「格局」を構成せず、特に良い作用も悪い作用もありません。

「ゴウ＝粟津號・綾野剛・伊吹剛・加藤剛・若林豪」

ごご
ごさ
ごし
ごす
ごせ
ごそ
ごち
ごつ
ござ　凶
ごじ　凶
ごず　凶
ごぜ　凶
ごぞ　凶
ごた
ごて
ごと
ごな
ごに
ごぬ
ごね

「ゴカ・ゴキ・ゴク・ゴケ・ゴコ」

第一音が「乙音」、第二音は「甲音」ですから、「格局」を構成せず、これといった作用効果がありません。

「ゴガ・ゴギ・ゴグ・ゴゲ・ゴゴ」

第一音・第二音とも「乙音」で「乙伏」を構成し、安全志向すぎるきらいがあります。

「ゴサ・ゴシ・ゴス・ゴセ・ゴソ・ゴチ・ゴツ」

第一音が「乙音」で「観音菩薩」の「吉音」ですが、第二音が「庚音」で、「格局」を構成せず、これといった作用効果がありません。

「ゴザ・ゴジ・ゴズ・ゴヅ・ゴゼ・ゴゾ」青龍逃走＝凶格

第一音が「乙音」で「観音菩薩」の「吉音」ですが、第二音が「辛音」で、「中凶格」の「青龍逃走格」を構成し、目上や大切な人を失うか見放される、という凶意があります。

「ゴジラ＝松井秀喜」

「ゴタ・ゴテ・ゴト」

第一音が「乙音」で「観音菩薩」の「吉音」ですが、第二音が「丙音」で、「格

ごの
ごは
ごひ
ごへ
ごほ
ごふ
ごま
ごみ
ごむ
ごも
ごや　吉
ごゆ　吉
ごよ　吉
ごわ　吉
ごわす
ごら
ごり
ごる
ごれ
ごろ

局」を構成せず、これといった作用効果がありません。

「ゴナ・ゴニ・ゴヌ・ゴネ・ゴノ」

第一音が「乙音」で「観音菩薩」の「吉音」、第二音が「丙音」で、組み合わせると、「格局」にならず、大きな作用はありません。

「ゴハ・ゴヒ・ゴヘ・ゴホ」

第一音が「乙音」、第二音も「甲音」で、組み合わせると「格局」にならず、大きな作用はありません。

「ゴフ・ゴマ・ゴミ・ゴム・ゴメ・ゴモ」

第一音が「乙音」、第二音が「壬音」で、組み合わせると「格局」にならず大きな作用はありません。

「ゴヤ・ゴユ・ゴヨ・ゴワ」日奇得使＝吉格

第一音が「乙音」、第二音は「己音」で、組み合わせると「日奇得使格」となり、幸福、安逸、安静を得られる、縁談がまとまる、という象意があります。

「ゴワス」地遁＝大吉格（乙己開門）

安定や安静を得られ、家庭生活が円満。縁談がまとまる。発展性もあり。日本語の名前で、地遁に取れるのは、これくらい。

ごだ
ごで
ごど
ごば
ごび
ごぶ
ごべ
ごぼ
ごゔぁ
ごゔぃ
ごう
ごゔぇ
ごゔぉ

「ゴラ・ゴリ」

第一音が「丙音」、第二音が「丙音」で、「格局」にならず、大きな作用はありません。

「ゴル・ゴレ・ゴロ・ゴダ・ゴデ・ゴド」

第一音が「乙音」、第二音は「丁音」で、「格局」にならず、大きな作用はありません。

「ゴバ・ゴビ・ゴブ・ゴベ・ゴボ・ゴヴ」

第一音が「乙音」、第二音は「癸音」で、「格局」にならず、大きな作用はありません。

「さ」から始まる「名《なまえ》」

さ

さん
さあ
さい
さいたま
さいち
さいぞう
さいな
さいや
さいら
さいわ
さう
さえ
さお
凶 **さか**
凶 **さき**

「サ」という一音だけの名前は少ないかも知れませんが、「サア」とか「サー」など、伸ばした場合と、「サン」は同じく一音とみなします。ただし、「サーサー」「サ・サ」「サンサン」などと繰り返せば、二音と見ます。「燦燦」などと表記される場合も、実際に呼ばれる音声で判断します。「サ」は「庚音」で「宝生如来」の音声であり、刺々しさを人に感じさせ、攻撃的、闘争的、などのイメージにつながります。

「サンサン」のように重なると「戦格」を構成し、争い、刃傷沙汰、手術など、一生に一度の大出血がある、という象意を示します。

「サア・サイ・サウ・サエ・サオ」

第一音が「庚音」で、第二音が「戊音」ですから、「格局」を構成せず、特に良い作用も悪い作用もありません。

「サエコ＝紗栄子」「サオリ＝由紀さおり・吉田沙保里」

「サカ・サキ・サク・サケ・サコ」伏宮＝凶格

第一音が「庚音」、第二音が「甲音」、組み合わせると中凶格の「伏宮」で、一家の主人が死ぬ、という象意があります。

凶　さく
凶　さけ
凶　さこ
凶　ささ
凶　さし
凶　さす
凶　させ
凶　さそ
凶　さち
凶　さつ
凶　さた
凶　さて
凶　さと
凶　さな
凶　さに
凶　さぬ
凶　さね
凶　さの
凶　さは
凶　さひ

凶　さへ
凶　さほ
凶　さふ
凶　さま
凶　さみ
凶　さむ
凶　さめ
凶　さも
凶　さや
凶　さゆ
凶　さよ
凶　さわ
凶　さら
凶　さり
凶　さる
凶　され
凶　さろ
凶　さだ
さだお
さだと

「サカエ＝梅津栄・大杉栄・壺井栄・滝田栄」「サキ＝久保田早紀・相武紗季・高岡早紀」「サクラ＝上原さくら・加茂さくら・諏訪櫻」「サキコ＝伊藤咲子」

「ササ・サシ・サス・サセ・サソ・サチ・サツ」戦格＝凶格

第一音、第二音とも「庚音」で、中凶格の「戦格」を構成し、争い、刃傷沙汰、手術など、一生に一度の大出血がある、という象意を示します。

「サスケ＝佐助」「サソリ」「サチコ＝小林幸子・加賀美幸子・国分佐智子・桜井幸子・鈴木早智子・西田佐知子・左幸子・安田祥子」

「サタ・サテ・サト・サナ・サニ・サヌ・サネ・サノ」太白入熒＝凶格

第一音が「庚音」、第二音が「丙音」で、中凶格の「太白入熒」を構成し、強引なやり方で、他人の利益を壊してしまう、反撃される、という象意があります。

「サト＝近藤サト」「サトコ＝岡崎聡子」「サトシ＝鎌田慧」「サトミ＝石原さとみ・小林聡美・手塚理美」「サトル＝中島悟」「サナエ＝城之内早苗・北林早苗・江美早苗」

さだはる
さだむ
さで
さど
さざ
さじ
さず
さぜ
さぞ
凶 **さば**
凶 **さび**
凶 **さぶ**
凶 **さべ**
凶 **さぼ**
凶 さゔぁ
凶 さゔぃ
凶 **さゔ**
凶 さゔぇ
凶 さゔぉ
凶 **さぱ**

「サハ・サヒ・サヘ・サホ」伏宮＝凶格

第一音が「庚音」、第二音が「甲音」で、中凶格の「伏宮」で、一家の主人が死ぬ、という象意があります。

「サフ・サマ・サミ・サム・サメ・サモ」小格＝凶格

第一音が「庚音」、第二音が「壬音」で、「小格」で、いつも損失があり、次第に駄目になっていく、という象意があります。

「サヤ・サユ・サヨ・サワ」刑格＝凶格

第一音が「庚音」、第二音は「己音」で、中凶格の「刑格」を構成し、異性の問題で地位を失う。刑罰に触れる、という象意があります。

「サヤ＝高樹沙耶」「さやか＝青木さやか・神田沙也加・山口紗弥加・吉野紗香」「サユリ＝吉永小百合・石川さゆり・国生さゆり」「サヨ＝相沢紗世」「サワ＝鈴木砂羽」

「サラ・サリ」太白入熒＝凶格

第一音が「庚音」で「宝生如来」の音声、第二音が「丙音」で、中凶格の「太白入熒」を構成し、強引なやり方で、他人の利益を壊してしまう、という象意があります。

「サラ＝高梨沙羅」

凶　さぴ
凶　さぷ
凶　さぺ
凶　さぽ

「サル・サレ・サロ・サダ・サデ・サド」

第一音が「庚音」、第二音は「丁音」で、「格局」にならず、大きな作用はありません。

「サダオ＝渡辺貞夫・阿部サダヲ・中島貞夫」「サダハル＝王貞治」「サダムパテック（競走馬）＝大西定（馬主）」「サドガタケ＝佐渡嶽」

「サザ・サジ・サズ・サヅ・サゼ・サゾ」

第一音が「庚音」、第二音が「辛音」で、組み合わせると「格局」にならず、特に良くも悪くもありません。

「サバ・サビ・サブ・サベ・サボ・サヴ・サパ・サピ・サプ・サペ・サポ」大格＝凶格

第一音が「庚音」、第二音は「癸音」で、中凶格の「大格」を構成し、いつの間にか蝕まれ、突然駄目になる、という象意があります。

「サブロウ＝北島三郎・坊屋三郎・石倉三郎・家永三郎・川淵三郎・江田三郎」

「ざ」から始まる「名《なまえ》」

「ザ」という一音だけの名前は少ないかも知れませんが、「ザア」とか「ザー」など、伸ばした場合と、「ザン」は同じく一音とみなします。ただし、「ザーザー」「ザ・ザ」「ザンザン」などと繰り返せば、二音と見ます。「座座」などと表記される場合も、実際に呼ばれる音声で判断します。「ザ」は「辛音」で「月光菩薩」の音声であり、純真な弱さや脆さを人に感じさせ、壊れやすい、傷つきやすい、というイメージにつながります。

「ザンザン」のように重なると「辛儀伏吟」となり、好きなことしかやらない専門馬鹿、という象意があります。

「ザア・ザイ・ザウ・ザエ・ザオ」辛反＝凶格

第一音が「辛音」＝「月光菩薩」、第二音が「戊音」ですから、凶格の「辛反」を構成し、純真さに欠け、要領ばかりに頼る、という凶意があります。

「ザカ・ザキ・ザク・ザケ・ザコ」

第一音が「辛音」、第二音は「甲音」ですから、「格局」を構成せず、これといった作用効果がありません。

ざ

ざん
凶 ざあ
凶 ざい
凶 ざう
凶 ざえ
凶 ざお
ざか
ざき
ざく
ざけ
ざこ
凶 ざが
凶 ざぎ
凶 ざぐ
凶 ざげ

ざご　凶
ざさ
ざし
ざす
ざせ
ざそ
ざち
ざつ
ざざ　凶
ざじ　凶
ざず　凶
ざぜ　凶
ざぞ　凶
ざた
ざて
ざと
ざな
ざに
ざぬ
ざね

「ザガ・ザギ・ザグ・ザゲ・ザゴ」白虎猖狂＝凶格

第一音が「辛音」、第二音が「乙音」で、中凶格の「白虎猖狂」を構成し、悪い病気や交通事故に遭う、という凶意があります。

「ザサ・ザシ・ザス・ザセ・ザソ・ザチ・ザツ」

第一音が「辛音」、第二音が「庚音」で「格局」を構成せず、これといった作用効果がありません。

「ザザ・ザジ・ザズ・ザヅ・ザゼ・ザゾ」辛伏＝凶格

第一音、第二音とも「辛音」で、小凶格の「辛伏」を構成し、好きなことしかやらない専門馬鹿、という凶意があります。

「ザタ・ザテ・ザト」

第一音が「辛音」、第二音が「丙音」で、「格局」を構成せず、これといった作用効果がありません。

「ザナ・ザニ・ザヌ・ザネ・ザノ」

第一音が「辛音」、第二音が「丙音」で、「格局」にならず、大きな作用はありません。

ざの
ざは
ざひ
ざへ
ざほ
ざふ
ざま
ざみ
ざむ
ざも
ざや
ざゆ
ざよ
ざわ
ざら
ざり
ざる
ざれ
ざろ
ざだ

「ザハ・ザヒ・ザヘ・ザホ」

第一音が「辛音」、第二音は「甲音」で、「格局」にならず、大きな作用はありません。

「ザフ・ザマ・ザミ・ザム・ザメ・ザモ」

第一音が「辛音」、第二音が「壬音」で、「格局」にならず大きな作用はありません。

「ザヤ・ザユ・ザヨ・ザワ」

第一音が「辛音」、第二音は「己音」で、「格局」にならず、大きな作用はありません。

「ザワチン＝ざわちん」

「ザラ・ザリ」

第一音が「辛音」、第二音が「丙音」で、「格局」にならず、大きな作用はありません。

「ザル・ザレ・ザロ・ザダ・ザデ・ザド」

第一音が「辛音」、第二音は「丁音」で、「格局」にならず、大きな作用はありません。

ざで
ざど
ざば
ざび
ざぶ
ざべ
ざぼ
ざゔぁ
ざゔぃ
ざゔ
ざゔぇ
ざゔぉ
さぱ
ざぴ
ざぷ
ざぺ
ざぽ

「ザバ・ザビ・ザブ・ザベ・ザボ・ザヴ」「ザパ・ザピ・ザプ・ザペ・ザポ」

第一音が「辛音」、第二音は「癸音」で、「格局」にならず、大きな作用はありません。

「し」から始まる「名《なまえ》」

し

しん
しんたろう
しあ
しい
しゃい
しいら
しう
しゅう
しえ
しえすた
しえら
しぇーる
しお
しおん
凶 **しか**

「シ」という一音だけの名前は少ないかも知れませんが、「シイ」とか「シー」など、伸ばした場合や、「シャ・シュ・シェ・ショ」や「シン」は同じく一音とみなします。ただし、「シーシー」「シ・シ」「シンシン」などと繰り返せば、二音と見ます。「辛辛」などと表記される場合も、実際に呼ばれる音声で判断します。「シ」は「庚音」で「宝生如来」の音声であり、刺々しさを人に感じさせ、攻撃的、闘争的、などのイメージにつながります。

「シンシン」のように重なると「戦格」を構成し、争い、刃傷沙汰、手術など、一生に一度の大出血がある、という象意を示します。

「シン」一音だけ＝格局なし

「シン＝金丸信・岸田森・佐分利信・宅麻伸・矢沢心・森川信・長谷川伸」「シュン＝小栗旬・秋山駿・塩谷瞬」

「シア・シイ・シウ・シエ・シオ」

第一音が「庚音」で「宝生如来」の音声であり、刺々しさを人に感じさせますが、第二音が「戊音」で「格局」を構成せず、特に良い作用も悪い作用もありません。

凶　しき
凶　しく
凶　しけ
凶　しこ
凶　しさ
凶　しし
凶　しす
凶　しせ
凶　しそ
凶　しち
凶　しつ
凶　した
凶　して
凶　しと
凶　しな
凶　しに
凶　しぬ
凶　しね
凶　しの
凶　しは

「シンイチ＝市川森一・中沢新一・星新一・森進一」「シュンイチ＝川合俊一・鈴木俊一・都倉俊二」「シイナ」「シュウイチ＝池田秀一・加藤周一」「シュウジ＝佐野周二・寺山修司」「シュウゾウ＝松岡修造」「シェール」「シオン」「シオリ＝貫地谷しほり」「ショウイチ＝中川昭一・ねじめ正一・渡部昇一・横井庄一」「シュウヘイ＝野村周平」

「シカ・シキ・シク・シケ・シコ」伏宮＝凶格

第一音が「庚音」、第二音が「甲音」、組み合わせると中凶格の「伏宮」で、一家の主人が死ぬ、という象意があります。

「ショウコ＝相田翔子・家田荘子・江川紹子・中川翔子」「ショーコー＝麻原彰晃」

「シサ・シシ・シス・シセ・シソ・シチ・シツ」戦格＝凶格

第一音が「庚音」、第二音も「庚音」で、中凶格の「戦格」を構成し、争い、刃傷沙汰、手術など、一生に一度の大出血がある、という象意を示します。

「シンシア＝南沙織」「シンスケ＝芦田伸介・島田紳助・近石真介・三波伸介」「シュンスケ＝入江俊介・鶴見俊輔・中村俊輔」

「シタ・シテ・シト」「シナ・シニ・シヌ・シネ・シノ」　太白入熒＝凶格

第一音が「庚音」、第二音が「丙音」で、中凶格の「太白入熒」を構成し、強

凶 **しひ**
凶 **しへ**
凶 **しほ**
凶 **しふ**
凶 **しま**
凶 **しみ**
凶 **しむ**
凶 **しめ**
凶 **しも**
凶 **しや**
凶 **しゆ**
凶 **しよ**
凶 **しわ**
凶 **しら**
凶 **しり**
しる
しれ
しろ
しろう
しだ

引なやり方で、他人の利益を壊してしまう、という象意があります。

「シンタロウ＝石原慎太郎」「ショータ＝染谷将太」「シノブ＝大竹しのぶ・折口信夫・押坂忍・寺島しのぶ・中山忍・橋本忍・堀江しのぶ・吉岡忍・坂上忍」

「シハ・シヒ・シヘ・シホ」伏宮＝凶格

第一音が「庚音」、第二音が「甲音」で、組み合わせると中凶格の「伏宮」を構成し、一家の主人が死ぬ、という象意があります。「シホ＝大河内志保（新庄と離婚）」

「シフ・シマ・シミ・シム・シメ・シモ」小格＝凶格

第一音が「庚音」、第二音が「壬音」で、組み合わせると「小格」で、いつも損失があり、次第に駄目になっていく、という象意があります。

「シモン＝四谷シモン」「シュモン＝三浦朱門」

「シヤ・シユ・シヨ・シワ」刑格＝凶格

第一音が「庚音」、第二音は「己音」で、「刑格」を構成し、異性の問題で地位を失う、刑罰に触れる、という象意があります。

「シンヤ＝大和田伸也・佐々木信也・団しん也・西丸震哉・宮本慎也・山本晋也・橋本真也」

しで
しど
しざ
しじ
しず
しずおか
しずか
しずこ
しずよ
しぜ
しぞ
しが
しがこ
しぎ
しぐ
しげ
しげこ
しげた
しげる
しげよ

「シラ・シリ」太白入熒＝凶格

第一音が「庚音」、第二音が「丙音」で、中凶格の「太白入熒」、強引なやり方で、他人の利益を壊してしまう、という象意があります。

「シリウス」

「シル・シレ・シロ・シダ・シデ・シド」

第一音が「庚音」、第二音は「丁音」で、「格局」にならず、大きな作用はありません。

「シロウ＝伊東四朗・浅野史郎」「シドウ＝中村獅童」

「シザ・シジ・シズ・シヅ・シゼ・シゾ」

第一音が「庚音」、第二音が「辛音」で、組み合わせると「格局」にならず、特に良くも悪くもありません。

「ショウジ＝大竹省二・城彰二・定岡正二・村上ショージ・山藤章二・結城昌治」「シンジ＝相米慎二・武田真治・竹原慎二・永島慎二・野島伸司・牧伸二・水島新司・宮台真司・谷村新司・森末慎二・山下真司」「シンゾウ＝安倍晋三・大屋晋三」「シズカ＝工藤静香・亀井静香・荒川静香・伊集院静・大石静」「シズコ＝笠置シズコ」「シズヨ＝山崎静代」

凶　**しご**
凶　しゔぁ
凶　しゔぃ
凶　**しゔ**
凶　しゔぇ
凶　しゔぉ
凶　**しぱ**
凶　**しぴ**
凶　**しぷ**
凶　**しぺ**
凶　**しぽ**

「シガ・シギ・シグ・シゲ・シゴ」

第一音が「庚音」、第二音が「丁音」で、「格局」にならず、特に良くも悪くもありません。

「シゲオ＝山田重雄」「シゲキ＝貝塚茂樹・中江滋樹・細川茂樹・丸山茂樹・渡辺茂樹」「シガコ＝しめぎしがこ」「シゲル＝青木繁・吉田茂・水木しげる・天知茂・泉谷しげる・岡田茂・克美しげる・神山繁・城島茂・高田繁・露木茂・松崎しげる・室井滋」「シゲヒサ＝砂川しげひさ」「ショウゴ＝假屋崎省吾・島田正吾・浜田省吾」「シンゴ＝風見しんご・香取慎吾・鶴見辰吾・柳沢慎吾・山城新伍」

「シバ・シビ・シブ・シベ・シボ・シヴ」「シパ・シピ・シプ・シペ・シポ」
大格＝凶格

第一音が「庚音」、第二音は「癸音」で、組み合わせると「大格」で、いつの間にか蝕まれ、突然駄目になる、という象意があります。

「シェパード」「シヴォレー」

「じ」から始まる「名《なまえ》」

じ

じん
じあ
じゃい
凶 じい
凶 じょい
凶 じう
凶 じえ
凶 じお
じか
じょか
じき
じく
じょく
じけ
じこ

「ジ」という一音だけの名前は少ないかも知れませんが、「ジイ」とか「ジー」など、伸ばした場合と、「ジャ・ジュ・ジョ・ジン」は同じく一音とみなします。ただし、「ジジ」「ジ・ジ」「ジンジン」などと繰り返せば、二音と見ます。「事事」などと表記される場合も、実際に呼ばれる音声で判断します。「ジ」は「辛音」で「月光菩薩」の音声であり、純真な弱さや脆さを人に感じさせ、壊れやすい、傷つきやすい、というイメージにつながります。「ジンジン」のように重なると「辛儀伏吟」となり、好きなことしかやらない専門馬鹿、という象意があります。

「ジン」

「ジン＝中山仁・片桐仁」「ジュン＝芦田淳・安奈淳・石川淳・いしかわじゅん・市川準・井戸田潤・井上順・江藤淳・要潤・神和住純・國村隼・紫吹淳・多々良純・戸川純・名倉潤・長谷川潤・浜村淳・風吹ジュン・黛ジュン・水谷隼・美保純」

「ジア・ジイ・ジウ・ジエ・ジオ」辛反＝凶格

第一音が「辛音」＝「月光菩薩」、第二音が「戊音」で、凶格の「辛反」を構

じょこ
凶　**じが**
じょが
凶　**じぎ**
凶　**じぐ**
じょぐ
凶　**じげ**
凶　**じご**
じょご
じさ
じし
じす
じせ
じそ
じち
じつ
凶　**じざ**
凶　**じじ**
凶　**じず**
凶　**じぜ**

凶　**じぞ**
じた
じて
じと
じな
じに
じぬ
じね
じの
じは
じひ
じへ
じほ
じふ
じま
じみ
じむ
じも
じや
じゆ

成し、純真さに欠け、要領ばかりに頼る、という凶意がありま す。

「ジュンイチ＝稲垣潤一・井上純一・河本準一・矢追純一・渡辺淳一」「ジュンイチロウ＝小泉純一郎」

「ジカ・ジキ・ジク・ジケ・ジコ」

第一音が「辛音」、第二音は「甲音」で「格局」を構成せず、これといった作用効果がありません。

「ジュンコ＝池内淳子・大橋純子・久保純子・桜田淳子・田部井淳子・三原じゅん子・八神純子・八木沼純子」

「ジガ・ジギ・ジグ・ジザ・ジゴ」白虎猖狂＝凶格

第一音が「辛音」、第二音が「乙音」で、中凶格の「白虎猖狂」を構成し、悪い病気や交通事故に遭う、という凶意があります。

「ジサ・ジシ・ジス・ジセ・ジソ・ジチ・ジツ」

第一音が「辛音」、第二音が「庚音」で「格局」を構成せず、これといった作用効果がありません。

じよ
じわ
じら
じり
じる
じれ
じろ
じだ
じで
じど
じば
じび
じぶ
じべ
じぼ
じづぁ
じづぃ
じづ
じづぇ
じづぉ

「ジザ・ジジ・ジズ・ジヅ・ジゼ・ジゾ」辛伏＝凶格

第一音、第二音とも「辛音」で、「辛伏格」を構成し、好きなことしかやらない専門馬鹿、という凶意があります。

「ジュンジ＝稲川淳二・高田純次」

「ジタ・ジテ・ジト」

第一音が「辛音」、第二音は「丙音」で、「格局」を構成せず、これといった作用効果がありません。

「ジナ・ジニ・ジヌ・ジネ・ジノ」

第一音が「辛音」、第二音は「丙音」で、「格局」にならず大きな作用はありません。

「ジハ・ジヒ・ジヘ・ジホ」

第一音が「辛音」、第二音は「甲音」で、「格局」にならず大きな作用はありません。

「ジフ・ジマ・ジミ・ジム・ジメ・ジモ」

第一音が「辛音」、第二音は「壬音」で、「格局」にならず大きな作用はありません。

じぱ
じぱんぐ
じぴ
じぷ
じぺ
じぽ

「ジャ・ジュ・ジョ・ジワ」

第一音が「辛音」、第二音は「己音」で、「格局」にならず大きな作用はありません。

「ジュンヤ＝矢野絢也・佐藤純彌」


「ジラ・ジリ」

第一音が「辛音」、第二音は「丙音」で、「格局」にならず大きな作用はありません。

「ジュリ＝上野樹里」


「ジル・ジレ・ジロ・ジダ・ジデ・ジド」

第一音が「辛音」、第二音は「丁音」で、「格局」にならず大きな作用はありません。

「ジロウ＝赤川次郎・浅田次郎・渥美二郎・生島治郎・坂上二郎・白洲次郎・田宮二郎・つのだじろう・新田次郎」


「ジバ・ジビ・ジブ・ジベ・ジボ・ジヴ」「ジパ・ジピ・ジプ・ジペ・ジポ」

第一音が「辛音」、第二音は「癸音」で、「格局」にならず大きな作用はありません。

「ジパング」

「す」から始まる「名《なまえ》」

す

すん

すあ

すい

すう

すえ

すお

すか

凶 すかんく

すき

凶 すきやき

すく

凶 すくも

凶 すくーる

すけ

凶 すけーる

「ス」という一音だけの名前は少ないかも知れませんが、「スウ」とか「スー」など、伸ばした場合と、「スン」は同じく一音とみなします。ただし、「スースー」「ス・ス」「スンスン」などと繰り返せば、二音と見ます。「寸寸」などと表記される場合も、実際に呼ばれる音声で判断します。「ス」は「庚音」で「宝生如来」の音声であり、刺々しさを人に感じさせ、攻撃的、闘争的、などのイメージにつながります。

「スンスン」のように重なると「戦格」を構成し、争い、刃傷沙汰、手術など、一生に一度の大出血がある、という象意を示します。

「スア・スイ・スウ・スエ・スオ」

第一音が「庚音」で「宝生如来」の音声であり、刺々しさを人に感じさせますが、第二音が「戊音」ですから、「格局」を構成せず、特に良い作用も悪い作用もありません。

「スイート」「スエット」

「スカ・スキ・スク・スケ・スコ」伏宮＝凶格

第一音が「庚音」、第二音が「甲音」、組み合わせると中凶格の「伏宮」で、一

凶 **すこ**
すこっち
すこーる
凶 **すさ**
すさのお
凶 **すし**
凶 **すす**
凶 **すせ**
すせり
凶 **すそ**
凶 **すち**
凶 **すつ**
凶 **すた**
すたっふ
すたっぷ
凶 **すて**
すてっぷ
すてるす
凶 **すと**
すとっぷ
すとらいく
凶 **すな**
すなお
すなっぷ
凶 **すに**
すにーかー
凶 **すぬ**
凶 **すね**
すねお
凶 **すの**
凶 **すは**
凶 **すひ**
凶 **すへ**
凶 **すほ**
凶 **すふ**
凶 **すま**
すまーと
すまっぷ
凶 **すみ**
すみお

家の主人が死ぬ、という象意があります。
「スキヤキ」「スクール」「スケール」「スコッチ」

「スサ・スシ・スス・スセ・スソ・スチ・スツ」戦格＝凶格

第一音が「庚音」で「宝生如来」の音声ですが、第二音も「庚音」で、組み合わせると、凶格の「戦格」を構成し、争い、刃傷沙汰、手術など、一生に一度の大出血がある、という象意を示します。
「スサノオ＝須佐之男」「ススム＝利根川進・藤田進・藤田晋」

「スタ・ステ・スト」「スナ・スニ・スヌ・スネ・スノ」太白入熒＝凶格

第一音が「庚音」、第二音が「丙音」で、中凶格の「太白入熒」を構成し、強引なやり方で、他人の利益を壊してしまう、という象意があります。
「スタップ細胞」「ステルス戦闘機」「ストライキ」「スナオ＝針すなお」「スネオ＝スネ夫」

「スハ・スヒ・スヘ・スホ」伏宮＝凶格

第一音が「庚音」、第二音が「甲音」で、組み合わせると中

すみか
すみこ
すみよ
すむ 凶
すめ 凶
すも 凶
すや 凶
すゆ 凶
すよ 凶
すわ 凶
すら 凶
すり 凶
する
すれ
すろ
すだ
すで
すど
すざ
すじ

凶格の「伏宮」で、一家の主人が死ぬ、という象意があります。
「スハルト」「スホーイ（ロシア航空機メーカー）」

「スフ・スマ・スミ・スム・スメ・スモ」小格＝凶格

第一音が「庚音」、第二音が「壬音」で、組み合わせると「小格」で、いつも損失があり、次第に駄目になっていく、という象意があります。
「スマイル」「スマップ」「スミオ＝馬淵澄夫」「スミコ＝にしおかすみこ」「スミレ＝すみれ」

「スヤ・スユ・スヨ・スワ」刑格＝凶格

第一音が「庚音」、第二音は「己音」で、組み合わせると「刑格」で、異性の問題で地位を失う、刑罰に触れる、という象意があります。

「スラ・スリ」太白入熒＝凶格

第一音が「庚音」で「宝生如来」の音声、第二音が「丙音」で、組み合わせると、中凶格の「太白入熒」、強引なやり方で、他人の利益を壊してしまう、という象意があります。

「スル・スレ・スロ・スダ・スデ・スド」

第一音が「庚音」、第二音は「丁音」で、組み合わせると「格局」にならず、

凶 **すず**
すずおか
すずか
すずこ
すずよ
凶 **すぜ**
凶 **すぞ**
凶 **すが**
すがた
すがの
すがも
すがや
凶 **すぎ**
凶 **すぐ**
凶 **すげ**
凶 **すご**
凶 すゔぁ
凶 すゔぃ
凶 **すゔ**
凶 すゔぇ

凶 すゔぉ
凶 **すぱ**
凶 **すぴ**
凶 **すぷ**
凶 **すぺ**
凶 **すぽ**

大きな作用はありません。

「スルスミ＝磨墨」


「スザ・スジ・スズ・スヅ・スゼ・スゾ」

第一音が「庚音」、第二音が「辛音」で、組み合わせると「格局」にならず、特に良くも悪くもありません。

「スザンナ」「スズ＝千葉すず・広瀬すず」


「スガ・スギ・スグ・スゲ・スゴ」

第一音が「庚音」、第二音が「丁音」で、「格局」にならず、特に良くも悪くもありません。

「スガタ」「スグル＝江川卓・浜中俊」

「スバ・スビ・スブ・スベ・スボ・スヴ」「スパ・スピ・スプ・スペ・スポ」大格＝凶格
第一音が「庚音」、第二音は「癸音」で、組み合わせると「大格」で、いつの間にか蝕まれ、突然駄目になる、という象意があります。

「ず」から始まる「名《なまえ》」

ず

ずん
ずあ　凶
ずい　凶
ずう　凶
ずえ　凶
ずお　凶
ずか
ずき
ずく
ずけ
ずこ
ずが　凶
ずぎ　凶
ずぐ　凶
ずげ　凶

「ズ」という一音だけの名前は少ないかも知れませんが、「ズウ」とか「ズー」など、伸ばした場合と、「ズン」は同じく一音とみなします。ただし、「ズーズー」「ズ・ズ」「ズンズン」などと繰り返せば、二音と見ます。「図図」などと表記される場合も、実際に呼ばれる音声で判断します。「ズ」は「辛音」で「月光菩薩」の音声であり、純真な弱さや脆さを人に感じさせ、壊れやすい、傷つきやすい、というイメージにつながります。

「ズンズン」のように重なると「辛儀伏吟」となり、好きなことしかやらない専門馬鹿、という象意があります。

「ズア・ズイ・ズウ・ズエ・ズオ」辛反＝凶格

第一音が「辛音」＝「月光菩薩」、第二音が「戊音」ですから、凶格の「辛反」を構成し、純真さに欠け、要領ばかりに頼る、という凶意があります。

「ズカ・ズキ・ズク・ズケ・ズコ」

第一音が「辛音」、第二音は「甲音」ですから、「格局」を構成せず、これといった作用効果がありません。

ずご 凶
ずさ
ずし
ずす
ずせ
ずそ
ずち
ずつ
ずざ 凶
ずじ 凶
ずず 凶
ずぜ 凶
ずぞ 凶
ずた
ずて
ずと
ずな
ずに
ずぬ
ずね

「ズガ・ズギ・ズグ・ズザ・ズゴ」白虎猖狂＝凶格

第一音が「辛音」、第二音が「乙音」で、組み合わせると中凶格の「白虎猖狂」を構成し、悪い病気や交通事故に遭う、という凶意があります。

「ズサ・ズシ・ズス・ズセ・ズソ・ズチ・ズツ」

第一音が「辛音」、第二音が「庚音」で「格局」を構成せず、これといった作用効果がありません。

「ズザ・ズジ・ズズ・ズヅ・ズゼ・ズゾ」辛伏＝凶格

第一音が「辛音」で第二音も「辛音」で、「辛伏格」を構成し、好きなことしかやらない専門馬鹿、という凶意があります。

「ズタ・ズテ・ズト」

第一音が「辛音」、第二音が「丙音」で、「格局」を構成せず、これといった作用効果がありません。

「ズナ・ズニ・ズヌ・ズネ・ズノ」

第一音が「辛音」、第二音が「丙音」で、組み合わせると、「格局」にならず、大きな作用はありません。

ずの
ずは
ずひ
ずへ
ずほ
ずふ
ずま
ずみ
ずむ
ずめ
ずも
ずや
ずゆ
ずよ
ずわ
ずら
ずり
ずる
ずれ
ずろ

「ズハ・ズヒ・ズヘ・ズホ」

第一音が「辛音」、第二音は「甲音」で、組み合わせると「格局」にならず、大きな作用はありません。

「ズフ・ズマ・ズミ・ズム・ズメ・ズモ」

第一音が「辛音」、第二音が「壬音」で、組み合わせると「格局」にならず大きな作用はありません。

「ズヤ・ズユ・ズヨ・ズワ」

第一音が「辛音」、第二音は「己音」で、「格局」にならず、大きな作用はありません。

「ズラ・ズリ」

第一音が「辛音」、第二音が「丙音」で、「格局」にならず、大きな作用はありません。

「ズル・ズレ・ズロ・ズダ・ズデ・ズド」

第一音が「辛音」、第二音は「丁音」で、「格局」にならず、大きな作用はありません。

ずだ
ずで
ずど
ずば
ずび
ずぶ
ずべ
ずぼ
ずゔぁ
ずゔぃ
ずゔ
ずゔぇ
ずゔぉ
ずぱ
ずぴ
ずぷ
ずぺ
ずぽ

「ズバ・ズビ・ズブ・ズベ・ズボ・ズヴ」「ズパ・ズピ・ズプ・ズペ・ズポ」

第一音が「辛音」、第二音は「発音」で、「格局」にならず、大きな作用はありません。

「せ」から始まる「名《なまえ》」

せ

せん
せあ
せい
せう
せえ
せお
せか　凶
せき　凶
せく　凶
せけ　凶
せこ　凶
せさ　凶
せし　凶
せす　凶
せせ　凶

「セ」という一音だけの名前は少ないかも知れませんが、「セエ」とか「セー」など、伸ばした場合と、「セン」は同じく一音とみなします。ただし、「セーセー」「セ・セ」「センセン」などと繰り返せば、二音と見ます。「戦戦」などと表記される場合も、実際に呼ばれる音声で判断します。「セ」は「庚音」で「宝生如来」の音声であり、刺々しさを人に感じさせ、攻撃的、闘争的、などのイメージにつながります。

「センセン」のように重なると「戦格」を構成し、争い、刃傷沙汰、手術など、一生に一度の大出血がある、という象意を示します。

「セア・セイ・セウ・セエ・セオ」

第一音が「庚音」で「宝生如来」の音声であり、刺々しさを人に感じさせますが、第二音が「戊音」ですから、「格局」を構成せず、特に良い作用も悪い作用もありません。

「セイイチ＝舟橋聖一・小島聖一・森村誠一」「セイウン＝青雲・星雲」「セイウチ」「セイシュン」「セイジ＝小澤征爾・田中星児・堤清二・東郷青児・平尾誠二・藤城清治・宮口精二・六角精児」「セイラン」「セイリュウ」「セイレン」「セイロン」

凶　せそ
凶　せち
凶　せつ
凶　せた
凶　せて
凶　せと
凶　せな
凶　せに
凶　せぬ
凶　せね
凶　せの
凶　せは
凶　せひ
凶　せへ
凶　せほ
凶　せふ
凶　せま
凶　せみ
凶　せむ
凶　せめ

「セカ・セキ・セク・セケ・セコ」伏宮＝凶格

第一音が「庚音」、第二音が「甲音」、組み合わせると中凶格の「伏宮」で、一家の主人が死ぬ、象意があります。

「セカイ」「セコム」

「セサ・セシ・セス・セセ・セソ・セチ・セツ」戦格＝凶格

第一音が「庚音」で「宝生如来」の音声ですが、第二音も「庚音」で、組み合わせると、凶格の「戦格」を構成し、争い、刃傷沙汰、手術など、一生に一度の大出血がある、という象意を示します。

「セサミ」「セシボン」「セスナ」「セツコ＝原節子・烏丸せつこ・目加田説子」

「セタ・セテ・セト」太白入熒＝凶格

第一音が「庚音」で「宝生如来」の音声、第二音が「丙音」で、中凶格の「太白入熒」を構成し、強引なやり方で、他人の利益を壊してしまう、という象意があります。

「セナ・セニ・セヌ・セネ・セノ」太白入熒＝凶格

第一音が「庚音」、第二音が「丙音」で、中凶格の「太白入熒」を構成し、強引なやり方で、他人の利益を壊してしまう、という象意があります。

凶　せも
凶　せや
凶　せゆ
凶　せよ
凶　せわ
凶　せら
凶　せり
せる
せれ
せろ
せだ
せで
せど
せざ
せじ
せず
せぜ
せぞ
せが
せぎ

「セハ・セヒ・セヘ・セホ」伏宮＝凶格

第一音が「庚音」、第二音が「甲音」で、組み合わせると中凶格の「伏宮」で、一家の主人が死ぬ、象意があります。

「セフ・セマ・セミ・セム・セメ・セモ」小格＝凶格

第一音が「庚音」、第二音が「壬音」で、組み合わせると「小格」で、いつも損失があり、次第に駄目になっていく、という象意があります。

「セヤ・セユ・セヨ・セワ」刑格＝凶格

第一音が「庚音」、第二音は「己音」で、組み合わせると「刑格」で、異性の問題で地位を失う。刑罰に触れる、という象意があります。

「セーユー＝西友」

「セラ・セリ」太白入熒＝凶格

第一音が「庚音」で「宝生如来」の音声、第二音が「丙音」で、組み合わせると、中凶格の「太白入熒」、強引なやり方で、他人の利益を壊してしまう、という象意があります。

「セーラ＝セーラ妃」「セリ＝石川セリ」

せぐ
せげ
せご
せば
せび
せぶ
せべ
せぼ
凶　せゔぁ
凶　せゔぃ
凶　**せゔ**
凶　せゔぇ
凶　せゔぉ
凶　**せぱ**
凶　**せぴ**
凶　**せぷ**
凶　**せぺ**
凶　**せぽ**

「セル・セレ・セロ・セダ・セデ・セド」

第一音が「庚音」、第二音は「丁音」で、組み合わせると「格局」にならず、大きな作用はありません。

「セレナ」

「セザ・セジ・セズ・セヅ・セゼ・セゾ」

第一音が「庚音」、第二音が「辛音」で、組み合わせると「格局」にならず、特に良くも悪くもありません。

「セガ・セギ・セグ・セゲ・セゴ」

第一音が「庚音」、第二音が「丁音」で、組み合わせると「格局」にならず、特に良くも悪くもありません。

「セガサミー」

「セバ・セビ・セブ・セベ・セボ・セヴ」「セパ・セピ・セプ・セペ・セポ」

大格＝凶格

第一音が「庚音」、第二音は「癸音」で、組み合わせると「大格」で、いつの間にか蝕まれ、突然駄目になる、という象意があります。

「ぜ」から始まる「名《なまえ》」

「ゼ」という一音だけの名前は少ないかも知れませんが、「ゼエ」とか「ゼー」など、伸ばした場合と、「ゼン」は同じく一音とみなします。ただし、「ゼーゼー」「ゼ・ゼ」「ゼンゼン」などと繰り返せば、二音と見ます。「是是」などと表記される場合も、実際に呼ばれる音声で判断します。「ゼ」は「辛音」で「月光菩薩」の音声であり、純真な弱さや脆さを人に感じさせ、壊れやすい、傷つきやすい、というイメージにつながります。

「ゼンゼン」のように重なると「辛儀伏吟」となり、好きなことしかやらない専門馬鹿、という象意があります。

ぜ

ぜん
ぜあ　凶
ぜい　凶
ぜう　凶
ぜえ　凶
ぜお　凶
ぜか
ぜき
ぜく
ぜけ
ぜこ
ぜが　凶
ぜぎ　凶
ぜぐ　凶
ぜげ　凶

「ゼア・ゼイ・ゼウ・ゼエ・ゼオ」辛反＝凶格

第一音が「辛音」＝「月光菩薩」、第二音が「戊音」ですから、凶格の「辛反」を構成し、純真さに欠け、要領ばかりに頼る、という凶意があります。

「ゼアミ＝世阿弥」

「ゼカ・ゼキ・ゼク・ゼケ・ゼコ」

第一音が「辛音」、第二音は「甲音」ですから、「格局」を構成せず、これといった作用効果がありません。

凶 ぜご
ぜさ
ぜし
ぜす
ぜせ
ぜそ
ぜち
ぜつ
凶 ぜざ
凶 ぜじ
凶 ぜず
凶 ぜぜ
凶 ぜぞ
ぜた
ぜて
ぜと
ぜな
ぜに
ぜぬ
ぜね

「ゼガ・ゼギ・ゼグ・ゼザ・ゼゴ」白虎猖狂＝凶格

第一音が「辛音」、第二音が「乙音」で、組み合わせると中凶格の「白虎猖狂」を構成し、悪い病気や交通事故に遭う、という凶意があります。

「ゼサ・ゼシ・ゼス・ゼセ・ゼソ・ゼチ・ゼツ」

第一音が「辛音」、第二音が「庚音」で「格局」を構成せず、これといった作用効果がありません。

「ゼザ・ゼジ・ゼズ・ゼヅ・ゼゼ・ゼゾ」辛伏＝凶格

第一音が「辛音」、第二音は「辛音」で、「辛伏格」を構成し、好きなことしかやらない専門馬鹿、という凶意があります。

「ゼタ・ゼテ・ゼト」

第一音が「辛音」、第二音が「丙音」で、「格局」を構成せず、これといった作用効果がありません。

「ゼナ・ゼニ・ゼヌ・ゼネ・ゼノ」

第一音が「辛音」、第二音が「丙音」で、組み合わせると、「格局」にならず、大きな作用はありません。

ぜの
ぜは
ぜひ
ぜへ
ぜほ
ぜふ
ぜま
ぜみ
ぜむ
ぜめ
ぜも
ぜや
ぜゆ
ぜよ
ぜわ
ぜら
ぜり
ぜる
ぜれ
ぜろ

「ゼハ・ゼヒ・ゼヘ・ゼホ」

第一音が「辛音」、第二音は「甲音」で、組み合わせると「格局」にならず、大きな作用はありません。

「ゼフ・ゼマ・ゼミ・ゼム・ゼメ・ゼモ」

第一音が「辛音」、第二音が「壬音」で、組み合わせると「格局」にならず大きな作用はありません。

「ゼヤ・ゼユ・ゼヨ・ゼワ」

第一音が「辛音」、第二音は「己音」で、「格局」にならず、大きな作用はありません。

「ゼラ・ゼリ」

第一音が「辛音」、第二音が「丙音」で、「格局」にならず、大きな作用はありません。

「ゼル・ゼレ・ゼロ・ゼダ・ゼデ・ゼド」

第一音が「辛音」、第二音は「丁音」で、「格局」にならず、大きな作用はありません。

ぜだ
ぜで
ぜど
ぜば
ぜび
ぜぶ
ぜべ
ぜぼ
ぜゔぁ
ぜゔぃ
ぜゔ
ぜゔぇ
ぜゔぉ
ぜぱ
ぜぴ
ぜぷ
ぜぺ
ぜぽ

「ゼバ・ゼビ・ゼブ・ゼベ・ゼボ・ゼヴ」「ゼパ・ゼピ・ゼプ・ゼペ・ゼポ」

第一音が「辛音」、第二音は「発音」で、「格局」にならず、大きな作用はありません。

「そ」から始まる「名《なまえ》」

そ

そん 凶
そあ 凶
そい 凶
そう 凶
そえ 凶
そお 凶
そか 凶
そき 凶
そく 凶
そけ 凶
そこ 凶
そさ 凶
そし 凶
そす 凶
そせ 凶

「ソ」という一音だけの名前は少ないかも知れませんが、「ソウ」とか「ソー」など、伸ばした場合と、「ソン」は同じく一音とみなします。ただし、「ソーソー」「ソ・ソ」「ソンソン」などと繰り返せば、二音と見ます。「草草」などと表記される場合も、実際に呼ばれる音声で判断します。「ソ」は「庚音」で「宝生如来」の音声であり、刺々しさを人に感じさせ、攻撃的、闘争的、などのイメージにつながります。

「ソンソン」のように重なると「戦格」を構成し、争い、刃傷沙汰、手術など、一生に一度の大出血がある、という象意を示します。

「ソア・ソイ・ソウ・ソエ・ソオ」

第一音が「庚音」で「宝生如来」の音声であり、刺々しさを人に感じさせますが、第二音が「戊音」ですから、「格局」を構成せず、特に良い作用も悪い作用もありません。

「ソアラ」「ソイソース」「ソウル」

「ソカ・ソキ・ソク・ソケ・ソコ」伏宮＝凶格

第一音が「庚音」、第二音が「甲音」、組み合わせると中凶格の「伏宮」で、一

凶 そそ
凶 そち
凶 そつ
凶 そた
凶 そて
凶 そと
凶 そな
凶 そに
凶 そぬ
凶 そね
凶 その
凶 そは
凶 そひ
凶 そへ
凶 そほ
凶 そふ
凶 そま
凶 そみ
凶 そむ
凶 そめ

家の主人が死ぬ、という象意があります。

「ソサ・ソシ・ソス・ソセ・ソソ・ソチ・ソツ」戦格＝凶格

第一音が「庚音」で「宝生如来」の音声ですが、第二音も「庚音」で、中凶格の「戦格」を構成し、争い、刃傷沙汰、手術など、一生に一度の大出血がある、という象意を示します。

「ソタ・ソテ・ソト」太白入熒＝凶格

第一音が「庚音」で「宝生如来」、第二音が「丙音」で、中凶格の「太白入熒」を構成し、強引なやり方で、他人の利益を壊してしまう、という象意があります。

「ソウタ＝福士蒼汰」

「ソナ・ソニ・ソヌ・ソネ・ソノ」太白入熒＝凶格

第一音が「庚音」、第二音が「丙音」で、中凶格の「太白入熒」を構成し、強引なやり方で、他人の利益を壊してしまう、という象意があります。

「ソナチネ」「ソニン」「ソネザキ」「ソノコ＝鈴木その子・河合その子」「ソノエ＝園枝」

「ソハ・ソヒ・ソヘ・ソホ」伏宮＝凶格

第一音が「庚音」、第二音が「甲音」で、組み合わせると中凶格の「伏宮」で、

凶 そも
凶 そや
凶 そゆ
凶 そよ
凶 そわ
凶 そら
凶 そり
そる
それ
そろ
そだ
そで
そど
そざ
そじ
そず
そぜ
そぞ
そが
そぎ

一家の主人が死ぬ、という象意があります。

「ソフ・ソマ・ソミ・ソム・ソメ・ソモ」小格＝凶格

第一音が「庚音」、第二音が「壬音」で、組み合わせると「小格」で、いつも損失があり、次第に駄目になっていく、という象意があります。

「ソフマップ」「ソムリエ」

「ソヤ・ソユ・ソヨ・ソワ」刑格＝凶格

第一音が「庚音」、第二音は「己音」で、組み合わせると「刑格」で、異性の問題で地位を失う、刑罰に触れる、という象意があります。

「ソラ・ソリ」太白入熒＝凶格

第一音が「庚音」で「宝生如来」の音声、第二音が「丙音」で、組み合わせると、中凶格の「太白入熒」、強引なやり方で、他人の利益を壊してしまう、という象意があります。

「ソラリス」「ソリスト」

「ソル・ソレ・ソロ・ソダ・ソデ・ソド」

第一音が「庚音」、第二音は「丁音」で、組み合わせると「格局」にならず、大きな作用はありません。

そぐ
そげ
そご
そば
そび
そぶ
そべ
そぼ
凶 そゔぁ
凶 そゔぃ
凶 そゔ
凶 そゔぇ
凶 そゔぉ
凶 そぱ
凶 そぴ
凶 そぷ
凶 そぺ
凶 そぽ

「ソレント」「ソロス」「ソロモン」「ソロリ」

「ソザ・ソジ・ソズ・ソゼ・ソゾ・ソヅ」

第一音が「庚音」、第二音が「辛音」で、組み合わせると「格局」にならず、特に良くも悪くもありません。

「ソガ・ソギ・ソグ・ソゲ・ソゴ」

第一音が「庚音」、第二音が「丁音」で、組み合わせると「格局」にならず、特に良くも悪くもありません。

「ソガ＝蘇我」

「ソバ・ソビ・ソブ・ソベ・ソボ・ソヴ」「ソパ・ソピ・ソプ・ソペ・ソポ」

大格＝凶格

第一音が「庚音」、第二音は「癸音」で、組み合わせると「大格」で、いつの間にか蝕まれ、突然駄目になる、という象意があります。

「ぞ」から始まる「名《なまえ》」

ぞ

ぞん　凶
ぞあ　凶
ぞい　凶
ぞう　凶
ぞえ　凶
ぞお　凶
ぞか
ぞき
ぞく
ぞけ
ぞこ
ぞが　凶
ぞぎ　凶
ぞぐ　凶
ぞげ　凶

「ゾ」という一音だけの名前は少ないかも知れませんが、「ゾ」とか「ゾ」など、伸ばした場合と、「ゾン」は同じく一音とみなします。ただし、「ゾゾ」「ゾ・ゾ」「ゾンゾン」などと繰り返せば、二音と見ます。「ＺＯＺＯ」などと表記される場合も、実際に呼ばれる音声で判断します。「ゾ」は「辛音」で「月光菩薩」の音声であり、純真な弱さや脆さを人に感じさせ、壊れやすい、傷つきやすい、というイメージにつながります。

「ゾンゾン」のように重なると「辛儀伏吟」となり、好きなことしかやらない専門馬鹿、という象意があります。

「ゾア・ゾイ・ゾウ・ゾエ・ゾオ」辛反＝凶格

第一音が「辛音」＝「月光菩薩」、第二音が「戊音」ですから、凶格の「辛反」を構成し、純真さに欠け、要領ばかりに頼る、という凶意があります。

「ゾカ・ゾキ・ゾク・ゾケ・ゾコ」

第一音が「辛音」、第二音は「甲音」ですから、「格局」を構成せず、これといった作用効果がありません。

ぞご　凶
ぞさ
ぞし
ぞす
ぞせ
ぞそ
ぞち
ぞつ
ぞざ　凶
ぞじ　凶
ぞず　凶
ぞぜ　凶
ぞぞ　凶
ぞた
ぞて
ぞと
ぞな
ぞに
ぞぬ
ぞね

「ゾガ・ゾギ・ゾグ・ゾゲ・ゾゴ」白虎猖狂＝凶格

第一音が「辛音」、第二音が「乙音」で、組み合わせると中凶格の「白虎猖狂」を構成し、悪い病気や交通事故に遭う、という凶意があります。

「ゾサ・ゾシ・ゾス・ゾセ・ゾソ・ゾチ・ゾツ」

第一音が「辛音」、第二音が「庚音」で「格局」を構成せず、これといった作用効果がありません。

「ゾザ・ゾジ・ゾズ・ゾヅ・ゾゼ・ゾゾ」辛伏＝凶格

第一音が「辛音」で第二音も「辛音」で、「辛伏格」を構成し、好きなことしかやらない専門馬鹿、という凶意があります。

「ゾゾ＝ZOZOTOWN」

「ゾタ・ゾテ・ゾト」

第一音が「辛音」、第二音が「丙音」で、「格局」を構成せず、これといった作用効果がありません。

「ゾナ・ゾニ・ゾヌ・ゾネ・ゾノ」

第一音が「辛音」、第二音が「丙音」で、組み合わせると、「格局」にならず、大きな作用はありません。

その
ぞは
ぞひ
ぞへ
ぞほ
ぞふ
ぞま
ぞみ
ぞむ
ぞめ
ぞも
ぞや
ぞゆ
ぞよ
ぞわ
ぞら
ぞり
ぞる
ぞれ
ぞろ

「ゾハ・ゾヒ・ゾへ・ゾホ」

第一音が「辛音」、第二音は「甲音」で、組み合わせると「格局」にならず、大きな作用はありません。

「ゾフ・ゾマ・ゾミ・ゾム・ゾメ・ゾモ」

第一音が「辛音」、第二音が「壬音」で、組み合わせると「格局」にならず大きな作用はありません。

「ゾヤ・ゾユ・ゾヨ・ゾワ」

第一音が「辛音」、第二音は「己音」で、「格局」にならず、大きな作用はありません。

「ゾラ・ゾリ」

第一音が「辛音」、第二音が「丙音」で、「格局」にならず、大きな作用はありません。

「ゾル・ゾレ・ゾロ・ゾダ・ゾデ・ゾド」

第一音が「辛音」、第二音は「丁音」で、「格局」にならず、大きな作用はありません。

「ゾルゲ」「ゾロ＝怪傑ゾロ」

ぞだ
ぞで
ぞど
ぞば
ぞび
ぞぶ
ぞべ
ぞぼ
ぞゔぁ
ぞゔぃ
ぞゔ
ぞゔぇ
ぞゔぉ
ぞぱ
ぞぴ
ぞぷ
ぞぺ
ぞぽ

「ゾバ・ゾビ・ゾブ・ゾベ・ゾボ・ゾヴ」「ゾパ・ゾピ・ゾプ・ゾペ・ゾポ」

第一音が「辛音」、第二音は「発音」で、「格局」にならず、大きな作用はありません。

「た」から始まる「名《なまえ》」

た

吉 **たん**
吉 **たあ**
吉 **たい**
吉 **たう**
吉 **たえ**
たえこ
吉 **たお**
吉 **たか**
たかあき
たかこ
たかみ
たかよ
吉 **たき**
吉 **たく**
たくぞう

「タ」という一音だけの名前は少ないかも知れませんが、「タア」とか「ター」など、伸ばした場合と、「タン」は同じく一音とみなします。ただし、「ターター」「タ・タ」「タンタン」などと繰り返せば、二音と見ます。「多多」などと表記される場合も、実際に呼ばれる音声で判断します。「タ」は「丙音」で「大日如来」の音声であり、力強さを人に感じさせ、現実的、実行力、経済力、統率力、などのイメージにつながります。

ただし、「タンタン」のように重なると、小凶格の「月伏」を構成し、力でごり押しする。利益優先に過ぎる。守銭奴になる、という象意があります。

「タア・タイ・タウ・タエ・タオ」月奇得使＝吉格

第一音が「丙音」＝「大日如来」、第二音が「戊音」で、中吉格の「月奇得使」を構成し、財源を開拓し、出費を抑えて蓄財する、という象意があります。

「タイチ＝堺屋太一・国分太一・山田太一」「タイジ＝殿山泰司」「タエ＝木村多江・里谷多英」「タエコ＝富岡多恵子・大貫妙子・宇津木妙子」「タオ＝土屋太鳳」

たくみ
たくや
吉 **たけ**
たけお
たけし
たける
吉 **たこ**
たが
たぎ
たぐ
たげ
たご
凶 **たさ**
凶 **たし**
凶 **たす**
凶 **たせ**
凶 **たそ**
凶 **たち**
凶 **たつ**
たつお

「タカ・タキ・タク・タケ・タコ」飛鳥跌穴＝吉格

第一音が「丙音」、第二音が「甲音」で中吉格の「飛鳥跌穴」を構成し、いつも棚ボタ式に利益に恵まれる、という象意があります。

「タカアキ＝石橋貴明・吉本隆明」「タカアンドトシ」「タカオ＝片岡孝夫・来生たかお・さいとうたかを・土井隆雄・堀内孝雄・矢口高雄・山田隆夫」「タカコ＝土井たか子・入江たか子・岡村孝子・上原多香子・重森孝子・白井貴子・膳場貴子・常盤貴子・松たか子」「タカシ＝原敬・志村喬・岡村隆史・小林孝至・斉藤隆・反町隆史・立花隆・内藤剛志・長塚節・仲畑貴志・西岡たかし・細川たかし・松尾貴史・松本隆・三木たかし・やなせたかし・山口崇」「タカノリ＝陣内孝則・畑山隆則・西川貴教・岩田剛典」「タカヒロ＝田村高廣・横路孝弘」「タキコ＝水の江瀧子」「タッキー＝滝沢秀明」「タク＝いずみたく・江川卓」「タクミ＝斎藤工」「「タクヤ＝木村拓也・岡田卓也」「タクロウ＝辰巳琢郎・森永卓郎・吉田拓郎」「タケオ＝有島武郎・地井武男・福田赳夫・三木武夫」「タケコ＝九条武子」「タケシ＝北野武・安部英・梅原猛・開高健・鹿賀丈史・加藤武・金城武・田村孟・寺内タケシ・藤猛・本田武史・養老孟司」「タケヒロ＝色川武大」「タコ八郎」

「タガ・タギ・タグ・タゲ・タゴ」

第一音が「丙音」、第二音は「乙音」で「格局」を構成せず、これといった作用効果がありません。

たつこ
たつみ
たつや
たつよ
たた 凶
たて 凶
たと 凶
たな 凶
たなえ 吉
たなみ 吉
たなむ 吉
たに 凶
たにえ 吉
たにお 吉
たにこ
たにと
たぬ 凶
たね 凶
たねお
たねこ

たねた
たねと
たの 凶
たのん
たのこ
たは 吉
たはら
たひ 吉
たひら
たへ 吉
たほ 吉
たほり
たほる
たふ
たま
たまよ
たみ
たみこ
たむ
ため

「タサ・タシ・タス・タセ・タソ・タチ・タツ」熒惑入白＝凶格

第一音が「丙音」で「大日如来」の「吉音」ですが、第二音が「庚音」で、中凶格の「熒惑入白」を構成し、強引なやり方のために、入るべき利益を他人に盗られる、という象意があります。

「タスク＝柄本佑」「タスケ＝一心太助」「タツオ＝梅宮辰夫・遠藤太津朗・松村達雄・嘉門達夫」「タツコ＝多津子」「タツヤ＝仲代達矢・山口達也・城達也・藤竜也・藤原竜也」

「タタ・タテ・タト・タナ・タニ・タヌ・タネ・タノ」月伏＝凶格

第一音、第二音ともに「丙音」で小凶格の「月伏」を構成し、力でごり押しする。利益優先に過ぎる。守銭奴になる、という象意があります。

「タハ・タヒ・タヘ・タホ」飛鳥跌穴＝吉格

第一音が「丙音」、第二音が「甲音」で、中吉格の「飛鳥跌穴」を構成し、棚ボタ式に利益が得られる、という象意があります。

たも
たもり
たや
たゆ
たよ
たわ
凶 **たら**
たらこ
凶 **たり**
たる
たれ
たろ
たろう
たろく
ただ
たで
たど
たざ
たざえもん
たじ

「タハラ＝田原」「タホウ＝多宝」

「タフ・タマ・タミ・タム・タメ・タモ」

第一音が「丙音」、第二音が「壬音」で、「格局」にならず大きな作用はありません。

「タフマン」「タマキ＝緒川たまき・沢たまき」「タマヨ＝島田珠代・丸川珠代」「タミコ＝民子・多美子」「タモリ」

「タヤ・タユ・タヨ・タワ」

第一音が「丙音」、第二音は「己音」で、「格局」にならず、大きな作用はありません。

「タラ・タリ」月伏＝凶格

第一音、第二音ともに「丙音」で小凶格の「月伏」を構成し、力でごり押しする。利益優先に過ぎる。守銭奴になる、という象意があります。

「タル・タレ・タロ・タダ・タデ・タド」

第一音が「丙音」、第二音は「丁音」で、「格局」にならず、大きな作用はありません。

「タロウ＝岡本太郎・山本太郎・麻生太郎」「タダシ＝今井正・沢村忠・柳井正・

たじろう
たず
たぜ
たぞ
たぢ
たづ
たば
たび
たぶ
たべ
たぼ
たゔぁ
たゔぃ
たゔ
たゔぇ
たゔぉ

吉田正」

「タザ・タジ・タズ・タゼ・タゾ・タヂ・タヅ」

第一音が「丙音」、第二音が「辛音」で、「格局」にならず、特に良くも悪くもありません。

「タヅコ＝田鶴子」

「タバ・タビ・タブ・タベ・タボ・タヴ」

第一音が「丙音」、第二音は「癸音」で、組み合わせると「格局」にならず、大きな作用はありません。

「タバル＝田原坂」

「だ」から始まる「名《なまえ》」

だ

だん
だあ
だい
だいすけ
だう
だえ
だお
だか
だき
だく
だけ
だこ
だが
だぎ
だぐ

「ダ」という一音だけの名前は少ないかも知れませんが、「ダアー」とか「ダー」など、伸ばした場合と、「ダン」は同じく一音とみなします。ただし、「ダーダー」「ダ・ダ」「ダンダン」などと繰り返せば、二音と見ます。「駄駄」などと表記される場合も、実際に呼ばれる音声で判断します。「ダ」は「丁音」で「成就如来」の音声であり、派手さを人に感じさせ、目立つ、光り輝く、徒花《あだばな》、などのイメージにつながります。

「ダンダン」のように重なっても「伏吟」とはならず、これといった悪さがありません。

「ダン」

「ダン＝ダン池田・段田男」

「ダア・ダイ・ダウ・ダエ・ダオ」

第一音が「丁音」、第二音は「戊音」で、「格局」を構成せず、特に良い作用も悪い作用もありません。

「ダイオウ」「ダイスケ＝宮川大輔・荒木大輔・加東大介・伊藤大輔・泉大助・松坂大輔・嶋大輔・高橋大輔」「ダイヤ＝瀬戸大也」「ダウジョーンズ」「ダイモ

だげ　だご　ださ　だし　だす　だせ　だそ　だち　だつ　だざ　だじ　だず　だぜ　だぞ　だた　だて　だと　だな　だに　だぬ

ンジ＝大文字」人遁＝大吉格

「ダカ・ダキ・ダク・ダケ・ダコ」

第一音が「丁音」、第二音は「甲音」ですから、「格局」を構成せず、これといった作用効果がありません。

「ダ・カーポ」「ダンカン」「車ダン吉」

「ダガ・ダギ・ダグ・ダゲ・ダゴ」

第一音が「丁音」、第二音は「乙音」ですから、「格局」を構成せず、これといった作用効果がありません。

「ダガシヤ＝駄菓子屋」鬼遁＝大吉格

「ダサ・ダシ・ダス・ダセ・ダソ・ダチ・ダツ」

第一音が「丁音」で「成就如来」、第二音が「庚音」で、「格局」を構成せず、これといった作用効果がありません。

「ダンシ＝立川談志」「ダチョウ倶楽部」

「ダザ・ダジ・ダズ・ダヅ・ダゼ・ダゾ」

第一音が「丁音」で「成就如来」ですが、第二音が「辛音」で、「格局」を構成せず、これといった作用効果がありません。

だね
だの
だは
だひ
だへ
だほ
だふ 吉
だま 吉
だみ 吉
だみあん
だむ 吉
だめ 吉
だも 吉
だや
だゆ
だよ
だわ
だら
だり
だる

「ダタ・ダテ・ダト」

第一音が「丁音」ですが、第二音が「丙音」で、「格局」を構成せず、これといった作用効果がありません。

「ダナ・ダニ・ダヌ・ダネ・ダノ」

第一音が「丁音」で第二音が「丙音」、組み合わせると、「格局」にならず、大きな作用はありません。

「ダハ・ダヒ・ダヘ・ダホ」

第一音が「丁音」、第二音は「甲音」で、組み合わせると「格局」にならず、大きな作用はありません。

「ダフ・ダマ・ダミ・ダム・ダメ・ダモ」星奇得使＝吉格

第一音が「丁音」、第二音が「壬音」で、組み合わせると、中吉格の「星奇得使」を構成し、学問、名声を得られる。試験に合格する。他人を出し抜く、などの象意があります。

「ダミアン」「ダミアーニ（イタリアのジュエリーブランド）」

「ダヤ・ダユ・ダヨ・ダワ」

第一音が「丁音」、第二音は「己音」で、組み合わせると「格局」にならず、大きな作用はありません。

「ダラ・ダリ」

第一音が「丁音」、第二音が「丙音」で、「格局」にならず、大きな作用はありません。

「ダル・ダレ・ダロ・ダダ・ダデ・ダド」

第一音、第二音とも「丁音」で、「格局」にならず、大きな作用はありません。

「ダルビッシュ」

「ダバ・ダビ・ダブ・ダベ・ダボ・ダヴ」朱雀投江＝凶格

第一音が「丁音」、第二音は「発音」で、中凶格の「朱雀投江」を構成し、成績が上がらない。試験に落ちる。文書の間違いがある、などの象意があります。

だれ 凶
だろ 凶
だだ 凶
だで 凶
だど 凶
だば 凶
だび
だぶ
だべ
だぼ
だゔぁ
だゔぃ
だゔ
だゔぇ
だゔぉ

丁奇の吉格　構成要素

人遁　第一音＝丁　＝ダ・デ・ド・ル・レ・ロ
　　　第二音＝任意＝マ行なら特に良い。
　　　第三音＝休門＝マ・ミ・ム・メ・モ・フ・バ行・ヴァ行・パ行
　　　第四音＝太陰＝ザ・ジ・ズ・ゼ・ゾ・ヂ・ヅ
　　　　　　「ダイモンジ＝大文字」「ロクモジ＝六文字」

鬼遁　第一音＝丁　＝ダ・デ・ド・ル・レ・ロ
　　　第二音＝任意＝癸でも成立。
　　　第三音＝開門＝サ・シ・ス・セ・ソ・チ・ツ
　　　第四音＝九地＝ヤ・ユ・ヨ・ワ
　　　　　　「ダガシヤ＝駄菓子屋」

玉女　第一音＝丁　＝ダ・デ・ド・ル・レ・ロ
守門　第二音＝壬　＝マ・ミ・ム・メ・モ・フ
　　　第三音＝休門＝マ・ミ・ム・メ・モ・フ・バ行・ヴァ行・パ行

「ち」から始まる「名《なまえ》」

ち

ちん
ちあ
ちい
ちう
ちえ
ちお
ちおん
凶 ちか
凶 ちき
凶 ちく
凶 ちけ
凶 ちこ
凶 ちさ
凶 ちし
凶 ちす

「チ」という一音だけの名前は少ないかも知れませんが、「チイ」とか「チー」など、伸ばした場合と、「チン」は同じく一音とみなします。ただし、「チーチー」「チ・チ」「チンチン」などと繰り返せば、二音と見ます。「沈沈」などと表記される場合も、実際に呼ばれる音声で判断します。「チ」は「庚音」で「宝生如来」の音声であり、刺々しさを人に感じさせ、攻撃的、闘争的、などのイメージにつながります。

「チンチン」のように重なると「戦格」を構成し、争い、刃傷沙汰、手術など、一生に一度の大出血がある、という象意を示します。

「チア・チイ・チウ・チエ・チオ」

第一音が「庚音」で「宝生如来」の音声であり、刺々しさを人に感じさせますが、第二音が「戊音」ですから、「格局」を構成せず、特に良い作用も悪い作用もありません。

「チアキ＝岡千秋・栗山千明・千秋・原千晶・松原千明・向井千秋」「チエ＝綾戸智恵・有村智恵」「チエコ＝岸千恵子・浪花千栄子・倍賞千恵子・本間千枝子・松原智恵子・三崎千恵子」「チオン＝知音・知恩」

凶　ちせ
凶　ちそ
凶　ちち
凶　ちつ
凶　ちた
凶　ちて
凶　ちと
凶　ちな
凶　ちに
凶　ちぬ
凶　ちね
凶　ちの
凶　ちは
凶　ちひ
凶　ちへ
凶　ちほ
凶　ちふ
凶　ちま
凶　ちみ
凶　ちむ

「チカ・チキ・チク・チケ・チコ」伏宮＝凶格

第一音が「庚音」、第二音が「甲音」で中凶格の「伏宮」を構成し、一家の主人が死ぬ、という象意があります。

「チカ＝高見知佳」「チカコ＝小倉千加子・賀来千香子・沢田知可子・宮城千賀子・友里千賀子」

「チサ・チシ・チス・チセ・チソ・チチ・チツ」戦格＝凶格

第一音、第二音とも「庚音」で、中凶格の「戦格」を構成し、争い、刃傷沙汰、手術など、一生に一度の大出血がある、という象意を示します。

「チサト＝福島千里・森高千里・森高千里」「チサコ＝高嶋ちさ子」「チセコ」

「チタ・チテ・チト」太白入熒＝凶格

第一音が「庚音」で「宝生如来」の音声、第二音が「丙音」で、組み合わせると、中凶格の「太白入熒」、強引なやり方で、他人の利益を壊してしまう、反撃される、という象意があります。

「チトセ＝元ちとせ・小林千登勢・松鶴家千とせ」

「チナ・チニ・チヌ・チネ・チノ」太白入熒＝凶格

第一音が「庚音」、第二音が「丙音」で、中凶格の「太白入熒」を構成し、強引なやり方で、他人の利益を壊してしまう。という象意があります。

凶 **ちめ**
凶 **ちも**
凶 **ちや**
凶 **ちゆ**
凶 **ちよ**
凶 **ちわ**
凶 **ちら**
凶 **ちり**
ちる
ちれ
ちろ
ちだ
ちで
ちど
ちざ
ちじ
ちず
ちずこ
ちぜ
ちぞ

「チナツ＝中山千夏・大坪千夏」「チノン」

「チハ・チヒ・チヘ・チホ」伏宮＝凶格

第一音が「庚音」、第二音が「甲音」で、組み合わせると中凶格の「伏宮」で、一家の主人が死ぬ、という象意があります。

「チハル＝伊調千春・久里千春・新山千春・玉城千春」「チヒロ＝いわさきちひろ・鬼束ちひろ」

「チフ・チマ・チミ・チム・チメ・チモ」小格＝凶格

第一音が「庚音」、第二音が「壬音」で、組み合わせると「小格」で、いつも損失があり、次第に駄目になっていく、という象意があります。

「チヤ・チユ・チヨ・チワ」刑格＝凶格

第一音が「庚音」、第二音は「己音」で、組み合わせると「刑格」で、異性の問題で地位を失う。刑罰に触れる、という象意があります。

「チヤコ＝佐藤千夜子」「チヨ＝宇野千代」

「チラ・チリ」太白入熒＝凶格

第一音が「庚音」で「宝生如来」の音声、第二音が「丙音」で、組み合わせると、中凶格の「太白入熒」、強引なやり方で、他人の利益を壊してしまう、とい

ちが
ちぎ
ちぐ
ちげ
ちご
凶　**ちば**
凶　**ちび**
凶　**ちぶ**
凶　**ちべ**
凶　**ちぼ**
凶　ちゔぁ
凶　ちゔぃ
凶　**ちゔ**
凶　ちゔぇ
凶　ちゔぉ
凶　**ちぱ**
凶　**ちぴ**
凶　**ちぷ**
凶　**ちぺ**
凶　**ちぽ**

う象意があります。

「チリコ＝坂下千里子」


「チル・チレ・チロ・チダ・チデ・チド」

第一音が「庚音」、第二音は「丁音」で、組み合わせると「格局」にならず、大きな作用はありません。

「チレ＝小山ちれ」


「チザ・チジ・チズ・チヅ・チゼ・チゾ」

第一音が「庚音」、第二音が「辛音」で、組み合わせると「格局」にならず、特に良くも悪くもありません。

「チヅコ＝御船千鶴子」


「チガ・チギ・チグ・チゲ・チゴ」

第一音が「庚音」、第二音が「丁音」で、組み合わせると「格局」にならず、特に良くも悪くもありません。

「チバ・チビ・チブ・チベ・チボ・チヴ」「チパ・チピ・チプ・チペ・チポ」
大格＝凶格
第一音が「庚音」、第二音は「癸音」で、組み合わせると中凶格の「大格」で、

ちんぺい

——いつの間にか蝕まれ、突然駄目になる、という象意があります。

「チバ＝千葉」「チボー」「チンペイ＝野末陳平」
＊「ヂ」は「ジ」と同音として扱います。

「ちゃ・ちゅ・ちょ」から始まる「名《なまえ》」

ちゃ
ちゃあ
ちゃい
ちゃう
ちゃえ
ちゃお

ちゅ
ちゅあ
ちゅい
ちゅう
ちゅえ
ちゅお

ちょ
ちょあ

「チャ」「チュ」「チョ」という一音だけの名前は少ないかも知れませんが、「チャー」とか「チョー」など、伸ばした場合と、「チャン」は同じく一音とみなします。ただし、「チャーチャー」「チャ・チャ」「チャンチャン」などと繰り返せば、二音と見ます。「茶々」などと表記される場合も、実際に呼ばれる音声で判断します。「チャ・チュ・チョ」は「辛音」で「月光菩薩」の音声であり、純真な弱さや脆さを人に感じさせ、壊れやすい、傷つきやすい、というイメージにつながります。

「チャチャ」のように重なると小凶格の「辛伏」を構成し、利益を度外視して、好きなことしかやらない専門馬鹿、という象意を示します。

「チャア・チャイ・チャウ・チャエ・チャオ・チュア・チュイ・チュウ・チュエ・チュオ・チョア・チョイ・チョウ・チョエ・チョオ」辛反＝凶格

第一音が「辛音」、第二音が「戊音」ですから、小凶格の「辛反」を構成し、純真さに欠け要領ばかりに頼る、という象意があります。

「チョウサン＝いかりや長介」

「チャカ・チャキ・チャク・チャケ・チャコ」

ちょい
ちょう
ちょえ
ちょお
ちゃか
ちゃき
ちゃく
ちゃけ
ちゃこ
ちゃさ
ちゃし
ちゃす
ちゃせ
ちゃそ
ちゅか
ちゅき
ちゅく
ちゅけ
ちゅこ
ちゅさ

ちゅし
ちゅす
ちゅせ
ちゅそ
ちょか
ちょき
ちょく
ちょけ
ちょこ
ちょさ
ちょし
ちょす
ちょせ
ちょそ
ちゃち
ちゃつ
ちゃた
ちゃて
ちゃと
ちゃな

ちゃに
ちゃぬ
ちゃね
ちゃの
ちゅち
ちゅつ
ちゅた
ちゅと
ちゅな
ちゅに
ちゅぬ
ちゅね
ちゅの
ちょち
ちょつ
ちょた
ちょて
ちょと
ちょな
ちょに

「チュカ・チュキ・チュク・チュケ・チュコ」
「チョカ・チョキ・チョク・チョケ・チョコ」

いずれも、第一音が「辛音」、第二音が「甲音」で、「格局」にならず、特に良くも悪くもありません。

「チャコ＝樋口久子・筑波久子・四方晴美」

「チャサ・チャシ・チャス・チャセ・チャソ・チャチ・チャツ」
「チュサ・チュシ・チュス・チュセ・チュソ・チュチ・チュツ」
「チョサ・チョシ・チョス・チョセ・チョソ・チョチ・チョツ」

いずれも第一音が「辛音」、第二音が「庚音」で、「格局」にならず、特に良くも悪くもありません。

ちょぬ
ちょね
ちょの
ちゃは
ちゃひ
ちゃふ
ちゃへ
ちゃほ
ちゃま
ちゃみ
ちゃむ
ちゃめ
ちゃも
ちゅは
ちゅひ
ちゅふ
ちゅへ
ちゅほ
ちゅま
ちゅみ

ちゅむ
ちゅめ
ちゅも
ちょは
ちょひ
ちょふ
ちょへ
ちょほ
ちょま
ちょみ
ちょむ
ちょめ
ちょも
ちゃや
ちゃゆ
ちゃよ
ちゃわ
ちゃら
ちゃり
ちゃる

ちゃれ
ちゃろ
ちゃだ
ちゅや
ちゅゆ
ちゅよ
ちゅわ
ちゅら
ちゅり
ちゅる
ちゅれ
ちゅろ
ちゅだ
ちょや
ちょゆ
ちょよ
ちょわ
ちょら
ちょり
ちょる

「チャタ・チャテ・チャト」
「チュタ・チュテ・チュト」
「チョタ・チョテ・チョト」

いずれも第一音が「辛音」、第二音が「丙音」で、「格局」にならず、特に良くも悪くもありません。

「チュータ＝伴宙太」

「チャナ・チャニ・チャヌ・チャネ・チャノ」
「チュナ・チュニ・チュヌ・チュネ・チュノ」
「チョナ・チョニ・チョヌ・チョネ・チョノ」

いずれも第一音が「辛音」、第二音が「丙音」で、「格局」にならず、特に良くも悪くもありません。

「チャハ・チャヒ・チャヘ・チャホ」
「チュハ・チュヒ・チュヘ・チュホ」

ちょれ
ちょろ
ちょだ
ちゃで
ちゃど
ちゅで
ちゅど
ちょで
ちょど
ちゃぱ
ちゃぴ
ちゃぷ
ちゃぺ
ちゃぽ
ちゅぱ
ちゅぴ
ちゅぷ
ちゅぺ
ちゅぽ
ちょぱ

ちょぴ
ちょぷ
ちょぺ
ちゃざ
ちゃじ
ちゃず
ちゃぜ
ちゃぞ
凶 ちゃが
凶 ちゃぎ
凶 ちゃぐ
凶 ちゃげ
凶 ちゃご
ちゅざ
ちゅーじ
ちゅじ
ちゅず
ちゅぜ
ちゅぞ
凶 ちゅが

「チョハ・チョヒ・チョヘ・チョホ」

いずれも第一音が「辛音」、第二音が「甲音」で、「格局」にならず、特に良くも悪くもありません。

「チャフ・チャマ・チャミ・チャム・チャメ・チャモ」
「チュフ・チュマ・チュミ・チュム・チュメ・チュモ」
「チョフ・チョマ・チョミ・チョム・チョメ・チョモ」

いずれも第一音が「辛音」、第二音が「壬音」で、「格局」にならず、特に良くも悪くもありません。

「チャヤ・チャユ・チャヨ・チャワ」
「チュヤ・チュユ・チュヨ・チュワ」
「チョヤ・チョユ・チョヨ・チョワ」

いずれも第一音が「辛音」、第二音が「己音」で、「格局」にならず、特に良くも悪くもありません。

「チャラ・チャリ」
「チュラ・チュリ」
「チョラ・チョリ」

いずれも第一音が「辛音」、第二音が「丙音」で、格局」に

凶 ちゅぎ
凶 ちゅぐ
凶 ちゅげ
凶 ちゅご
ちょざ
ちょーじ
ちょじ
ちょず
ちょぜ
ちょぞ
凶 ちょが
凶 ちょぎ
凶 ちょぐ
凶 ちょげ
凶 ちょご
ちゃば
ちゃび
ちゃぶ
ちゃべ
ちゃぼ

ちゃゔぁ
ちゃゔぃ
ちゃゔ
ちゃゔぇ
ちゃゔぉ
ちゅば
ちゅび
ちゅぶ
ちゅべ
ちゅぼ
ちゅゔぁ
ちゅゔぃ
ちゅゔ
ちゅゔぇ
ちゅゔぉ
ちょば
ちょび
ちょぶ
ちょべ

ならず、特に良くも悪くもありません。

「チャル・チャレ・チャロ・チャダ・チャデ・チャド」
「チュル・チュレ・チュロ・チュダ・チュデ・チュド」
「チョル・チョレ・チョロ・チョダ・チョデ・チョド」

いずれも第一音が「辛音」、第二音は「丁音」で、「格局」にならず、大きな作用はありません。

「チャザ・チャジ・チャズ・チャヅ・チャゼ・チャゾ」
「チュザ・チュジ・チュズ・チュヅ・チュゼ・チュゾ」
「チョザ・チョジ・チョズ・チョヅ・チョゼ・チョゾ」辛伏
＝小凶格

いずれも第一音、第二音とも「辛音」で、小凶格の「辛伏」を構成し、利益を度外視して好きなことしかやらない専門馬鹿、という象意があります。

「チュージ＝国定忠治・北島忠治」など、忠のように心を含む文字は心労が多い。「チョージ＝村田兆治」

「チャガ・チャギ・チャグ・チャゲ・チャゴ」
「チュガ・チュギ・チュグ・チュゲ・チュゴ」

ちょぼ
ちょゔぁ
ちょゔぃ
ちょゔ
ちょゔぇ
ちょゔぉ

「チョガ・チョギ・チョグ・チョゲ・チョゴ」白虎猖狂＝凶格

いずれも第一音が「辛音」、第二音が「乙音」で、中凶格の「白虎猖狂」を構成し、悪い病気や交通事故に遭う、という象意があります。

「チャゲ＆飛鳥」

「チャバ・チャビ・チャブ・チャベ・チャボ・チャヴ・チャパ・チャピ・チャプ・チャペ・チャポ」
「チュバ・チュビ・チュブ・チュベ・チュボ・チュヴ・チュパ・チュピ・チュプ・チュペ・チュポ」
「チョバ・チョビ・チョブ・チョベ・チョボ・チョヴ・チョパ・チョピ・チョプ・チョペ・チョポ」

いずれも第一音が「辛音」、第二音は「癸音」で、「格局」にならず、特に良くも悪くもありません。

「つ」から始まる「名《なまえ》」

つ

つん
つあ
つい
つう
つえ
つお
つか　凶
つき　凶
つく　凶
つけ　凶
つこ　凶
つさ　凶
つし　凶
つす　凶
つせ　凶

「ツ」という一音だけの名前は少ないかも知れませんが、「ツイ」とか「ツー」など、伸ばした場合と、「ツァ・ツィ・ツェ・ツォ」や「ツン」も同じく一音とみなします。ただし、「ツーツー」「ツ・ツ」「ツンツン」などと繰り返せば、二音と見ます。「津津」などと表記される場合も、実際に呼ばれる音声で判断します。「ツ」は「庚音」で「宝生如来」の音声であり、刺々しさを人に感じさせ、攻撃的、闘争的、などのイメージにつながります。

「ツンツン」のように重なると「戦格」を構成し、争い、刃傷沙汰、手術など、一生に一度の大出血がある、という象意を示します。

「ツア・ツイ・ツウ・ツエ・ツオ」

第一音が「庚音」で「宝生如来」の音声であり、刺々しさを人に感じさせますが、第二音が「戊音」ですから、「格局」を構成せず、特に良い作用も悪い作用もありません。

「ツカ・ツキ・ツク・ツケ・ツコ」伏宮＝凶格

第一音が「庚音」、第二音が「甲音」、組み合わせると中凶格の「伏宮」で、一家の主人が死ぬ、という象意があります。

凶　つそ
凶　つち
凶　つつ
凶　つた
凶　つて
凶　つと
凶　つな
凶　つに
凶　つぬ
凶　つね
凶　つの
凶　つは
凶　つひ
凶　つへ
凶　つほ
凶　つふ
凶　つま
凶　つみ
凶　つむ
凶　つめ

「つかこ」「ツカサ＝伊藤つかさ」「月子」

「ツサ・ツシ・ツス・ツセ・ツソ・ツチ・ツツ」戦格＝凶格

第一音が「庚音」で「宝生如来」の音声ですが、第二音も「庚音」で、組み合わせると、凶格の「戦格」を構成し、争い、トラブル、刃傷沙汰、手術など、一生に一度の大出血、という象意を示します。

「ツタ・ツテ・ツト」太白入熒＝凶格

第一音が「庚音」、第二音が「丙音」で、中凶格の「太白入熒」を構成し、強引なやり方で、他人の利益を壊してしまう、反撃される、という象意があります。

「ツトム＝関根勤・佐々木つとむ・羽田孜・山崎努・若松勉・和田勉」

「ツナ・ツニ・ツヌ・ツネ・ツノ」太白入熒＝凶格

第一音が「庚音」、第二音が「丙音」で、中凶格の「太白入熒」を構成し、強引なやり方で、他人の利益を壊してしまう、という象意があります。

「ツネオ＝堀内恒夫・渡邉恒雄」

「ツハ・ツヒ・ツヘ・ツホ」伏宮＝凶格

第一音が「庚音」、第二音が「甲音」で、組み合わせると中凶格の「伏宮」で、一家の主人が死ぬ、という象意があります。

凶 つも
凶 つや
凶 つゆ
凶 つよ
凶 つわ
凶 つら
凶 つり
つる
つれ
つろ
つだ
つで
つど
つざ
つじ
つず
つぜ
つぞ
つが
つぎ

「ツフ・ツマ・ツミ・ツム・ツメ・ツモ」小格＝凶格

第一音が「庚音」、第二音が「壬音」で、組み合わせると「小格」で、いつも損失があり、次第に駄目になっていく、という象意があります。

「ツヤ・ツユ・ツヨ・ツワ」刑格＝凶格

第一音が「庚音」、第二音は「己音」で、組み合わせると「刑格」で、異性の問題で地位を失う、刑罰に触れる、という象意があります。

「ツヨシ＝犬養毅・伊原剛志・うじきつよし・草彅剛・下柳剛・新庄剛志・堂本剛・長渕剛・森毅・与田剛」

「ツラ・ツリ」太白入熒＝凶格

第一音が「庚音」で「宝生如来」の音声、第二音が「丙音」で、組み合わせると、中凶格の「太白入熒」、強引なやり方で、他人の利益を壊してしまう、という象意があります。

「ツル・ツレ・ツロ・ツダ・ツデ・ツド」

第一音が「庚音」、第二音は「丁音」で、組み合わせると「格局」にならず、大きな作用はありません。

つぐ
つげ
つご
つば
つび
つぶ
つべ
つぼ
凶 つゔぁ
凶 つゔぃ
凶 つゔ
凶 つゔぇ
凶 つゔぉ
凶 つぱ
凶 つぴ
凶 つぷ
凶 つぺ
凶 つぽ

「ツザ・ツジ・ツズ・ツヅ・ツゼ・ツゾ」

第一音が「庚音」、第二音が「辛音」で、組み合わせると「格局」にならず、特に良くも悪くもありません。

「ツガ・ツギ・ツグ・ツゲ・ツゴ」

第一音が「庚音」、第二音が「丁音」で、組み合わせると「格局」にならず、特に良くも悪くもありません。

「ツバ・ツビ・ツブ・ツベ・ツボ・ツヴ」「ツパ・ツピ・ツプ・ツペ・ツポ」

大格＝凶格

第一音が「庚音」、第二音は「癸音」で、組み合わせると中凶格の「大格」で、いつの間にか蝕まれ、突然駄目になる、という象意があります。

「ツバサ＝益若つばさ」「ツバル」

※「ヅ」は「ズ」と同音として扱います。

「て」から始まる「名《なまえ》」

て

てん
吉　てあ
吉　てい
ていじ
ていこ
吉　てう
吉　てえ
吉　てお
吉　てか
吉　てき
吉　てく
てくの
吉　てけ
吉　てこ
てが

「テ」という一音だけの名前は少ないかも知れませんが、「テエ」とか「テー」など、伸ばした場合と、「テン」は同じく一音とみなします。ただし、「テーテー」「テ・テ」「テンテン」などと繰り返せば、二音と見ます。「丁丁」などと表記される場合も、実際に呼ばれる音声で判断します。「て」は「丙音」で「大日如来」の音声であり、力強さを人に感じさせ、現実的、実行力、経済力、統率力、などのイメージにつながります。

ただし、「テンテン」のように重なると、小凶格の「月伏」を構成し、力でごり押しする。利益優先に過ぎる。守銭奴になる。という象意があります。

「テア・テイ・テウ・テエ・テオ」月奇得使＝吉格

第一音が「丙音」＝「大日如来」、第二音が「戊音」ですから、中吉格の「月奇得使」を構成し、財源を開拓し、出費を抑えて蓄財する、という象意があります。

「テイカ＝藤原定家」「テイジ＝貞二」「テイコ＝貞子」「テイコク＝帝国ホテル」

「テカ・テキ・テク・テケ・テコ」飛鳥跌穴＝吉格

第一音が「丙音」、第二音が「甲音」ですから、中吉格の「飛鳥跌穴」を構成

てぎ

てぐ

てげ

てご

てさ 凶

てし 凶

てす 凶

てせ 凶

てそ 凶

てち 凶

てつ 凶

てつお

てつこ

てつや

てつよ

てた 凶

てて 凶

てと 凶

てな

てに

し、いつも棚ボタ式に利益に恵まれる、という象意があります。

「テガ・テギ・テグ・テゲ・テゴ」

第一音が「丙音」、第二音は「乙音」で「格局」を構成せず、これといった作用効果がありません。

「テサ・テシ・テス・テセ・テソ・テチ・テツ」熒惑入白＝凶格

第一音が「丙音」で「大日如来」の「吉音」ですが、第二音が「庚音」で、中凶格の「熒惑入白」を構成し、強引なやり方のために、入るべき利益を他人に盗られる、という象意があります。

「テツオ＝石立鉄男・三浦哲郎」「テット＝山田哲人」「テツンド＝岩國哲人」「テツヤ＝阿佐田哲也・武田鉄矢・筑紫哲也・ちばてつや・別所哲也・宮崎哲弥・竜鉄也・渡哲也」

「テタ・テテ・テト」月伏＝凶格

第一音、第二音ともに「丙音」で小凶格の「月伏」を構成し、力でごり押しする。利益優先に過ぎる。守銭奴になる、という象意があります。

「テナ・テニ・テヌ・テネ・テノ」月伏＝凶格

第一音、第二音ともに「丙音」で小凶格の「月伏」を構成し、力でごり押しす

てぬ
てね
ての
ては　吉
てひ　吉
てへ　吉
てほ　吉
てふ
てま
てーま
てみ
てむ
てめ
ても
てや
てゆ
てよ
てわ
てら　凶
てり　凶

る。利益優先に過ぎる。守銭奴になる、という象意があります。

「テハ・テヒ・テヘ・テホ」飛鳥跌穴＝吉格

第一音が「丙音」、第二音が「甲音」で、組み合わせると、中吉格の「飛鳥跌穴」を構成し、いつも棚ボタ式に利益が得られる、という象意があります。

「テフ・テマ・テミ・テム・テメ・テモ」

第一音が「丙音」、第二音が「壬音」で、組み合わせると「格局」にならず大きな作用はありません。

「テヤ・テユ・テヨ・テワ」

第一音が「丙音」、第二音は「己音」で、組み合わせると「格局」にならず、大きな作用はありません。

「テラ・テリ」月伏＝凶格

第一音、第二音ともに「丙音」で小凶格の「月伏」を構成し、力でごり押しする。利益優先に過ぎる。守銭奴になる、という象意があります。

「テル・テレ・テロ・テダ・テデ・テド」

第一音が「丙音」、第二音は「丁音」で、組み合わせると「格局」にならず、

てる
てれ
てろ
てだ
てで
てど
てざ
てじ
てず
てぜ
てぞ
てば
てび
てぶ
てべ
てぼ
てゔぁ
てゔぃ
てゔ
てゔぇ

てゔぉ
てぱ
てぴ
てぷ
てぺ
てぽ

大きな作用はありません。

「テザ・テジ・テズ・テヅ・テゼ・テゾ」

第一音が「丙音」、第二音が「辛音」で、組み合わせると「格局」にならず、特に良くも悪くもありません。

「テバ・テビ・テブ・テベ・テボ・テヴ」「テパ・テピ・テプ・テペ・テポ」

第一音が「丙音」、第二音は「癸音」で、組み合わせると「格局」にならず、大きな作用はありません。

「で」から始まる「名《なまえ》」

で

でん
であ
でい
でう
でえ
でお
でか
でき
でく
でけ
でこ
でが
でぎ
でぐ
でげ

「デ」という一音だけの名前は少ないかも知れませんが、「デア」とか「デー」など、伸ばした場合と、「デン」は同じく一音とみなします。ただし、「デーデー」「デ・デ」「デンデン」などと繰り返せば、二音と見ます。「出出」などと表記される場合も、実際に呼ばれる音声で判断します。「デ」は「丁音」で「成就如来」の音声であり、派手さを人に感じさせ、目立つ、光り輝く、徒花、などのイメージにつながります。「デンデン」のように重なっても「伏吟」とはならず、これといった悪さがありません。

「デン」

「デンデン＝でんでん（俳優）」

「デア・デイ・デウ・デエ・デオ」

第一音が「丁音」、第二音は「戊音」ですから、「格局」を構成せず、特に良い作用も悪い作用もありません。

「ディーン＝ディーン・フジオカ」

でご でさ でし です でせ でそ でち でつ でざ でじ でず でぜ でぞ でた でて でと でな でに でぬ でね

「デカ・デキ・デク・デケ・デコ」

第一音が「丁音」、第二音は「甲音」ですから、「格局」を構成せず、これといった作用効果がありません。

「デクノボー＝木偶の坊」

「デガ・デギ・デグ・デゲ・デゴ」

第一音が「丁音」、第二音は「乙音」ですから、「格局」を構成せず、これといった作用効果がありません。

「デガワ＝出川哲朗」

「デサ・デシ・デス・デセ・デソ・デチ・デツ」

第一音が「丁音」で「成就如来」、第二音が「庚音」で、「格局」を構成せず、これといった作用効果がありません。

「デサント」

「デザ・デジ・デズ・デヅ・デゼ・デゾ」

第一音が「丁音」で「成就如来」ですが、第二音が「辛音」で、「格局」を構成せず、これといった作用効果がありません。

での
では
でひ
でへ
でほ
吉　でふ
吉　でま
吉　でみ
吉　でむ
吉　でめ
吉　でも
でや
でゆ
でよ
でわ
でら
でらうま
でり
でる
でるもんて

「デタ・デテ・デト」

第一音が「丁音」ですが、第二音が「丙音」で、「格局」を構成せず、これといった作用効果がありません。

「デナ・デニ・デヌ・デネ・デノ」

第一音が「丁音」で、第二音が「丙音」、組み合わせると、「格局」にならず、大きな作用はありません。

「デニー＝デニー友利」

「デハ・デヒ・デヘ・デホ」

第一音が「丁音」、第二音は「甲音」で、組み合わせると「格局」にならず、大きな作用はありません。

「デホ＝李大浩」

「デフ・デマ・デミ・デム・デメ・デモ」星奇得使＝吉格

第一音が「丁音」、第二音が「壬音」で、組み合わせると、中吉格の「星奇得使」を構成し、学問、名声を得られる。試験に合格する。他人を出し抜く、という象意があります。

でれ
でろ
でだ
でで
でど
でば 凶
でび 凶
でぶ 凶
でべ 凶
でぼ 凶
でゔぁ
でゔぃ
でう
でゔぇ
でゔぉ

「デヤ・デユ・デヨ・デワ」

第一音が「丁音」、第二音は「己音」で、組み合わせると「格局」にならず、大きな作用はありません。


「デラ・デリ」

第一音が「丁音」、第二音が「丙音」で、「格局」にならず、大きな作用はありません。


「デル・デレ・デロ・デダ・デデ・デド」

第一音、第二音とも「丁音」で、「格局」にならず、大きな作用はありません。

「ダルビッシュ」

「デバ・デビ・デブ・デベ・デボ・デヴ」朱雀投江＝凶格
第一音が「丁音」、第二音は「癸音」で、中凶格の「朱雀投江」を構成し、成績が上がらない。試験に落ちる。文書の間違いがある、という象意があります。
「デヴィ・スカルノ」

「と」から始まる「名《なまえ》」

と

吉　**とん**
吉　**とあ**
吉　**とい**
吉　**とう**
吉　**とえ**
吉　**とお**
吉　**とか**
吉　**とき**
吉　**とく**
　　とくお
　　とくこ
　　とくみ
　　とくよ
吉　**とけ**
吉　**とこ**

「と」という一音だけの名前は少ないかも知れませんが、「トウ」とか「トー」など、伸ばした場合と、「トン」は同じく一音とみなします。ただし、「トートー」「ト・ト」「トントン」などと繰り返せば、二音と見ます。「ｔｏｔｏ」などと表記される場合も、実際に呼ばれる音声で判断します。

「と」は「丙音」で「大日如来」の音声であり、力強さを人に感じさせ、現実的、実行力、経済力、統率力、などのイメージにつながります。ただし、「トントン」のように重なると、小凶格の「月伏」を構成し、力でごり押しする。利益優先に過ぎる。守銭奴になる、という象意があります。

「トア・トイ・トウ・トエ・トオ」月奇得使＝吉格

第一音が「丙音」、第二音は「戊音」で、中吉格の「月奇得使」を構成し、財源を開拓し、出費を抑えて蓄財する、という象意があります。

「トオル＝江守徹・大平透・風間トオル・武満徹・仲村トオル・橋下徹・三好徹・由利徹・力石徹・渡辺徹」

「トカ・トキ・トク・トケ・トコ」飛鳥跌穴＝吉格

第一音が「丙音」、第二音が「甲音」ですから、中吉格の「飛鳥跌穴」を構成

とが
とぎ
とぐ
とげ
とご
とさ　凶
とし　凶
とす　凶
とせ　凶
とそ　凶
とち　凶
とつ　凶
とた　凶
とて　凶
とと　凶
とな　凶
とに　凶
とぬ　凶
とね　凶
との　凶

し、いつも棚ボタ式に利益に恵まれる、という象意があります。
「トキ＝朱鷺・辰」

「トガ・トギ・トグ・トゲ・トゴ」

第一音が「丙音」、第二音は「乙音」ですから「格局」を構成せず、これといった作用効果がありません。

「トサ・トシ・トス・トセ・トソ・トチ・トツ」熒惑入白＝凶格

第一音が「丙音」、第二音が「庚音」で、中凶格の「熒惑入白」を構成し、強引なやり方のために、入るべき利益を他人に盗られる、という象意があります。
「トシ＝田原俊彦・タカアンドトシ」「トシアキ＝唐沢寿明・南利明・恵俊彰」「トシエ＝根岸季衣・楠トシエ・高田敏江・正司敏江」「トシオ＝黒沢年雄・坂田利夫・島尾敏雄・田母神俊雄・山口敏夫・江木俊夫」「トシコ＝津山登志子」「トシキ＝海部俊樹」「トシヤ＝藤田敏八・政岡としや」「トシユキ＝志方俊之・西田敏行・黒岩敏幸」「トシロウ＝三船敏郎・近江俊郎・神田川俊郎・柳葉敏郎」

「トタ・トテ・トト」月伏＝凶格

第一音、第二音ともに「丙音」で小凶格の「月伏」を構成し、力でごり押しする。利益優先に過ぎる。守銭奴になる、という象意があります。
「トトロ」

とは　吉
とひ　吉
とへ　吉
とほ　吉
とふ
とま
とみ
とむ
とめ
とも
とや
とゆ
とよ
とわ
とら　凶
とり　凶
とる
とれ
とろ
とだ

「トナ・トニ・トヌ・トネ・トノ」月伏＝凶格

第一音、第二音ともに「丙音」で小凶格の「月伏」を構成し、力でごり押しする。利益優先に過ぎる。守銭奴になる、という象意があります。

「トハ・トヒ・トヘ・トホ」飛鳥跌穴＝吉格

第一音が「丙音」、第二音が「甲音」で、組み合わせると、中吉格の「飛鳥跌穴」を構成し、いつも棚ボタ式に利益が得られる、という象意があります。

「トフ・トマ・トミ・トム・トメ・トモ」

第一音が「丙音」、第二音が「壬音」で、組み合わせると「格局」にならず大きな作用はありません。

「トモコ＝小川知子・中嶋朋子・毬谷友子・藤田朋子・星野知子・奈良岡朋子・高部知子」「トモミ＝岡崎朋美・岩倉具視・華原朋美・西村知美」「トモヤ＝高石ともや」

「トヤ・トユ・トヨ・トワ」

第一音が「丙音」、第二音は「己音」で、組み合わせると「格局」にならず、大きな作用はありません。

「トワコ＝君島十和子」

とで
とど
とざ
とじ
とず
とぜ
とぞ
とば
とび
とぶ
とべ
とぼ
とゔぁ
とゔぃ
とゔ
とゔぇ
とゔぉ
とぱ
とぴ
とぷ

とぺ
とぽ

「トラ・トリ」月伏＝凶格

第一音、第二音ともに「丙音」で小凶格の「月伏」を構成し、力でごり押しする。利益優先に過ぎる。守銭奴になる、という象意があります。

「トラオ＝徳田虎雄」「トーリ＝松坂桃李」

「トル・トレ・トロ・トダ・トデ・トド」

第一音が「丙音」、第二音は「丁音」で、組み合わせると「格局」にならず、大きな作用はありません。

「トザ・トジ・トズ・トヅ・トゼ・トゾ」

第一音が「丙音」、第二音が「辛音」で、組み合わせると「格局」にならず、特に良くも悪くもありません。

「トバ・トビ・トブ・トベ・トボ・トヴ」「トパ・トピ・トプ・トペ・トポ」

第一音が「丙音」、第二音は「癸音」で、組み合わせると「格局」にならず、大きな作用はありません。

「ど」から始まる「名《なまえ》」

ど

どん
どあ
どい
どう
どえ
どお
どか
どき
どく
どけ
どこ
どが
どぎ
どぐ
どげ

「ど」という一音だけの名前は少ないかも知れませんが、「ドウ」とか「ドー」など、伸ばした場合と、「ドン」は同じく一音とみなします。ただし、「ドードー」「ド・ド」「ドンドン」などと繰り返せば、二音と見ます。「DODO」などと表記される場合も、実際に呼ばれる音声で判断します。「ド」は「丁音」で「成就如来」の音声であり、派手さを人に感じさせ、目立つ、光り輝く、徒花、などのイメージにつながります。

「ドンドン」のように重なっても「伏吟」とはならず、これといった悪さがありません。

「ドア・ドイ・ドウ・ドエ・ドオ」

第一音が「丁音」、第二音は「戊音」ですから、「格局」を構成せず、特に良い作用も悪い作用もありません。

「ドカ・ドキ・ドク・ドケ・ドコ」

第一音が「丁音」、第二音は「甲音」ですから、「格局」を構成せず、これといった作用効果がありません。

どご
どさ
どし
どす
どせ
どそ
どち
どつ
どざ
どじ
どず
どぜ
どぞ
どた
どて
どと
どな
どに
どぬ
どね

「ドガ・ドギ・ドグ・ドゲ・ドゴ」

第一音が「丁音」、第二音は「乙音」ですから、「格局」を構成せず、これといった作用効果がありません。

「ドサ・ドシ・ドス・ドセ・ドソ・ドチ・ドツ」

第一音が「丁音」で「成就如来」、第二音が「庚音」で、「格局」を構成せず、これといった作用効果がありません。

「ドザ・ドジ・ドズ・ドヅ・ドゼ・ドゾ」

第一音が「丁音」で「成就如来」ですが、第二音が「辛音」で、「格局」を構成せず、これといった作用効果がありません。

「ドタ・ドテ・ドト」

第一音が「丁音」ですが、第二音が「丙音」で、「格局」を構成せず、これといった作用効果がありません。

「ドナ・ドニ・ドヌ・ドネ・ドノ」

第一音が「丁音」で、第二音が「丙音」、組み合わせると、「格局」にならず、大きな作用はありません。

「ドナドナ」

どの
どは
どひ
どへ
どほ
どふ　吉
どま　吉
どみ　吉
どむ　吉
どめ　吉
ども　吉
どや
どゆ
どよ
どわ
どら
どり
どる
どれ
どろ

「ドハ・ドヒ・ドヘ・ドホ」

第一音が「丁音」、第二音は「甲音」で、組み合わせると「格局」にならず、大きな作用はありません。

「ドフ・ドマ・ドミ・ドム・ドメ・ドモ」星奇得使＝吉格

第一音が「丁音」、第二音が「壬音」で、組み合わせると、中吉格の「星奇得使」を構成し、学問、名声を得られる。試験に合格する。他人を出し抜く、などの象意があります。

「ドーム＝成田童夢」

「ドヤ・ドユ・ドヨ・ドワ」

第一音が「丁音」、第二音は「己音」で、組み合わせると「格局」にならず、大きな作用はありません。

「ドラ・ドリ」

第一音が「丁音」、第二音が「丙音」で、「格局」にならず、大きな作用はありません。

「ドル・ドレ・ドロ・ドダ・ドデ・ドド」

第一音、第二音とも「丁音」で、「格局」にならず、大きな作用はありません。

どだ
どで
どど
凶 どば
凶 どび
凶 どぶ
凶 どべ
凶 どぼ
凶 どゔぁ
凶 どゔぃ
凶 どゔ
凶 どゔぇ
凶 どゔぉ
凶 どぱ
凶 どぴ
凶 どぷ
凶 どぺ
凶 どぽ

「ドバ・ドビ・ドブ・ドベ・ドボ・ドヴ」「ドパ・ドピ・ドプ・ドペ・ドポ」
朱雀投江＝凶格

第一音が「丁音」、第二音は「発音」で、中凶格の「朱雀投江」を構成し、成績が上がらない。試験に落ちる。文書の間違いがある、などの象意があります。

「な」から始まる「名《なまえ》」

な

吉　**なん**
吉　**なあ**
吉　**ない**
吉　**なう**
吉　**なえ**
吉　**なお**
吉　なおえ　天遁
なおこ
なおと
なおみ
なおや
吉　**なか**
吉　**なき**
吉　**なく**
吉　**なけ**

「ナ」という一音だけの名前は少ないかも知れませんが、「ナア」とか「ナー」など、伸ばした場合と、「ナン」は同じく一音とみなします。ただし、「ナーナー」「ナ・ナ」「ナンナン」などと繰り返せば、二音と見ます。「南南」などと表記される場合も、実際に呼ばれる音声で判断します。「な」は「丙音」で「大日如来」の音声であり、力強さを人に感じさせ、現実的、実行力、経済力、統率力、などのイメージにつながります。

　ただし、「ナンナン」のように重なると、小凶格の「月伏」を構成し、力でごり押しする。利益優先に過ぎる。守銭奴になる、という象意があります。

「ナア・ナイ・ナウ・ナエ・ナオ」月奇得使＝吉格

　第一音が「丙音」、第二音が「戊音」で、中吉格の「月奇得使」を構成し、財源を開拓し、出費を抑えて蓄財する、という象意があります。

「ナエ＝裕木奈江」「ナオ＝小平奈緒・松下奈緒・大森南朋」「ナオエ＝直江」丙戊生門＝天遁「ナオキ＝杉浦直樹・高橋直樹・又吉直樹・猪瀬直樹」「ナオコ＝研ナオコ・飯島直子・大谷直子・山崎直子・高橋尚子・野沢直子・林葉直子」「ナオト＝緒方直人・天木直人・緒形直人・菅直人・竹中直人」「ナオミ＝藤山直美・ちあきなおみ・植村直巳・川島なお美・河瀬直美・財前直見・長谷直美」

吉　なこ
凶　なが
凶　なぎ
凶　なぐ
凶　なげ
凶　なご
凶　なさ
凶　なし
凶　なす
凶　なせ
凶　なそ
凶　なち
凶　なつ
なつお
なつこ
なつの
なつみ
なつよ
凶　なた
凶　なて

「ナオヤ＝志賀直哉」

「ナカ・ナキ・ナク・ナケ・ナコ」飛鳥跌穴＝吉格

第一音が「丙音」、第二音が「甲音」で、中吉格の「飛鳥跌穴」を構成し、いつも棚ボタ式に利益に恵まれる、という象意があります。

「ナカイ＝中居正広」「ナカタ＝中田英寿」

「ナガ・ナギ・ナグ・ナゲ・ナゴ」

第一音が「丙音」、第二音は「乙音」で「格局」を構成せず、これといった作用効果がありません。

「ナギサ＝大島渚・長田渚左・片平なぎさ」

「ナサ・ナシ・ナス・ナセ・ナソ・ナチ・ナツ」熒惑入白＝凶格

第一音が「丙音」、第二音は「庚音」で、中凶格の「熒惑入白」を構成し、強引なやり方のために、入るべき利益を他人に盗られる、という象意があります。

「ナツオ＝加納夏雄」「ナツキ＝岡本夏生・原田夏希」「ナツコ＝伍代夏子・戸田奈津子・汀夏子・賀原夏子・小島奈津子・横澤夏子」「「ナツミ＝安倍なつみ・小川菜摘・七瀬なつみ」

凶　**なと**
凶　**なな**
　ななえ
　ななこ
吉　ななみ
凶　**なに**
凶　**なぬ**
凶　**なね**
凶　**なの**
吉　**なは**
吉　**なひ**
吉　**なへ**
吉　**なほ**
　なほこ
　なふ
　なま
　なみ
　なみえ
　なみこ
　なむ

「ナタ・ナテ・ナト」月伏＝凶格

第一音、第二音ともに「丙音」で小凶格の「月伏」を構成し、力でごり押しする。利益優先に過ぎる。守銭奴になる、という象意があります。

「ナナ・ナニ・ナヌ・ナネ・ナノ」月伏＝凶格

第一音、第二音ともに「丙音」で「一天両日」となり、小凶格の「月伏」を構成し、力でごり押しする。利益優先に過ぎる。守銭奴になる、という象意があります。

「ナナ＝木の実ナナ・尾崎奈々・岡田奈々」「ナナコ＝藤田菜七子・松嶋菜々子・藤崎奈々子・大河内奈々子」「ナナセ＝相川七瀬」「ナナミ＝桜庭ななみ」

「ナハ・ナヒ・ナヘ・ナホ」飛鳥跌穴＝吉格

第一音が「丙音」、第二音が「甲音」で、組み合わせると、中吉格の「飛鳥跌穴」を構成し、いつも棚ボタ式に利益が得られる、という象意があります。

「ナフ・ナマ・ナミ・ナム・ナメ・ナモ」

第一音が「丙音」、第二音は「壬音」で、「格局」にならず大きな作用はありません。

「ナミ＝土屋名美」「ナミエ＝安室奈美恵」「ナメコ＝辛酸なめ子」

なめ
なめこ
なも
なや
なゆ
なよ
なわ
なら 凶
なり 凶
なりみ
なる
なるえ
なるみ
なるや
なれ
なろ
なだ
なで
など
なざ

なじ
なず
なぜ
なぞ
なば
なび
なぶ
なべ
なぼ
なゔぁ
なゔぃ
なゔ
なゔぇ
なゔぉ
なぱ
なぴ
なぷ
なぺ
なぽ

「ナヤ・ナユ・ナヨ・ナワ」

第一音が「丙音」、第二音は「己音」で、組み合わせると「格局」にならず、大きな作用はありません。

「ナラ・ナリ」月伏＝凶格

第一音、第二音ともに「丙音」で小凶格の「月伏」を構成し、力でごり押しする。利益優先に過ぎる。守銭奴になる、という象意があります。

「ナリミ＝有森也実」

「ナル・ナレ・ナロ・ナダ・ナデ・ナド」

第一音が「丙音」、第二音は「丁音」で、組み合わせると「格局」にならず、大きな作用はありません。

「ナルミ＝安田成美」

「ナザ・ナジ・ナズ・ナヅ・ナゼ・ナゾ」

第一音が「丙音」、第二音が「辛音」で、組み合わせると「格局」にならず、特に良くも悪くもありません。

「ナズナ」

「ナバ・ナビ・ナブ・ナベ・ナボ・ナヴ」「ナパ・ナピ・ナプ・ナペ・ナポ」

第一音が「丙音」、第二音は「癸音」で、組み合わせると「格局」にならず、大きな作用はありません。

「ナベプロ」「ナポリタン」

「に」から始まる「名《なまえ》」

「ニ」という一音だけの名前は少ないかも知れませんが、「ニア」とか「ニー」など、伸ばした場合と、「ニン」は同じく一音とみなします。ただし、「ニーニー」「ニ・ニ」「ニンニン」などと繰り返せば、二音と見ます。「忍忍」などと表記される場合も、実際に呼ばれる音声で判断します。

「ニ」は「丙音」で「大日如来」の音声であり、力強さを人に感じさせ、現実的、実行力、経済力、統率力、などのイメージにつながります。ただし、「ニンニン」のように重なると、小凶格の「月伏」を構成し、力でごり押しする。利益優先に過ぎる。守銭奴になる、という象意があります。

に

- 吉 にん
- 吉 にあ
- 吉 にい
- 吉 にう
- 吉 にえ
- 吉 にお
- 吉 におえ 天遁
- 吉 にか
- 吉 にき
- 吉 にく
- 吉 にけ
- 吉 にこ
- 吉 にが
- 吉 にぎ
- 吉 にぐ

「ニア・ニイ・ニウ・ニエ・ニオ」月奇得使＝吉格

第一音が「丙音」＝「大日如来」、第二音が「戊音」ですから、中吉格の「月奇得使」を構成し、財源を開拓し、出費を抑えて蓄財する、という象意があります。

「ニカ・ニキ・ニク・ニケ・ニコ」飛鳥跌穴＝吉格

第一音が「丙音」、第二音が「甲音」ですから、中吉格の「飛鳥跌穴」を構成し、いつも棚ボタ式に利益に恵まれる、という象意があります。

凶　にげ
凶　にご
凶　にさ
凶　にし
凶　にす
凶　にせ
凶　にそ
凶　にち
凶　につ
凶　にた
凶　にて
凶　にと
凶　にな
凶　にに
凶　にぬ
凶　にね
凶　にの
吉　には
吉　にひ
吉　にへ

「ニガ・ニギ・ニグ・ニゲ・ニゴ」

第一音が「丙音」、第二音は「乙音」ですから「格局」を構成せず、これといった作用効果がありません。

「ニサ・ニシ・ニス・ニセ・ニソ・ニチ・ニツ」熒惑入白＝凶格

第一音が「丙音」で「大日如来」の「吉音」ですが、第二音が「庚音」で、組み合わせると、中凶格の「熒惑入白」を構成し、強引なやり方のために、入るべき利益を他人に盗られる、という象意があります。

「ニタ・ニテ・ニト」月伏＝凶格

第一音、第二音ともに「丙音」で小凶格の「月伏」を構成し、力でごり押しする。利益優先に過ぎる。守銭奴になる、という象意があります。

「ニナ・ニニ・ニヌ・ニネ・ニノ」月伏＝凶格

第一音、第二音ともに「丙音」で「一天両日」となり、小凶格の「月伏」を構成し、力でごり押しする。利益優先に過ぎる。守銭奴になる、という象意があります。

「ニハ・ニヒ・ニヘ・ニホ」飛鳥跌穴＝吉格

第一音が「丙音」、第二音が「甲音」で、組み合わせると、中吉格の「飛鳥跌

にほ　吉
にふ
にま
にみ
にむ
にめ
にも
にや
にゆ
によ
にわ
にら　凶
にり　凶
にる
にれ
にろ
にだ
にで
にど
にざ

穴」を構成し、いつも棚ボタ式に利益が得られる、という象意があります。
「ニホン＝日本生命」飛鳥跌穴＝吉格

「ニフ・ニマ・ニミ・ニム・ニメ・ニモ」

第一音が「丙音」、第二音が「壬音」で、組み合わせると「格局」にならず大きな作用はありません。

「ニヤ・ニユ・ニヨ・ニワ」

第一音が「丙音」、第二音は「己音」で、組み合わせると「格局」にならず、大きな作用はありません。

「ニラ・ニリ」月伏＝凶格

第一音、第二音ともに「丙音」で小凶格の「月伏」を構成し、力でごり押しする。利益優先に過ぎる。守銭奴になる、という象意があります。

「ニル・ニレ・ニロ・ニダ・ニデ・ニド」

第一音が「丙音」、第二音は「丁音」で、組み合わせると「格局」にならず、大きな作用はありません。

にじ
にず
にぜ
にぞ
にぢ
にづ
にば
にび
にぶ
にべ
にぼ
にゔぁ
にゔぃ
にゔ
にゔぇ
にゔぉ
にぱ
にぴ
にぷ
にぺ

にぽ

「ニザ・ニジ・ニズ・ニヅ・ニゼ・ニゾ」

第一音が「丙音」、第二音が「辛音」で、組み合わせると「格局」にならず、特に良くも悪くもありません。

「ニバ・ニビ・ニブ・ニベ・ニボ・ニヴ」「ニパ・ニピ・ニプ・ニペ・ニポ」

第一音が「丙音」、第二音は「癸音」で、組み合わせると「格局」にならず、大きな作用はありません。

「ニプロ」「ニッポン＝日本ハム・日本駄衛門・日本株式会社」

「ぬ」から始まる「名《なまえ》」

ぬ

ぬん
吉　ぬあ
吉　ぬい
吉　ぬいあ　天遁
吉　ぬう
吉　ぬえ
吉　ぬお
吉　ぬか
吉　ぬき
吉　ぬく
吉　ぬけ
吉　ぬこ
ぬが
ぬぎ
ぬぐ

「ヌ」という一音だけの名前は少ないかも知れませんが、「ヌウ」とか「ヌー」など、伸ばした場合と、「ヌン」は同じく一音とみなします。ただし、「ヌーヌー」「ヌ・ヌ」「ヌンヌン」などと繰り返せば、二音と見ます。「NUNU」などと表記される場合も、実際に呼ばれる音声で判断します。

「ヌ」は「丙音」で「大日如来」の音声であり、力強さを人に感じさせ、現実的、実行力、経済力、統率力、などのイメージにつながります。ただし、「ヌンヌン」のように重なると、小凶格の「月伏」を構成し、力でごり押しする。利益優先に過ぎる。守銭奴になる、という象意があります。

「ヌア・ヌイ・ヌウ・ヌエ・ヌオ」月奇得使＝吉格

第一音が「丙音」＝「大日如来」、第二音が「戊音」ですから、中吉格の「月奇得使」を構成し、財源を開拓し、出費を抑えて蓄財する、という象意があります。第三音も「戊音」にできれば、大吉格の「天遁」を構成し、さらに大きな財を得られます。

「ヌイ＝縫い」

ぬげ
ぬご
ぬさ　凶
ぬし　凶
ぬす　凶
ぬせ　凶
ぬそ　凶
ぬち　凶
ぬつ　凶
ぬた　凶
ぬて　凶
ぬと　凶
ぬざ
ぬじ
ぬず
ぬぜ
ぬぞ
ぬぢ
ぬづ
ぬな　凶

「ヌカ・ヌキ・ヌク・ヌケ・ヌコ」飛鳥跌穴＝吉格

第一音が「丙音」、第二音が「甲音」ですから、中吉格の「飛鳥跌穴」を構成し、いつも棚ボタ式に利益に恵まれる、という象意があります。

「ヌガ・ヌギ・ヌグ・ヌゲ・ヌゴ」

第一音が「丙音」、第二音は「乙音」ですから「格局」を構成せず、これといった作用効果がありません。

「ヌサ・ヌシ・ヌス・ヌセ・ヌソ・ヌチ・ヌツ」熒惑入白＝凶格

第一音が「丙音」で「大日如来」の「吉音」ですが、第二音が「庚音」で、組み合わせると、中凶格の「熒惑入白」を構成し、強引なやり方のために、入るべき利益を他人に盗られる、という象意があります。

「ヌタ・ヌテ・ヌト」月伏＝凶格

第一音、第二音ともに「丙音」で小凶格の「月伏」を構成し、力でごり押しする。利益優先に過ぎる。守銭奴になる、という象意があります。

「ヌザ・ヌジ・ヌズ・ヌヅ・ヌゼ・ヌゾ」

第一音が「丙音」、第二音が「辛音」で、組み合わせると「格局」にならず、特に良くも悪くもありません。

凶 ぬに
凶 ぬぬ
凶 ぬね
凶 ぬの
吉 ぬは
吉 ぬひ
吉 ぬへ
吉 ぬほ
ぬふ
ぬま
ぬみ
ぬむ
ぬめ
ぬも
ぬや
ぬゆ
ぬよ
ぬわ
凶 ぬら
凶 ぬり

「ヌナ・ヌニ・ヌヌ・ヌネ・ヌノ」月伏＝凶格

第一音、第二音ともに「丙音」で小凶格の「月伏」を構成し、力でごり押しする。利益優先に過ぎる。守銭奴になる、という象意があります。

「ヌハ・ヌヒ・ヌヘ・ヌホ」飛鳥跌穴＝吉格

第一音が「丙音」、第二音が「甲音」で、組み合わせると、中吉格の「飛鳥跌穴」を構成し、いつも棚ボタ式に利益が得られる、という象意があります。

「ヌフ・ヌマ・ヌミ・ヌム・ヌメ・ヌモ」

第一音が「丙音」、第二音が「壬音」で、組み合わせると「格局」にならず大きな作用はありません。

「ヌヤ・ヌユ・ヌヨ・ヌワ」

第一音が「丙音」、第二音は「己音」で、組み合わせると「格局」にならず、大きな作用はありません。

「ヌラ・ヌリ」月伏＝凶格

第一音、第二音ともに「丙音」で小凶格の「月伏」を構成し、力でごり押しする。利益優先に過ぎる。守銭奴になる、という象意があります。

ぬる
ぬれ
ぬろ
ぬだ
ぬで
ぬど
ぬば
ぬび
ぬぶ
ぬべ
ぬぼ
ぬゔぁ
ぬゔぃ
ぬゔ
ぬゔぇ
ぬゔぉ
ぬぱ
ぬぴ
ぬぷ
ぬぺ

ぬぽ

「ヌル・ヌレ・ヌロ・ヌダ・ヌデ・ヌド」

第一音が「丙音」、第二音は「丁音」で、組み合わせると「格局」にならず、大きな作用はありません。

「ヌバ・ヌビ・ヌブ・ヌベ・ヌボ・ヌヴ」「ヌパ・ヌピ・ヌプ・ヌペ・ヌポ」

第一音が「丙音」、第二音は「癸音」で、組み合わせると「格局」にならず、大きな作用はありません。

「ね」から始まる「名《なまえ》」

「ネ」という一音だけの名前は少ないかも知れませんが、「ネエ」とか「ネー」など、伸ばした場合と、「ネン」は同じく一音とみなします。ただし、「ネーネー」「ネ・ネ」「ネンネン」などと繰り返せば、二音と見ます。「寧々」などと表記される場合も、実際に呼ばれる音声で判断します。

「ね」は「丙音」で「大日如来」の音声であり、力強さを人に感じさせ、現実的、実行力、経済力、統率力、などのイメージにつながります。ただし、「ネンネン」のように重なると、小凶格の「月伏」を構成し、力でごり押しする。利益優先に過ぎる。守銭奴になる、という象意があります。

「ネア・ネイ・ネウ・ネエ・ネオ」月奇得使＝吉格

第一音が「丙音」＝「大日如来」、第二音が「戊音」ですから、中吉格の「月奇得使」を構成し、財源を開拓し、出費を抑えて蓄財する、という象意があります。第三音も「戊音」にできれば、大吉格の「天遁」を構成し、さらに大きな財を得られます。

「ネイア」

ね

吉 **ねん**

吉 **ねあ**

吉 **ねい**

吉 ねいあ 天遁

吉 **ねう**

吉 **ねえ**

吉 **ねお**

吉 **ねか**

吉 **ねき**

吉 **ねく**

吉 **ねけ**

吉 **ねこ**

吉 **ねが**

吉 **ねぎ**

吉 **ねぐ**

ねげ　凶
ねご　凶
ねさ　凶
ねし　凶
ねす　凶
ねせ　凶
ねそ　凶
ねち　凶
ねつ　凶
ねた　凶
ねて　凶
ねと　凶
ねざ
ねじ
ねず
ねぜ
ねぞ
ねぢ
ねづ
ねな

「ネカ・ネキ・ネク・ネケ・ネコ」飛鳥跌穴＝吉格

第一音が「丙音」、第二音が「甲音」ですから、中吉格の「飛鳥跌穴」を構成し、いつも棚ボタ式に利益に恵まれる、という象意があります。

「ネコエステ」神遁＝大吉格

「ネガ・ネギ・ネグ・ネゲ・ネゴ」

第一音が「丙音」、第二音は「乙音」ですから「格局」を構成せず、これといった作用効果がありません。

「ネサ・ネシ・ネス・ネセ・ネソ・ネチ・ネツ」熒惑入白＝凶格

第一音が「丙音」で「大日如来」の「吉音」ですが、第二音が「庚音」で、組み合わせると、中凶格の「熒惑入白」を構成し、強引なやり方のために、入るべき利益を他人に盗られる、という象意があります。

「ネタ・ネテ・ネト」月伏＝凶格

第一音、第二音ともに「丙音」で小凶格の「月伏」を構成し、力でごり押しする。利益優先に過ぎる。守銭奴になる、という象意があります。

「ネザ・ネジ・ネズ・ネヅ・ネゼ・ネゾ」

第一音が「丙音」、第二音が「辛音」で、組み合わせると「格局」にならず、

ねに
ねぬ
ねね
ねの
ねは　吉
ねひ　吉
ねへ　吉
ねほ　吉
ねふ
ねま
ねみ
ねむ
ねめ
ねも
ねや
ねゆ
ねよ
ねわ
ねら　凶
ねり　凶

特に良くも悪くもありません。

「ネナ・ネニ・ネヌ・ネネ・ネノ」月伏＝凶格

第一音、第二音ともに「丙音」で「一天両日」となり、小凶格の「月伏」を構成し、力でごり押しする。利益優先に過ぎる。守銭奴になる、という象意があります。

「ネハ・ネヒ・ネヘ・ネホ」飛鳥跌穴＝吉格

第一音が「丙音」、第二音が「甲音」で、組み合わせると、中吉格の「飛鳥跌穴」を構成し、いつも棚ボタ式に利益が得られる、という象意があります。

「ネフ・ネマ・ネミ・ネム・ネメ・ネモ」

第一音が「丙音」、第二音が「壬音」で、組み合わせると「格局」にならず大きな作用はありません。

「ネヤ・ネユ・ネヨ・ネワ」

第一音が「丙音」、第二音は「己音」で、組み合わせると「格局」にならず、大きな作用はありません。

ねる
ねれ
ねろ
ねだ
ねで
ねど
ねば
ねび
ねぶ
ねべ
ねぼ
ねゔぁ
ねゔぃ
ねゔ
ねゔぇ
ねゔぉ
ねぱ
ねぴ
ねぷ
ねぺ

ねぽ

「ネラ・ネリ」月伏＝凶格

第一音、第二音ともに「丙音」で小凶格の「月伏」を構成し、力でごり押しする。利益優先に過ぎる。守銭奴になる、という象意があります。

「ネル・ネレ・ネロ・ネダ・ネデ・ネド」

第一音が「丙音」、第二音は「丁音」で、組み合わせると「格局」にならず、大きな作用はありません。

「ネバ・ネビ・ネブ・ネベ・ネボ・ネヴ」「ネパ・ネピ・ネプ・ネペ・ネポ」

第一音が「丙音」、第二音は「癸音」で、組み合わせると「格局」にならず、大きな作用はありません。

「の」から始まる「名《なまえ》」

の

のん		
のあ	吉	
のい	吉	
のいあ	吉	天遁
のう	吉	
のえ	吉	
のお	吉	
のか	吉	
のき	吉	
のく	吉	
のけ	吉	
のこ	吉	
のが		
のぎ		
のぐ		

「ノ」という一音だけの名前は少ないかも知れませんが、「ノウ」とか「ノー」など、伸ばした場合と、「ノン」は同じく一音とみなします。ただし、「ノーノー」「ノ・ノ」「ノンノン」などと繰り返せば、二音と見ます。「野々」などと表記される場合も、実際に呼ばれる音声で判断します。

「の」は「丙音」で「大日如来」の音声であり、力強さを人に感じさせ、現実的、実行力、経済力、統率力、などのイメージにつながります。ただし、「ノンノン」のように重なると、小凶格の「月伏」を構成し、力でごり押しする。利益優先に過ぎる。守銭奴になる、という象意があります。

「ノア・ノイ・ノウ・ノエ・ノオ」月奇得使＝吉格

第一音が「丙音」＝「大日如来」、第二音が「戊音」ですから、中吉格の「月奇得使」を構成し、財源を開拓し、出費を抑えて蓄財する、という象意があります。第三音も「戊音」にできれば、大吉格の「天遁」を構成し、さらに大きな財を得られます。

「ノアの箱舟」「ノエ＝伊藤野枝」

のげ
のご
のさ　凶
のし　凶
のす　凶
のせ　凶
のそ　凶
のち　凶
のつ　凶
のた　凶
のて　凶
のと　凶
のざ
のじ
のず
のぜ
のぞ
のぢ
のづ
のな　凶

「ノカ・ノキ・ノク・ノケ・ノコ」飛鳥跌穴＝吉格

第一音が「丙音」、第二音が「甲音」ですから、中吉格の「飛鳥跌穴」を構成し、いつも棚ボタ式に利益に恵まれる、という象意があります。

「ノークエスト（仮名）」神遁＝大吉格…小さな資本で大きな利益。

「ノガ・ノギ・ノグ・ノゲ・ノゴ」

第一音が「丙音」、第二音は「乙音」ですから「格局」を構成せず、これといった作用効果がありません。

「ノギク＝野菊」

「ノサ・ノシ・ノス・ノセ・ノソ・ノチ・ノツ」熒惑入白＝凶格

第一音が「丙音」で「大日如来」の「吉音」ですが、第二音が「庚音」で、組み合わせると、中凶格の「熒惑入白」を構成し、強引なやり方のために、入るべき利益を他人に盗られる、という象意があります。

「ノタ・ノテ・ノト」月伏＝凶格

第一音、第二音ともに「丙音」で小凶格の「月伏」を構成し、力でごり押しする。利益優先に過ぎる。守銭奴になる、という象意があります。

凶　のに
凶　のぬ
凶　のね
凶　のの
吉　のは
吉　のひ
吉　のへ
吉　のほ
のふ
のま
のみ
のむ
のめ
のも
のや
のゆ
のよ
のわ
凶　のら
凶　のり

「ノザ・ノジ・ノズ・ノヅ・ノゼ・ノゾ」

第一音が「丙音」、第二音が「辛音」で、組み合わせると「格局」にならず、特に良くも悪くもありません。

「ノゾミ＝佐々木希・辻希美」

「ノナ・ノニ・ノヌ・ノネ・ノノ」月伏＝凶格

第一音、第二音ともに「丙音」で「二天両日」となり、小凶格の「月伏」を構成し、力でごり押しする。利益優先に過ぎる。守銭奴になる、という象意があります。

「ノンノ＝雑誌」「ノノカ＝おののか」

「ノハ・ノヒ・ノヘ・ノホ」飛鳥跌穴＝吉格

第一音が「丙音」、第二音が「甲音」で、組み合わせると、中吉格の「飛鳥跌穴」を構成し、いつも棚ボタ式に利益が得られる、という象意があります。

「ノフ・ノマ・ノミ・ノム・ノメ・ノモ」

第一音が「丙音」、第二音が「壬音」で、組み合わせると「格局」にならず大きな作用はありません。

「ノヤ・ノユ・ノヨ・ノワ」

第一音が「丙音」、第二音は「己音」で、組み合わせると「格局」にならず、

のぽ　――大きな作用はありません。

「ノラ・ノリ」月伏＝凶格

第一音、第二音ともに「丙音」で小凶格の「月伏」を構成し、力でごり押しする。利益優先に過ぎる。守銭奴になる、という象意があります。

「ノラ＝NORA・平野ノラ」「ノリオ＝木島則夫・佐々木則夫・西川のりお・前田憲男」「ノリコ＝青田典子・淡谷のり子・酒井法子・中越典子・浜矩子・渡辺典子」「ノリヒロ＝中村紀洋」「ノリユキ＝東山紀之・槙原敬之」

「ノル・ノレ・ノロ・ノダ・ノデ・ノド」

第一音が「丙音」、第二音は「丁音」で、組み合わせると「格局」にならず、大きな作用はありません。

「ノバ・ノビ・ノブ・ノベ・ノボ・ノヴ」「ノパ・ノピ・ノプ・ノペ・ノポ」

第一音が「丙音」、第二音は「癸音」で「格局」にならず、大きな作用はありません。

「ノボル＝安藤昇・川崎のぼる・霧立のぼる・竹下登・五島昇・上月晃・青田昇・秋山登」「ノブエ＝松原のぶえ」「ノブオ＝鮎川信夫・金子信雄・中村伸郎・村上信夫・八名信夫」「ノブコ＝乙羽信子」「ノブヒロ＝武田修宏」「ノブユキ＝出井伸之」

「は」から始まる「名《なまえ》」

は

はん
はあ
はい
はう
はえ
はお
はか
はき
はく
はけ
はこ
はが
はぎ
はぐ
はげ

「ハ」という一音だけの名前は少ないかも知れませんが、「ハオ」とか「ハー」など、伸ばした場合と、「ハン」は同じく一音とみなします。ただし、「ハーハー」「ハ・ハ」「ハンハン」などと繰り返せば、二音と見ます。「葉葉」などと表記される場合も、実際に呼ばれる音声で判断します。

「ハ」は「甲音」で「釈迦如来」の音声であり、高貴な印象を人に与え、高級、栄光、寛大、品位、などを感じさせ、目上の引き立てを得やすくなります。「ハンハン」のように重なっても、「格局」を構成せず、悪い作用がありません。

「ハア・ハイ・ハウ・ハエ・ハオ」

第一音が「甲音」＝「釈迦如来」、第二音が「戊音」で「格局」を構成せず、特に悪い作用がありません。

「ハイド＝ｈｙｄｅ」

「ハカ・ハキ・ハク・ハケ・ハコ」

第一音、第二音とも「甲音」で「格局」を構成せず、特に悪い作用がありません。

「ハコ＝山崎ハコ」

はご　凶
はさ　凶
はし　凶
はす　凶
はせ　凶
はそ　凶
はち　凶
はつ　凶
はた　吉
はて　吉
はと　吉
はざ
はじ
はず
はぜ
はぞ
はぢ
はづ
はな　吉
はに　吉

「ハガ・ハギ・ハグ・ハゲ・ハゴ」

第一音が「甲音」、第二音は「乙音」ですから「格局」を構成せず、これといった作用効果がありません。

「ハガ＝芳賀」「ハギ＝萩」

「ハサ・ハシ・ハス・ハセ・ハソ・ハチ・ハツ」飛宮＝凶格

第一音が「甲音」、第二音が「庚音」で、組み合わせると、中凶格の「飛宮」を構成し、家の主人が死ぬ、目上を失う、という象意があります。

「ハチロー＝東八郎・井沢八郎・春日八郎・清河八郎・サトウハチロー」「ハツオ＝山谷初男」「ハッコ＝黒田初子」「ハツミ＝しばたはつみ」

「ハタ・ハテ・ハト」青龍返首＝吉格

第一音が「甲音」、第二音が「丙音」で、中吉格の「青龍返首」を構成し、目上の恩恵があり、身分地位が向上する、という象意があります。

「ハトコ＝鳩子」

「ハザ・ハジ・ハズ・ハヅ・ハゼ・ハゾ」

第一音が「甲音」、第二音が「辛音」で、組み合わせると「格局」にならず、特に良くも悪くもありません。

「ハジメ＝ハナ肇」

はぬ 吉
はね 吉
はの 吉
はは
はひ
はへ
はほ
はふ
はま
はみ
はむ
はめ
はも
はや
はゆ
はよ
はわ
はら 吉
はり 吉
はろ

「ハナ・ハニ・ハヌ・ハネ・ハノ」青龍返首＝吉格

第一音が「甲音」、第二音が「丙音」で、中吉格の「青龍返首」を構成し、目上の恩恵があり、身分地位が向上する、という象意があります。

「ハナコ＝津軽華子・山田花子・多岐川華子」

「ハハ・ハヒ・ハヘ・ハホ」

第一音、第二音とも「甲音」で、組み合わせると、「格局」にならず大きな作用はありません。

「ハフ・ハマ・ハミ・ハム・ハメ・ハモ」

第一音が「甲音」、第二音が「壬音」で、組み合わせると「格局」にならず大きな作用はありません。

「ハマチャン＝浜田雅功」

「ハヤ・ハユ・ハヨ・ハワ」

第一音が「甲音」、第二音は「己音」で、組み合わせると「格局」にならず、大きな作用はありません。

「ハヤト＝池田勇人・谷隼人」

はる
はれ
はだ
はで
はど
はば
はび
はぶ
はべ
はぼ
はゔぁ
はゔぃ
はゔ
はゔぇ
はゔぉ
はぱ
はぴ
はぷ
はぺ
はぽ

「ハラ・ハリ・ハロ」青龍返首＝吉格

第一音が「甲音」、第二音が「丙音」で、中吉格の「青龍返首」を構成し、目上の恩恵があり、身分地位が向上する、という象意があります。

「ハル・ハレ・ハダ・ハデ・ハド」

第一音が「甲音」、第二音は「丁音」で、「格局」にならず、大きな作用はありません。

「ハル＝波瑠」「ハルオ＝佐藤春夫・三波春夫」「ハルキ＝村上春樹・角川春樹・上村春樹・班目春樹」「ハルコ＝杉村春子・馬渕晴子」「ハルナ＝高瀬春奈・小嶋陽菜・近藤春菜」「ハルミ＝井上晴美・瀬戸内晴美・都はるみ・栗原はるみ」

「ハバ・ハビ・ハブ・ハベ・ハボ・ハヴ」「ハパ・ハピ・ハプ・ハペ・ハポ」

第一音が「甲音」、第二音は「癸音」で、組み合わせると「格局」にならず、大きな作用はありません。

「ひ」から始まる「名《なまえ》」

ひ

ひん
ひあ
ひい
ひう
ひえ
ひお
ひか
ひき
ひく
ひけ
ひこ
ひが
ひぎ
ひぐ
ひげ

「ヒ」という一音だけの名前は少ないかも知れませんが、「ヒイ」とか「ヒー」など、伸ばした場合と、「ヒン」は同じく一音とみなします。ただし、「ヒーヒー」「ヒ・ヒ」「ヒンヒン」などと繰り返せば、二音と見ます。「狒々」などと表記される場合も、実際に呼ばれる音声で判断します。

「ヒ」は「甲音」で「釈迦如来」の音声であり、高貴な印象を人に与え、高級、栄光、寛大、品位、などを感じさせ、目上の引き立てを得やすくなります。「ヒンヒン」のように重なっても、「格局」を構成せず、悪い作用がありません。

「ヒア・ヒイ・ヒウ・ヒエ・ヒオ」

第一音が「甲音」＝「釈迦如来」、第二音が「戊音」ですから、「格局」を構成せず、特に悪い作用がありません。

「ヒオ＝宮沢氷魚」

「ヒカ・ヒキ・ヒク・ヒケ・ヒコ」

第一音、第二音とも「甲音」ですから、「格局」を構成せず、特に悪い作用がありません。

「ヒカリ＝石田ひかり・満島ひかり」「ヒカル＝宇多田ヒカル・伊集院光」

ひご
凶　ひさ
凶　ひし
凶　ひす
凶　ひせ
凶　ひそ
凶　ひち
凶　ひつ
吉　ひた
吉　ひて
吉　ひと
ひざ
ひじ
ひず
ひぜ
ひぞ
ひぢ
ひづ
吉　ひな
吉　ひに

「ヒガ・ヒギ・ヒグ・ヒゲ・ヒゴ」

第一音が「甲音」、第二音は「乙音」ですから「格局」を構成せず、これといった作用効果がありません。

「ヒサ・ヒシ・ヒス・ヒセ・ヒソ・ヒチ・ヒツ」飛宮＝凶格

第一音が「甲音」、第二音が「庚音」で、中凶格の「飛宮」を構成し、家の主人が死ぬ、目上を失う、という象意があります。

「ヒサコ＝鳥取久子・樋口久子・筑波久子・佐々木久子・萬田久子・原ひさ子」「ヒサシ＝井上ひさし・山内久司」「ヒサヒロ＝小倉久寛」

「ヒタ・ヒテ・ヒト」青龍返首＝吉格

第一音が「甲音」、第二音が「丙音」で、中吉格の「青龍返首」を構成し、目上の恩恵があり、身分地位が向上する、という象意があります。

「ヒタチ＝日立」「ヒトト＝一青窈」「ヒトシ＝芦田均・植木等・小室等・斉藤仁・松本人志」「ヒトミ＝黒木瞳・石川ひとみ」

「ヒザ・ヒジ・ヒズ・ヒヅ・ヒゼ・ヒゾ」

第一音が「甲音」、第二音が「辛音」で、組み合わせると「格局」にならず、特に良くも悪くもありません。

ひぬ　吉
ひね　吉
ひの　吉
ひは
ひひ
ひへ
ひほ
ひふ
ひま
ひみ
ひむ
ひめ
ひも
ひや
ひゆ
ひよ
ひわ
ひら　吉
ひり　吉
ひろ　吉

「ヒナ・ヒニ・ヒヌ・ヒネ・ヒノ」青龍返首＝吉格

第一音が「甲音」、第二音が「丙音」で、中吉格の「青龍返首」を構成し、目上の恩恵があり、身分地位が向上する、という象意があります。

「ヒナ＝杉浦日向子・吉川ひなの」

「ヒハ・ヒヒ・ヒヘ・ヒホ」

第一音、第二音とも「甲音」で、組み合わせると、「格局」にならず大きな作用はありません。

「ヒフ・ヒマ・ヒミ・ヒム・ヒメ・ヒモ」

第一音が「甲音」、第二音が「壬音」で、組み合わせると「格局」にならず大きな作用はありません。

「ヒヤ・ヒユ・ヒヨ・ヒワ」

第一音が「甲音」、第二音は「己音」で、組み合わせると「格局」にならず、大きな作用はありません。

「ヒラ・ヒリ・ヒロ」青龍返首＝吉格　出世する名前

第一音が「甲音」、第二音が「丙音」で、中吉格の「青龍返首」を構成し、目上の恩恵があり、身分地位が向上する、という象意があります。

ひろこ
ひろし
ひる
ひれ
ひだ
ひで
ひど
ひば
ひび
ひぶ
ひべ
ひぼ
ひゔぁ
ひゔぃ
ひゔ
ひゔぇ
ひゔぉ
ひぱ
ひぴ
ひぷ
ひぺ
ひぽ

「ヒロアキ＝村上弘明」「ヒロキ＝松方弘樹・成宮寛貴・黒田博樹」「ヒロコ＝薬師丸ひろ子・森口博子・林寛子・中村紘子、山崎浩子・伊佐山ひろ子・荻原博子・紀比呂子・コシノヒロコ・篠ひろ子・中島ひろ子・真木洋子」「ヒロシ＝五木ひろし、阿部寛・玉木宏・関口宏・久米宏・宮川泰」「ヒロミ＝市田ひろみ・岩崎ひろみ・岩崎宏美・上原ひろみ・郷ひろみ・島田裕巳・谷口浩美・永作博美・ヒロミ・三宅宏実」「ヒロユキ＝阿川弘之・五木寛之・岩城宏之・真田広之・長門裕之・渡辺裕之・有吉弘行」

「ヒル・ヒレ・ヒダ・ヒデ・ヒド」

第一音が「甲音」、第二音は「丁音」で、組み合わせると「格局」にならず、大きな作用はありません。

「ヒデ＝中田英寿・ｈｉｄｅ・中山秀征」「ヒデオ＝糸川英夫・恩地日出夫・小林秀雄・篠沢秀夫・田英夫・野茂英雄・村田英雄・室田日出男」「ヒデキ＝東條英機・高橋英樹」「ヒデトシ＝西島秀俊」「ヒデミ＝石川秀美」

「ヒバ・ヒビ・ヒブ・ヒベ・ヒボ・ヒヴ」「ヒパ・ヒピ・ヒプ・ヒペ・ヒポ」

いずれも第一音が「甲音」、第二音は「癸音」で、組み合わせると「格局」にならず、大きな作用はありません。

「ふ」から始まる「名《なまえ》」

ふ

ふん
ふあ
ふい
ふう
ふえ
ふお
ふか
ふき
ふく
ふけ
ふこ
ふが
ふぎ
ふぐ
ふげ

「フ」という一音だけの名前は少ないかも知れませんが、「フウ」とか「フー」など、伸ばした場合と、「フン」は同じく一音とみなします。ただし、「フーフー」「フ・フ」「フンフン」などと繰り返せば、二音と見ます。「夫婦」などと表記される場合も、実際に呼ばれる音声で判断します。

「フ」は「壬音」で「薬師如来」の音声であり、競争力を人に感じさせ、積極的、不退転、争いを好む、などのイメージにつながります。「フンフン」のように重なると、小凶格の「壬伏」を構成し、勝負に拘り、必要もないのに競いたがる、という象意があります。

「フア・フイ・フウ・フエ・フオ」

第一音が「壬音」、第二音が「戊音」ですから、「格局」を構成せず、特に悪い作用がありません。

「フィアット」「フィアレス」

「フカ・フキ・フク・フケ・フコ」

第一音が「壬音」、第二音は「甲音」ですから、「格局」を構成せず、特に悪い作用がありません。

ふご
ふさ
ふし
ふす
ふせ
ふそ
ふち
ふつ
ふた
ふて
ふと
ふざ
ふじ
ふず
ふぜ
ふぞ
ふぢ
ふづ
ふな
ふに

「フク＝福男・福子・福枝・福代」

「フガ・フギ・フグ・フゲ・フゴ」

第一音が「壬音」、第二音は「乙音」で、「格局」を構成せず、これといった作用効果がありません。

「フサ・フシ・フス・フセ・フソ・フチ・フツ」

第一音が「壬音」、第二音が「庚音」で、「格局」を構成せず、これといった作用効果がありません。

「フサオ＝林房雄・関口房朗」

「フタ・フテ・フト」

第一音が「壬音」、第二音が「丙音」で、「格局」を構成せず、これといった作用効果がありません。

「フザ・フジ・フズ・フヅ・フゼ・フゾ」

第一音が「壬音」、第二音が「辛音」で、組み合わせると「格局」にならず、特に良くも悪くもありません。

「フジオ＝赤塚不二夫・張富士夫・藤子不二雄」

ふぬ
ふね
ふの
ふは
ふひ
ふへ
ふほ
ふふ　凶
ふま　凶
ふみ　凶
ふむ　凶
ふめ　凶
ふも　凶
ふや　凶
ふゆ　凶
ふよ　凶
ふわ　凶
ふら　凶
ふり　凶
ふる　凶

「フナ・フニ・フヌ・フネ・フノ」

第一音が「壬音」、第二音が「丙音」で、「格局」を構成せず、これといった作用効果がありません。

「フネ＝磯野舟」

「フハ・フヒ・フヘ・フホ」

第一音が「壬音」、第二音が「甲音」で、組み合わせると、「格局」にならず大きな作用はありません。

「フフ・フマ・フミ・フム・フメ・フモ」壬伏＝凶格

第一音、第二音とも「壬音」で、小凶格の「壬伏」を構成し、勝負に拘り、必要もないのに競いたがる、という象意があります。

「フミ＝二階堂ふみ」「フミオ＝藤村富美男・渡辺文雄・南里文雄」「フミカ＝清水富美加」「フミコ＝林芙美子・円地文子・元谷芙美子」「フミノ＝木村文乃」「フミヨ＝小日向文世」

「フヤ・フユ・フヨ・フワ」壬反＝凶格

第一音が「壬音」、第二音は「己音」で、小凶格の「壬反」を構成し、何でも争いを避け、情に負ける。色情問題を起こす、という象意があります。

ふれ
ふろ
ふだ
ふで
ふど
ふば
ふび
ふぶ
ふべ
ふぼ
ふゔぁ
ふゔぃ
ふゔ
ふゔぇ
ふゔぉ
ふぱ
ふぴ
ふぷ
ふぺ
ふぽ

「フラ・フリ」

第一音が「壬音」、第二音が「丙音」で、「格局」を構成せず、これといった作用効果がありません。

「フェラーリ」「フィリーズ」

「フル・フレ・フロ・フダ・フデ・フド」

第一音が「丙音」、第二音は「丁音」で、組み合わせると「格局」にならず、大きな作用はありません。

「フバ・フビ・フブ・フベ・フボ・フヴ」「フパ・フピ・フプ・フペ・フポ」

いずれも第一音が「丙音」、第二音は「癸音」で、組み合わせると「格局」にならず、大きな作用はありません。

「へ」から始まる「名《なまえ》」

へ

へん
へあ
へい
へう
へえ
へお
へか
へき
へく
へけ
へこ
へが
へぎ
へぐ
へげ

「へ」という一音だけの名前は少ないかも知れませんが、「ヘエ」とか「へー」など、伸ばした場合と、「ヘン」は同じく一音とみなします。ただし、「へーへー」「へ・へ」「ヘンヘン」などと繰り返せば、二音と見ます。「辺辺」などと表記される場合も、実際に呼ばれる音声で判断します。

「へ」は「甲音」で「釈迦如来」の音声であり、高貴な印象を人に与え、高級、栄光、寛大、品位、などを感じさせ、目上の引き立てを得やすくなります。「ヘンヘン」のように重なっても、「格局」を構成せず、悪い作用がありません。

「ヘア・ヘイ・ヘウ・ヘエ・ヘオ」

第一音が「甲音」＝「釈迦如来」、第二音が「戊音」ですから「格局」を構成せず、特に悪い作用がありません。

「ヘカ・ヘキ・ヘク・ヘケ・ヘコ」

第一音、第二音とも「甲音」ですから、「格局」を構成せず、特に悪い作用がありません。

へご	凶
へさ	凶
へし	凶
へす	凶
へせ	凶
へそ	凶
へち	凶
へつ	凶
へた	吉
へて	吉
へと	吉
へざ	
へじ	
へず	
へぜ	
へぞ	
へぢ	
へづ	
へな	吉
へに	吉

「ヘガ・ヘギ・ヘグ・ヘゲ・ヘゴ」

第一音が「甲音」、第二音は「乙音」ですから「格局」を構成せず、これといった作用効果がありません。

「ヘサ・ヘシ・ヘス・ヘセ・ヘソ・ヘチ・ヘツ」飛宮＝凶格

第一音が「甲音」、第二音が「庚音」で、中凶格の「飛宮」を構成し、家の主人が死ぬ、目上を失う、という象意があります。

「ヘタ・ヘテ・ヘト」青龍返首＝吉格

第一音が「甲音」、第二音が「丙音」で、中吉格の「青龍返首」を構成し、目上の恩恵があり、身分地位が向上する、という象意があります。

「ヘザ・ヘジ・ヘズ・ヘヅ・ヘゼ・ヘゾ」

第一音が「甲音」、第二音が「辛音」で、組み合わせると「格局」にならず、特に良くも悪くもありません。

「ヘナ・ヘニ・ヘヌ・ヘネ・ヘノ」青龍返首＝吉格

第一音が「甲音」、第二音が「丙音」で、中吉格の「青龍返首」を構成し、目上の恩恵があり、身分地位が向上する、という象意があります。

へぬ　吉
へね　吉
への　吉
へは
へひ
へへ
へほ
へふ
へま
へみ
へむ
へめ
へも
へや
へゆ
へよ
へわ
へら　吉
へり　吉
へる

「へハ・へヒ・へへ・へホ」

第一音、第二音とも「甲音」で、組み合わせると、「格局」にならず大きな作用はありません。

「へフ・へマ・へミ・へム・へメ・へモ」

第一音が「甲音」、第二音が「壬音」で、組み合わせると「格局」にならず大きな作用はありません。

「へヤ・へユ・へヨ・へワ」

第一音が「甲音」、第二音は「己音」で、組み合わせると「格局」にならず、大きな作用はありません。

「へラ・へリ」青龍返首＝吉格

第一音が「甲音」、第二音が「丙音」で、中吉格の「青龍返首」を構成し、目上の恩恵があり、身分地位が向上する、という象意があります。

「へル・へレ・へロ・へダ・へデ・へド」

第一音が「甲音」、第二音は「丁音」で、組み合わせると「格局」にならず、大きな作用はありません。

へれ
へろ
へだ
へで
へど
へば
へび
へぶ
へべ
へぼ
へゔぁ
へゔぃ
へゔ
へゔぇ
へゔぉ
へぱ
へぴ
へぷ
へぺ
へぽ

「ヘバ・ヘビ・ヘブ・ヘベ・ヘボ・ヘヴ」「ヘパ・ヘピ・ヘプ・ヘペ・ヘポ」

いずれも第一音が「甲音」、第二音は「発音」で、組み合わせると「格局」にならず、大きな作用はありません。

「ほ」から始まる「名《なまえ》」

ほ

ほん
ほあ
ほい
ほう
ほえ
ほお
ほか
ほき
ほく
ほけ
ほこ
ほが
ほぎ
ほぐ
ほげ

「ホ」という一音だけの名前は少ないかも知れませんが、「ホウ」とか「ホー」など、伸ばした場合と、「ホン」は同じく一音とみなします。ただし、「ホーホー」「ホ・ホ」「ホンホン」などと繰り返せば、二音と見ます。「歩歩」などと表記される場合も、実際に呼ばれる音声で判断します。

「ホ」は「甲音」で「釈迦如来」の音声であり、高貴な印象を人に与え、高級、栄光、寛大、品位、などを感じさせ、目上の引き立てを得やすくなります。「ホンホン」のように重なっても、「格局」を構成せず、悪い作用がありません。

「ホア・ホイ・ホウ・ホエ・ホオ」

第一音が「甲音」＝「釈迦如来」、第二音が「戊音」ですから「格局」を構成せず、特に悪い作用がありません。

「ホカ・ホキ・ホク・ホケ・ホコ」

第一音、第二音とも「甲音」ですから、「格局」を構成せず、特に悪い作用がありません。

ほご
凶　ほさ
凶　ほし
凶　ほす
凶　ほせ
凶　ほそ
凶　ほち
凶　ほつ
吉　ほた
吉　ほて
吉　ほと
ほざ
ほじ
ほず
ほぜ
ほぞ
ほぢ
ほづ
吉　ほな
吉　ほに

「ホガ・ホギ・ホグ・ホゲ・ホゴ」

第一音が「甲音」、第二音は「乙音」で、「格局」を構成せず、これといった作用効果がありません。

「ホサ・ホシ・ホス・ホセ・ホソ・ホチ・ホツ」飛宮＝凶格

第一音が「甲音」、第二音が「庚音」で、中凶格の「飛宮」を構成し、家の主人が死ぬ、目上を失う、という象意があります。

「ホタ・ホテ・ホト」青龍返首＝吉格

第一音が「甲音」、第二音が「丙音」で、中吉格の「青龍返首」を構成し、目上の恩恵があり、身分地位が向上する、という象意があります。

「ホザ・ホジ・ホズ・ホヅ・ホゼ・ホゾ」

第一音が「甲音」、第二音が「辛音」で、組み合わせると「格局」にならず、特に良くも悪くもありません。

「ホナ・ホニ・ホヌ・ホネ・ホノ」青龍返首＝吉格

第一音が「甲音」、第二音が「丙音」で、中吉格の「青龍返首」を構成し、目上の恩恵があり、身分地位が向上する、という象意があります。

「ホナミ＝鈴木保奈美」

ほぬ　吉
ほね　吉
ほの　吉
ほは
ほひ
ほへ
ほほ
ほふ
ほま
ほみ
ほむ
ほめ
ほも
ほや
ほゆ
ほよ
ほわ
ほら　吉
ほり　吉
ほる

「ホハ・ホヒ・ホヘ・ホホ」

第一音、第二音とも「甲音」で、組み合わせると、「格局」にならず大きな作用はありません。

「ホフ・ホマ・ホミ・ホム・ホメ・ホモ」

第一音が「甲音」、第二音が「壬音」で、組み合わせると「格局」にならず大きな作用はありません。

「ホヤ・ホユ・ホヨ・ホワ」

第一音が「甲音」、第二音は「己音」で、組み合わせると「格局」にならず、大きな作用はありません。

「ホラ・ホリ」青龍返首＝吉格

第一音が「甲音」、第二音が「丙音」で、中吉格の「青龍返首」を構成し、目上の恩恵があり、身分地位が向上する、という象意があります。
「ホリエモン」

「ホル・ホレ・ホロ・ホダ・ホデ・ホド」

第一音が「甲音」、第二音は「丁音」で、組み合わせると「格局」にならず、大きな作用はありません。

ほれ
ほろ
ほだ
ほで
ほど
ほば
ほび
ほぶ
ほべ
ほぼ
ほゔぁ
ほゔぃ
ほゔ
ほゔぇ
ほゔぉ
ほぱ
ほぴ
ほぷ
ほぺ
ほぽ

「ホバ・ホビ・ホブ・ホベ・ホボ・ホヴ」「ホパ・ホピ・ホプ・ホペ・ホポ」

いずれも第一音が「甲音」、第二音は「発音」で、組み合わせると「格局」にならず、大きな作用はありません。

「ば・ぱ」から始まる「名《なまえ》」

ば・ぱ ゔぁ

ばん
ばあ
ばい
ばう
ばえ
ばお
ばか
ばき
ばく
ばけ
ばこ
ばが
ばぎ

「バ」という一音だけの名前は少ないかも知れませんが、「バア」とか「バー」など、伸ばした場合と、「バン」は同じく一音とみなします。ただし、「バーバー」「バ・バ」「バンバン」などと繰り返せば、二音と見ます。「婆」などと表記される場合も、実際に呼ばれる音声で判断します。「バ」は「発音」「虚空菩薩」の音声であり、消極性を人に感じさせ、うだつが上がらない、隠遁、ひきこもり、などのイメージにつながります。

「バンバン」などと重なると小凶格の「発伏」を構成し、動きたがらない、腰が重い、おたく、ひきこもり、などの象意があります。

「バア・バイ・バウ・バエ・バオ・ヴァイ・パア・パイ・パウ・パエ・パオ」

第一音が「発音」で、第二音が「戊音」で「格局」を構成せず、特に悪い作用はありません。

「バカ・バキ・バク・バケ・バコ・ヴァカ・パカ・パキ・パク・パケ・パコ」

第一音が「発音」で、第二音が「甲音」ですから、「格局」を構成せず、これといった作用効果がありません。

ばぐ
ばげ
ばご
ばさ　凶
ばし　凶
ばす　凶
ばせ　凶
ばそ　凶
ばち　凶
ばつ　凶
ばざ
ばじ
ばず
ばぜ
ばぞ
ばた
ばて
ばと
ばな
ばに

「バガ・バギ・バグ・バゲ・バゴ・ヴァガ・パガ・パギ・パグ・パゲ・パゴ」

第一音が「癸音」で、第二音が「乙音」で「格局」を構成せず、これといった作用効果がありません。

「バサ・バシ・バス・バセ・バソ・バチ・バツ・ヴァサ・パサ・パシ・パス・パセ・パソ・パチ・パツ」癸反＝凶格

第一音が「癸音」、第二音が「庚音」で、小凶格の「癸反」を構成し、根気や落ち着きがなく、物事を推し進められない。秘密が守れない、という象意があります。

「バショウ＝松尾芭蕉」「パセリ」「パソナ」

「バザ・バジ・バズ・バヅ・バゼ・バゾ・ヴァザ・パザ・パジ・パズ・パヅ・パゼ・パゾ」

第一音が「癸音」、第二音が「辛音」で「格局」を構成せず、これといった作用効果がありません。

「バタ・バテ・バト・ヴァタ・パタ・パテ・パト」

第一音が「癸音」、第二音が「丙音」で、「格局」を構成せず、これといった作用効果がありません。

ばぬ
ばね
ばの
ばは
ばひ
ばへ
ばほ
ばふ
ばま
ばみ
ばむ
ばめ
ばも
ばや
ばゆ
ばよ
ばわ
ばら
ばり
ばる

「バナ・バニ・バヌ・バネ・バノ・ヴァナ・パナ・パニ・パヌ・パネ・パノ」

第一音が「癸音」で、第二音が「丙音」で「格局」にならず、大きな作用はありません。

「パナソニック」

「バハ・バヒ・バヘ・バホ・ヴァハ・パハ・パヒ・パヘ・パホ」

第一音が「癸音」で、第二音が「甲音」で、組み合わせると「格局」にならず、大きな作用はありません。

「バフ・バマ・バミ・バム・バメ・バモ・ヴァマ・パフ・パマ・パミ・パム・パメ・パモ」

第一音が「癸音」、第二音が「壬音」で、「格局」にならず、大きな作用はありません。

「パフィー」

「バヤ・バユ・バヨ・バワ・ヴァヤ・パヤ・パユ・パヨ・パワ」

第一音が「癸音」、第二音は「己音」で、組み合わせると「格局」にならず、大きな作用はありません。

ばれ
ばろ
ばだ
ばで
ばど
凶 **ばば**
凶 **ばび**
凶 **ばぶ**
凶 **ばべ**
凶 **ばぼ**
凶 ばゔぁ
凶 ばゔぃ
凶 **ばゔ**
凶 ばゔぇ
凶 ばゔぉ
凶 **ばぱ**
凶 **ばぴ**
凶 **ばぷ**
凶 **ばぺ**
凶 **ばぽ**

「バラ・バリ・ヴィラ・パラ・パリ」

第一音が「発音」で、第二音が「丙音」で、「格局」にならず、大きな作用はありません。

「バル・バレ・バロ・バダ・バデ・バド・ヴァル・パル・パレ・パロ・パダ・パデ・パド」

第一音が「発音」、第二音は「丁音」で、「格局」にならず、大きな作用はありません。

「バドワイザー」「パルコ」

「ババ・バビ・バブ・バベ・バボ・バヴ」「ババ・バピ・バプ・バペ・バポ」発伏＝凶格

第一音、第二音とも「発音」で、小凶格の「発伏」を構成し、動きたがらない、腰が重い、おたく、ひきこもり、秘密主義、などの象意があります。

「バブ＝入浴剤」

「び・ぴ」から始まる「名《なまえ》」

び・ぴ
ゔぃ

びん
びあ
びい
びう
びえ
びお
びか
びき
びく
びけ
びこ
びが
びぎ

「ビ・ピ」という一音だけの名前は少ないかも知れませんが、「ビイ」とか「ピー」など、伸ばした場合と、「ピン」は同じく一音とみなします。ただし、「ビービー」「ぴ・ぴ」「ビンビン」などと繰り返せば、二音と見ます。「微々」などと表記される場合も、実際に呼ばれる音声で判断します。「ビ・ピ」は「発音」すなわち「虚空菩薩」の音声であり、消極性を人に感じさせ、うだつが上がらない、隠遁、ひきこもり、などのイメージにつながります。

「ビンビン」などと重なると小凶格の「発伏」を構成し、動きたがらない、腰が重い、おたく、ひきこもり、秘密主義、という象意があります。

「ビア・ビイ・ビウ・ビエ・ビオ・ヴィア・ピア・ピイ・ピウ・ピエ・ピオ」

第一音が「発音」、第二音が「戊音」で「格局」を構成せず、特に悪い作用はありません。

「ビカ・ビキ・ビク・ビケ・ビコ・ヴィカ・ピカ・ピキ・ピク・ピケ・ピコ」

第一音が「発音」、第二音が「甲音」ですから、「格局」を構成せず、これといった作用効果がありません。

「ピコ＝ピコ太郎」

びぐ
びげ
びご
びさ
びし
びす
びせ
びそ
びち
びつ
びざ
びじ
びず
びぜ
びぞ
びた
びて
びと
びな
びに

「ビガ・ビギ・ビグ・ビゲ・ビゴ・ヴィガ・ピガ・ピギ・ピグ・ピゲ・ピゴ」

第一音が「発音」、第二音が「乙音」で「格局」を構成せず、これといった作用効果がありません。

「ビサ・ビシ・ビス・ビセ・ビソ・ビチ・ビツ・ヴィサ・ピサ・ピシ・ピス・ピセ・ピソ・ピチ・ピツ」発反＝凶格

第一音が「発音」、第二音が「庚音」で、小凶格の「発反」を構成し、根気や落ち着きがなく、物事を推し進められない。秘密が洩れる、という象意があります。

「ビザ・ビジ・ビズ・ビヅ・ビゼ・ビゾ・ヴィザ・ピザ・ピジ・ピズ・ピヅ・ピゼ・ピゾ」

第一音が「発音」、第二音が「辛音」で「格局」を構成せず、これといった作用効果がありません。

「ビタ・ビテ・ビト・ヴィタ・ピタ・ピテ・ピト」

第一音が「発音」、第二音が「丙音」で、「格局」を構成せず、これといった作用効果がありません。

びぬ
びね
びの
びは
びひ
びへ
びほ
びふ
びま
びみ
びむ
びめ
びも
びや
びゆ
びよ
びわ
びら
びり
びる

「ビナ・ビニ・ビヌ・ビネ・ビノ・ヴァナ・ピナ・ピニ・ピヌ・ピネ・ピノ」

第一音が「発音」、第二音は「丙音」で「格局」にならず、大きな作用はありません。

「ビハ・ビヒ・ビヘ・ビホ・ヴィハ・ピハ・ピヒ・ピヘ・ピホ」

第一音が「発音」、第二音は「甲音」で、「格局」にならず、大きな作用はありません。

「ビフ・ビマ・ビミ・ビム・ビメ・ビモ・ヴィマ・ピフ・ピマ・ピミ・ピム・ピメ・ピモ」

第一音が「発音」、第二音が「壬音」で、「格局」にならず、大きな作用はありません。

「ビヤ・ビユ・ビヨ・ビワ・ヴィヤ・ピヤ・ピユ・ピヨ・ピワ」

第一音が「発音」、第二音は「己音」で、組み合わせると「格局」にならず、大きな作用はありません。

「ビラ・ビリ・ヴィラ・ピラ・ピリ」

第一音が「発音」、第二音が「丙音」で、「格局」にならず、大きな作用はありません。

凶　**びれ**
凶　**びろ**
凶　**びだ**
凶　**びで**
凶　**びど**
凶　**びば**
凶　**びび**
凶　**びぶ**
凶　**びべ**
凶　**びぼ**
凶　びゔぁ
凶　びゔぃ
凶　**びゔ**
凶　びゔぇ
凶　びゔぉ
凶　**びぱ**
凶　**びぴ**
凶　**びぷ**
凶　**びぺ**
凶　**びぽ**

「ビル・ビレ・ビロ・ビダ・ビデ・ビド・ヴィル・ピル・ピレ・ピロ・ピダ・ピデ・ピド」

第一音が「癸音」、第二音は「丁音」で、「格局」にならず、大きな作用はありません。

「ビバ・ビビ・ビブ・ビベ・ビボ・ビヴ」「ビパ・ビピ・ビプ・ビペ・ビポ」

癸伏＝凶格

第一音、第二音とも「癸音」で、小凶格の「癸伏」を構成し、動きたがらない、腰が重い、おたく、ひきこもり、秘密主義、という象意があります。

「ビバホーム」

「ぶ・ぷ」から始まる「名《なまえ》」

ぶ・ぷ

う

ぶん
ぶあ
ぶい
ぶう
ぶえ
ぶお
ぶか
ぶき
ぶく
ぶけ
ぶこ
ぶが
ぶぎ

「ブ・プ」という一音だけの名前は少ないかも知れませんが、「ブウ」とか「ブー」など、伸ばした場合と、「プン」は同じく一音とみなします。ただし、「ブーブー」「プ・プ」「ブンブン」などと繰り返せば、二音と見ます。「武武」などと表記される場合も、実際に呼ばれる音声で判断します。「ブ・プ」は「発音」すなわち「虚空菩薩」の音声であり、消極性を人に感じさせ、うだつが上がらない、隠遁、ひきこもり、などのイメージにつながります。

「ブンブン」などと重なると小凶格の「発伏」を構成し、動きたがらない、腰が重い、おたく、ひきこもり、秘密主義、という象意があります。

「ブア・ブイ・ブウ・ブエ・ブオ・ヴイ・プア・プイ・プウ・プエ・プオ」

第一音が「発音」、第二音は「戊音」で「格局」を構成せず、特に悪い作用はありません。

「ブカ・ブキ・ブク・ブケ・ブコ・ヴカ・プカ・プキ・プク・プケ・プコ」

第一音が「発音」、第二音は「甲音」ですから、「格局」を構成せず、これといった作用効果がありません。

ぶぐ
ぶげ
ぶご
ぶさ　凶
ぶし　凶
ぶす　凶
ぶせ　凶
ぶそ　凶
ぶち　凶
ぶつ　凶
ぶざ
ぶじ
ぶず
ぶぜ
ぶぞ
ぶた
ぶて
ぶと
ぶな
ぶに

「ブガ・ブギ・ビグ・ブゲ・ブゴ・ヴィガ・プガ・プギ・プグ・プゲ・プゴ」

第一音が「発音」、第二音は「乙音」で「格局」を構成せず、これといった作用効果がありません。

「ブサ・ブシ・ブス・ブセ・ブソ・ブチ・ブツ・ヴサ・プサ・プシ・プス・プセ・プソ・プチ・プツ」発反＝凶格

第一音が「発音」、第二音が「庚音」で、小凶格の「発反」を構成し、根気や落ち着きがなく、物事を推し進められない。秘密が洩れる、という象意があります。

「ブザ・ブジ・ブズ・ブヅ・ブゼ・ブゾ・ヴザ・プザ・プジ・プズ・プヅ・プゼ・プゾ」

第一音が「発音」、第二音が「辛音」で「格局」を構成せず、これといった作用効果がありません。

「ブタ・ブテ・ブト・ヴタ・プタ・プテ・プト」

第一音が「発音」、第二音が「丙音」で、「格局」を構成せず、これといった作用効果がありません。

ぶぬ
ぶね
ぶの
ぶは
ぶひ
ぶへ
ぶほ
ぶふ
ぶま
ぶみ
ぶむ
ぶめ
ぶも
ぶや
ぶゆ
ぶよ
ぶわ
ぶら
ぶり
ぶる

「ブナ・ブニ・ブヌ・ブネ・ブノ・ヴナ・プナ・プニ・プヌ・プネ・プノ」

第一音が「発音」、第二音は「丙音」で「格局」にならず、大きな作用はありません。

「ブハ・ブヒ・ブヘ・ブホ・ヴハ・プハ・プヒ・プヘ・プホ」

第一音が「発音」、第二音は「甲音」で、「格局」にならず、大きな作用はありません。

「ブフ・ブマ・ブミ・ブム・ブメ・ブモ・ヴマ・プフ・プマ・プミ・プム・プメ・プモ」

第一音が「発音」、第二音が「壬音」で、「格局」にならず、大きな作用はありません。

「ブヤ・ブユ・ブヨ・ブワ・ヴヤ・プヤ・プユ・プヨ・プワ」

第一音が「発音」、第二音は「己音」で、組み合わせると「格局」にならず、大きな作用はありません。

「ブラ・ブリ・ヴラ・プラ・プリ」

第一音が「発音」、第二音は「丙音」で、「格局」にならず、大きな作用はありません。

ぶれ
ぶろ
ぶだ
ぶで
ぶど
凶　ぶば
凶　ぶび
凶　ぶぶ
凶　ぶべ
凶　ぶぼ
凶　ぶゔぁ
凶　ぶゔぃ
凶　ぶゔ
凶　ぶゔぇ
凶　ぶゔぉ
凶　ぶぱ
凶　ぶぴ
凶　ぶぷ
凶　ぶぺ
凶　ぶぽ

「ブル・ブレ・ブロ・ブダ・ブデ・ブド・ヴル・プル・プレ・プロ・プダ・プデ・プド」

第一音が「発音」、第二音も「丁音」で、「格局」にならず、大きな作用はありません。

「ブバ・ブビ・ブブ・ブベ・ブボ・ブヴ」「プパ・プピ・ププ・プペ・プポ」

発伏＝凶格

第一音、第二音とも「発音」で、小凶格の「発伏」を構成し、動きたがらない、腰が重い、おたく、ひきこもり、秘密主義、という象意があります。

「ぼ・ぽ」から始まる「名《なまえ》」

ぼ・ぽ
ゔぉ
ぼん
ぼあ
ぼい
ぼう
ぼえ
ぼお
ぼか
ぼき
ぼく
ぼけ
ぼこ
ぼが
ぼぎ

「ぼ・ぽ」という一音だけの名前は少ないかも知れませんが、「ボウ」とか「ボー」など、伸ばした場合と、「ボン」は同じく一音とみなします。ただし、「ボー」「ポ・ポ」「ボンボン」などと繰り返せば、二音と見ます。「茫々」などと表記される場合も、実際に呼ばれる音声で判断します。「ボ・ポ」は「発音」すなわち「虚空菩薩」の音声であり、消極性を人に感じさせ、うだつが上がらない、隠遁、ひきこもり、などのイメージにつながります。

「ボンボン」などと重なると小凶格の「発伏」を構成し、動きたがらない、腰が重い、おたく、ひきこもり、秘密主義、という象意があります。

「ボア・ボイ・ボウ・ボエ・ボオ・ヴォイ・ポア・ポイ・ポウ・ポエ・ポオ」

第一音が「発音」、第二音は「戊音」で「格局」を構成せず、特に悪い作用はありません。

「ボカ・ボキ・ボク・ボケ・ボコ・ヴォカ・ポカ・ポキ・ポク・ポケ・ポコ」

第一音が「発音」、第二音は「甲音」ですから、「格局」を構成せず、これといった作用効果がありません。

ぼぐ
ぼげ
ぼご
凶 ぼさ
凶 ぼし
凶 ぼす
凶 ぼせ
凶 ぼそ
凶 ぼち
凶 ぼつ
ぼざ
ぼじ
ぼず
ぼぜ
ぼぞ
ぼた
ぼて
ぼと
ぼな
ぼに

「ボガ・ボギ・ボグ・ボゲ・ボゴ・ヴォガ・ポガ・ポギ・ポグ・ポゲ・ポゴ」

第一音が「癸音」、第二音は「乙音」で「格局」を構成せず、これといった作用効果がありません。

「ボサ・ボシ・ボス・ボセ・ボソ・ボチ・ボツ・ヴォサ・ポサ・ポシ・ポス・ポセ・ポソ・ポチ・ポツ」癸反＝凶格

第一音が「癸音」、第二音が「庚音」で、小凶格の「癸反」を構成し、根気や落ち着きがなく、物事を推し進められない。秘密が洩れる、という象意があります。

「ボザ・ボジ・ボズ・ボヅ・ボゼ・ボゾ・ヴォザ・ポザ・ポジ・ポズ・ポヅ・ポゼ・ポゾ」

第一音が「癸音」、第二音が「辛音」で「格局」を構成せず、これといった作用効果がありません。

「ボタ・ボテ・ボト・ヴォタ・ポタ・ポテ・ポト」

第一音が「癸音」、第二音が「丙音」で、「格局」を構成せず、これといった作用効果がありません。

ぼぬ
ぼね
ぼの
ぼは
ぼひ
ぼへ
ぼほ
ぼふ
ぼま
ぼみ
ぼむ
ぼめ
ぼも
ぼや
ぼゆ
ぼよ
ぼわ
ぼら
ぼり
ぼる

「ボナ・ボニ・ボヌ・ボネ・ボノ・ヴォナ・ポナ・ポニ・ポヌ・ポネ・ポノ」

第一音が「癸音」、第二音は「丙音」で「格局」にならず、大きな作用はありません。

「ボハ・ボヒ・ボヘ・ボホ・ヴォハ・ポハ・ポヒ・ポヘ・ポホ」

第一音が「癸音」、第二音は「甲音」で、「格局」にならず、大きな作用はありません。

「ボフ・ボマ・ボミ・ボム・ボメ・ボモ・ヴォマ・ポフ・ポマ・ポミ・ポム・ポメ・ポモ」

第一音が「癸音」、第二音が「壬音」で、「格局」にならず、大きな作用はありません。

「ボヤ・ボユ・ボヨ・ボワ・ヴォヤ・ポヤ・ポユ・ポヨ・ポワ」

第一音が「癸音」、第二音は「己音」で、組み合わせると「格局」にならず、大きな作用はありません。

「ボラ・ボリ・ヴォラ・ポラ・ポリ」

第一音が「癸音」、第二音は「丙音」で、「格局」にならず、大きな作用はありません。

凶　**ぼれ**
凶　**ぼろ**
凶　**ぼだ**
凶　**ぼで**
凶　**ぼど**
凶　**ぼば**
凶　**ぼび**
凶　**ぼぶ**
凶　**ぼべ**
凶　**ぼぼ**
凶　ぼゔぁ
凶　ぼゔぃ
凶　**ぼゔ**
凶　ぼゔぇ
凶　ぼゔぉ
凶　**ぼぱ**
凶　**ぼぴ**
凶　**ぼぷ**
凶　**ぼぺ**
凶　**ぼぽ**

「ポーラ化粧品」

「ボル・ボレ・ボロ・ボダ・ボデ・ボド・ヴォル・ポル・ポレ・ポロ・ポダ・ポデ・ポド」

第一音が「発音」、第二音は「丁音」で、「格局」にならず、大きな作用はありません。

「ボバ・ボビ・ボブ・ボベ・ボボ・ヴォバ」「ポパ・ポピ・ポプ・ポペ・ポポ」

発伏＝凶格

第一音、第二音とも「発音」で、小凶格の「発伏」を構成し、動きたがらない、腰が重い、おたく、ひきこもり、秘密主義、という象意があります。

「ポピー＝車にポピー」

「ま」から始まる「名《なまえ》」

ま

まん
まあ
まい
まう
まえ
まお
まか
まき
まく
まけ
まこ
まが
まぎ
まぐ
まげ

「マ」という一音だけの名前は少ないかも知れませんが、「マア」とか「マー」など、伸ばした場合と、「マン」は同じく一音とみなします。ただし、「マーマー」「マ・マ」「マンマン」などと繰り返せば、二音と見ます。「真真」などと表記される場合も、実際に呼ばれる音声で判断します。

「マ」は「壬音」で「薬師如来」の音声であり、競争力を人に感じさせ、積極的、不退転、争いを好む、などのイメージにつながります。「マンマン」のように重なると、小凶格の「壬伏」を構成し、勝負に拘り、必要もないのに競いたがる、という象意があります。「壬伏」にならない場合でも、「マ」から始まる音声の名前は、勝負に拘る女性に多いものです。

「マア・マイ・マウ・マエ・マオ」

第一音が「壬音」、第二音が「戊音」ですから、「格局」を構成せず、特に悪い作用がありません。

「マイ＝浅田舞・倉木麻衣・里田まい」「マイコ＝いとうまい子・川上麻衣子・菊池麻衣子」「マオ＝浅田真央・大地真央・小林麻央・井上真央・佐伯眞魚」

まご まさ まし ます ませ まそ まち まつ また まて まと まざ まじ まず まぜ まぞ まぢ まづ まな まに

「マカ・マキ・マク・マケ・マコ」

第一音が「壬音」、第二音は「甲音」で、「格局」を構成せず、特に悪い作用がありません。

「マキ＝カルメンマキ・浅川マキ・川村真樹・後藤真希・堀北真希・水野真紀・坂井真紀・田丸麻紀」「マキコ＝江角マキコ・田中真紀子・内舘牧子」「マコト＝藤田まこと・和田誠・北野誠」

「マガ・マギ・マグ・マゲ・マゴ」

第一音が「壬音」、第二音は「乙音」で「格局」を構成せず、これといった作用効果がありません。

「マサ・マシ・マス・マセ・マソ・マチ・マツ」

第一音が「壬音」、第二音は「庚音」で「格局」を構成しませんが、勝負強い人が多く、家庭生活を顧みない傾向があります。

「マサオ＝足立正生・石坂まさを・大場政夫・小倉昌雄・草刈正雄・古賀政男・小松政夫・千昌夫・丸山眞男」「マサアキ＝内野聖陽・堺正章・立原正秋・中山正暉・平尾昌晃」「マサシ＝尾崎将司・さだまさし・田代まさし」「マサキ＝上田正樹・神田正輝・京本政樹・小林正樹・菅田将暉」「マサコ＝和泉雅子・大屋政子・夏目雅子・北条政子・森昌子・小和田雅子・もたいまさこ・戸川昌子」「マサタカ＝逸見政孝・窪田正孝」「マサト＝堺雅人・子門真人・萩原聖人・魔裟斗・

まぬ
まね
まの
まは
まひ
まへ
まほ
まふ　凶
まま　凶
まみ　凶
まむ　凶
まめ　凶
まも　凶
まや　凶
まゆ　凶
まよ　凶
まわ　凶
まら
まり
まる

山田雅人・吉井理人・吉永正人」「マサトシ＝中村雅俊・浜田雅功」「マサノブ＝辻政信」「マサノリ＝畑正憲」「マサハル＝後藤田正晴・福山雅治」「マサヒコ＝近藤真彦・津川雅彦・西村雅彦・原田雅彦・森昌彦」「マサヒロ＝桑名正博・田中将大・中居正広・マキノ雅弘・本木雅弘・安岡正篤・東出昌大」「マサヤ＝沖雅也」「マサユキ＝掛布雅之・鈴木雅之・森雅之・湯原昌幸・渡辺正行」「マサル＝池井優・井深大・金子勝・土居まさる・花田勝」「マサヨシ＝大平正芳・鶴岡雅義・山崎まさよし」「マスミ＝岡田眞澄・桑田真澄・春川ますみ・宮崎ますみ」「マチコ＝尾野真千子・京マチ子・里中満智子・長谷川町子」

「マザ・マジ・マズ・マヅ・マゼ・マゾ」

第一音が「壬音」、第二音が「辛音」で、「格局」にならず、良くも悪くもありません。

「マナ・マニ・マヌ・マネ・マノ」

第一音が「壬音」、第二音が「丙音」で、「格局」を構成せず、これといった作用効果がありません。
「マナミ＝比嘉愛未・本上まなみ・小西真奈美」

「マハ・マヒ・マヘ・マホ」

第一音が「壬音」、第二音が「甲音」で「格局」にならず大きな作用はありま

まれ
まろ
まだ
まで
まど
まば
まび
まぶ
まべ
まぼ
まゔぁ
まゔぃ
まゔ
まゔぇ
まゔぉ
まぱ
まぴ
まぷ
まぺ
まぽ

せん。

「マホ＝とよた真帆・野波麻帆」

「マフ・ママ・マミ・マム・マメ・マモ」壬伏＝凶格

第一音、第二音とも「壬音」で、小凶格の「壬伏」を構成し、勝負に拘り、必要もないのに競いたがる、という象意があります。

「マミ＝熊谷真実・野村真美・山瀬まみ・小山茉美」「マモル＝毛利衛・重光葵・佐々木守・佐村河内守」

「マヤ・マユ・マヨ・マワ」壬反＝凶格

第一音が「壬音」、第二音は「己音」で、小凶格の「壬反」を構成し、何でも争いを避け、情に負ける。色情問題を起こす、という象意があります。

「マヤ＝小林麻耶・林マヤ・さくらまや・吉田麻也」「マユ＝鶴田真由・松岡茉優」「マユコ＝岩佐真悠子・高田万由子」「マユミ＝五輪真弓・小川真由美・若村麻由美」「マヨ＝庄野真代・岡本真夜・川崎麻世・涼風真世」

「マタ・マテ・マト・マラ・マリ」

第一音が「壬音」、第二音が「丙音」で、「格局」を構成せず、これといった作用効果がありません。

「マリ＝園まり・夏木マリ・濱田マリ・関根麻里・矢口真里・星野真里」「マリ

ア＝安西マリア」

「マル・マレ・マロ・マダ・マデ・マド」

第一音が「壬音」、第二音は「丁音」で、「格局」にならず、大きな作用はありません。

「マルシア」「マドカ＝黛まどか・美加マドカ」

「マバ・マビ・マブ・マベ・マボ・マヴ」「マパ・マピ・マプ・マペ・マポ」

第一音が「壬音」、第二音は「発音」で、「格局」にならず、大きな作用はありません。

「み」から始まる「名《なまえ》」

み

みん
みあ
みい
みう
みえ
みお
みか
みき
みく
みけ
みこ
みが
みぎ
みぐ
みげ

「み」という一音だけの名前は少ないかも知れませんが、「ミイ」とか「ミー」など、伸ばした場合と、「ミン」は同じく一音とみなします。ただし、「ミーミー」「ミ・ミ」「ミンミン」などと繰り返せば、二音と見ます。「眠眠」などと表記される場合も、実際に呼ばれる音声で判断します。

「み」は「壬音」で「薬師如来」の音声であり、競争力を人に感じさせ、積極的、不退転、争いを好む、などのイメージにつながります。「ミンミン」のように重なると、小凶格の「壬伏」を構成し、勝負に拘り、必要もないのに競いたがる、という象意があります。

「壬伏」にならない場合でも、「ミ」から始まる音声の名前は、勝負に拘る女性に多いものです。

「ミア・ミイ・ミウ・ミエ・ミオ」

第一音が「壬音」、第二音が「戊音」ですから、「格局」を構成せず、特に悪い作用がありません。

「ミエ＝中尾ミエ・浜美枝・山口美江」「ミエコ＝小山内美江子・金井美恵子・見城美枝子・高峰三枝子・原田美枝子・弘田三枝子・牧村三枝子・結城美栄子」

「ミオ＝高樹澪」

みご
みさ
みし
みす
みせ
みそ
みち
みつ
みた
みて
みと
みざ
みじ
みず
みぜ
みぞ
みぢ
みづ
みな
みに

「ミカ・ミキ・ミク・ミケ・ミコ」

第一音が「壬音」、第二音は「甲音」で、「格局」を構成せず、特に悪い作用がありません。

「ミカ＝三船美佳・中島美嘉・アンミカ」「ミキ＝安藤美姫」「ミク＝初音ミク」「ミコ＝弘田三枝子」

「ミガ・ミギ・ミグ・ミゲ・ミゴ」

第一音が「壬音」、第二音は「乙音」で「格局」を構成せず、これといった作用効果がありません。

「ミサ・ミシ・ミス・ミセ・ミソ・ミチ・ミツ」

第一音が「壬音」、第二音が「庚音」ですから「格局」を構成しませんが、各界で活躍する人が多く、家庭生活は顧みない傾向があります。

「ミサ＝渡辺美佐・城之内ミサ・清水美沙」「ミサキ＝伊東美咲」「ミサコ＝紺野美沙子」「ミサト＝渡辺美里・田中美里」「ミチオ＝宮城道雄・山上路夫・渡辺美智雄・佐藤道郎」「ミチコ＝荒木道子・木原光知子・河合美智子・樺美智子・嵯峨三智子・清水ミチコ・並木路子・正田美智子・羽田美智子・吉永みち子」「ミチヨ＝梓みちよ・新珠三千代・木暮実千代・那珂通世」「ミチル＝城みちる」「ミツオ＝相田みつを・浜田光夫」「ミツキ＝高畑充希・谷村美月」「ミツコ＝草笛光子・倍賞美津子・中村美律子・森光子・水戸光子・丘みつ子」「ミツル＝やくみ

みぬ
みね
みの
みは
みひ
みへ
みほ
みふ　凶
みま　凶
みみ　凶
みむ　凶
みめ　凶
みも　凶
みや　凶
みゆ　凶
みよ　凶
みわ　凶
みら
みり
みる

つる・花田満・平田満・吹越満・あだち充」

「ミタ・ミテ・ミト」

第一音が「壬音」、第二音が「丙音」で、「格局」を構成せず、これといった作用効果がありません。

「ミザ・ミジ・ミズ・ミヅ・ミゼ・ミゾ」

第一音が「壬音」、第二音が「辛音」で「格局」にならず、特に良くも悪くもありません。

「ミズキ＝野口みずき・山本美月」「ミズホ＝福島瑞穂」

「ミナ・ミニ・ミヌ・ミネ・ミノ」

第一音が「壬音」、第二音は「丙音」で、「格局」を構成せず、これといった作用効果がありません。

「ミナ＝青江三奈・長島三奈」「ミナコ＝本田美奈子・田中美奈子・小向美奈子」「ミナミ＝安田南」「ミネコ＝能町みね子・西川峰子」「ミノ＝みのもんた」「ミノル＝遠藤実・源田実」

「ミハ・ミヒ・ミヘ・ミホ」

第一音が「壬音」、第二音が「甲音」で、「格局」にならず大きな作用はありま

みれ
みろ
みだ
みで
みど
みば
みび
みぶ
みべ
みぼ
みゔぁ
みゔぃ
みゔ
みゔぇ
みゔぉ
みぱ
みぴ
みぷ
みぺ
みぽ

せん。
「ミホ＝菅野美穂・高木美保・中山美穂・中井美穂・高木美帆」

「ミフ・ミマ・ミミ・ミム・ミメ・ミモ」壬伏＝凶格

第一音、第二音とも「壬音」で、小凶格の「壬伏」を構成し、勝負に拘り、必要もないのに競いたがる、という象意があります。
「ミミ＝日吉ミミ」

「ミヤ・ミユ・ミヨ・ミワ」壬反＝凶格

第一音が「壬音」、第二音は「己音」で、小凶格の「壬反」を構成し、何でも争いを避け、情に負ける。色情問題を起こす、などの象意があります。
「ミヤ＝お宮貫一」「ミヤコ＝大月みやこ」「ミユキ＝石本美由起・井森美幸・大島美幸・小野みゆき・川中美幸・松田美由紀・宮部みゆき」「ミヨコ＝浅田美代子・大桃美代子」「ミワ＝高田美和・吉田美和」

「ミラ・ミリ」

第一音が「壬音」、第二音が「丙音」で、「格局」を構成せず、これといった作用効果がありません。
「ミライ＝志田未来」「ミリ＝岡田美里」「ミリヤ＝加藤ミリヤ」

「ミル・ミレ・ミロ・ミダ・ミデ・ミド」

第一音が「壬音」、第二音は「丁音」で、「格局」にならず、大きな作用はありません。

「ミレイ＝北原ミレイ」「ミドリ＝加藤みどり・五月みどり・木内みどり・五嶋みどり・中川緑・萩尾みどり・畠山みどり・宮崎緑」

「ミバ・ミビ・ミブ・ミベ・ミボ・ミヴ」「ミパ・ミピ・ミプ・ミペ・ミポ」

第一音が「壬音」、第二音は「癸音」で、組み合わせると「格局」にならず、大きな作用はありません。

「ミポリン＝中山美穂」

「む」から始まる「名《なまえ》」

む

むん　むあ　むい　むう　むえ　むお　むか　むき　むく　むけ　むこ　むが　むぎ　むぐ　むげ

「ム」という一音だけの名前は少ないかも知れませんが、「ムウ」とか「ムー」など、伸ばした場合と、「ムン」は同じく一音とみなします。ただし、「ムームー」「ム・ム」「ムンムン」などと繰り返せば、二音と見ます。「夢夢」などと表記される場合も、実際に呼ばれる音声で判断します。

「ム」は「壬音」で「薬師如来」の音声であり、競争力を人に感じさせ、積極的、不退転、争いを好む、などのイメージにつながります。「ムンムン」のように重なると、小凶格の「壬伏」を構成し、勝負に拘り、必要もないのに競いたがる、という象意があります。

「壬伏」にならない場合でも、「ム」から始まる音声の名前は、勝負に拘る女性に多いものです。

「ムア・ムイ・ムウ・ムエ・ムオ」

第一音が「壬音」、第二音が「戊音」ですから、「格局」を構成せず、特に悪い作用がありません。

「ムー＝金崎夢生」

むご
むさ
むし
むす
むせ
むそ
むち
むつ
むた
むて
むと
むざ
むじ
むず
むぜ
むぞ
むぢ
むづ
むな
むに

「ムカ・ムキ・ムク・ムケ・ムコ」

第一音が「壬音」、第二音は「甲音」ですから、「格局」を構成せず、特に悪い作用がありません。

「ムガ・ムギ・ムグ・ムゲ・ムゴ」

第一音が「壬音」で、第二音は「乙音」ですから「格局」を構成せず、これといった作用効果がありません。

「ムサ・ムシ・ムス・ムセ・ムソ・ムチ・ムツ」

第一音が「壬音」、第二音が「庚音」ですから「格局」を構成せず、これといった作用効果がありません。

「ムサシ」「ムツゴロウ」「ムツミ」

「ムタ・ムテ・ムト」

第一音が「壬音」、第二音が「丙音」で、「格局」を構成せず、これといった作用効果がありません。

「ムザ・ムジ・ムズ・ムヅ・ムゼ・ムゾ」

第一音が「壬音」、第二音が「辛音」で、組み合わせると「格局」にならず、特に良くも悪くもありません。

むぬ
むね
むの
むは
むひ
むへ
むほ
むふ　凶
むま　凶
むみ　凶
むむ　凶
むめ　凶
むも　凶
むや　凶
むゆ　凶
むよ　凶
むわ　凶
むら
むり
むる

「ムナ・ムニ・ムヌ・ムネ・ムノ」

第一音が「壬音」、第二音が「丙音」で、「格局」を構成せず、これといった作用効果がありません。

「ムハ・ムヒ・ムヘ・ムホ」

第一音が「壬音」、第二音が「甲音」で、組み合わせると、「格局」にならず大きな作用はありません。

「ムフ・ムマ・ムミ・ムム・ムメ・ムモ」壬伏＝凶格

第一音、第二音とも「壬音」で、小凶格の「壬伏」を構成し、勝負に拘り、必要もないのに競いたがる、という象意があります。

「ムヤ・ムユ・ムヨ・ムワ」壬反＝凶格

第一音が「壬音」、第二音は「己音」で、小凶格の「壬反」を構成し、何でも争いを避け、情に負ける。色情問題を起こす、という象意があります。

「ムラ・ムリ」

第一音が「壬音」、第二音が「丙音」で、「格局」を構成せず、これといった作用効果がありません。

むれ
むろ
むだ
むで
むど
むば
むび
むぶ
むべ
むぼ
むゔぁ
むゔぃ
むゔ
むゔぇ
むゔぉ
むぱ
むぴ
むぷ
むぺ
むぽ

「ムル・ムレ・ムロ・ムダ・ムデ・ムド」

第一音が「壬音」、第二音は「丁音」で、組み合わせると「格局」にならず、大きな作用はありません。

「ムバ・ムビ・ムブ・ムベ・ムボ・ムヴ」「ムパ・ムピ・ムプ・ムペ・ムポ」

いずれも第一音が「壬音」、第二音は「癸音」で、組み合わせると「格局」にならず、大きな作用はありません。

「め」から始まる「名《なまえ》」

め

めん
めあ
めい
めう
めえ
めお
めか
めき
めく
めけ
めこ
めが
めぎ
めぐ
めげ

「メ」という一音だけの名前は少ないかも知れませんが、「メー」とか「メエ」など、伸ばした場合と、「メン」は同じく一音とみなします。ただし、「メーメー」「メ・メ」「メンメン」などと繰り返せば、二音と見ます。「目目」などと表記される場合も、実際に呼ばれる音声で判断します。

「メ」は「壬音」で「薬師如来」の音声であり、競争力を人に感じさせ、積極的、不退転、争いを好む、などのイメージにつながります。「メンメン」のように重なると、小凶格の「壬伏」を構成し、勝負に拘り、必要もないのに競いたがる、という象意があります。

「壬伏」にならない場合でも、「メ」から始まる音声の名前は、勝負に拘る女性に多いものです。

「メア・メイ・メウ・メエ・メオ」

第一音が「壬音」、第二音が「戊音」ですから、「格局」を構成せず、特に悪い作用がありません。

「メイコ＝中村メイコ・梶芽衣子」「メイサ＝黒木メイサ」「メイジ＝橋本明治・Ｍａｙ.ｊ」

めご
めさ
めし
めす
めせ
めそ
めち
めつ
めた
めて
めと
めざ
めじ
めず
めぜ
めぞ
めぢ
めづ
めな
めに

「メカ・メキ・メク・メケ・メコ」

第一音が「壬音」、第二音は「甲音」ですから、「格局」を構成せず、特に悪い作用がありません。

「メガ・メギ・メグ・メゲ・メゴ」

第一音が「壬音」、第二音は「乙音」ですから「格局」を構成せず、これといった作用効果がありません。

「メグミ＝奥菜恵・横山めぐみ」

「メサ・メシ・メス・メセ・メソ・メチ・メツ」

第一音が「壬音」、第二音が「庚音」ですから「格局」を構成せず、これといった作用効果がありません。

「メタ・メテ・メト」

第一音が「壬音」、第二音が「丙音」で、「格局」を構成せず、これといった作用効果がありません。

「メザ・メジ・メズ・メヅ・メゼ・メゾ」

第一音が「壬音」、第二音が「辛音」で、組み合わせると「格局」にならず、特に良くも悪くもありません。

めぬ
めね
めの
めは
めひ
めへ
めほ
めふ　凶
めま　凶
めみ　凶
めむ　凶
めめ　凶
めも　凶
めや　凶
めゆ　凶
めよ　凶
めわ　凶
めら
めり
める

「メナ・メニ・メヌ・メネ・メノ」

第一音が「壬音」、第二音が「丙音」で、「格局」を構成せず、これといった作用効果がありません。

「メハ・メヒ・メヘ・メホ」

第一音が「壬音」、第二音が「甲音」で、組み合わせると、「格局」にならず大きな作用はありません。

「メフ・メマ・メミ・メム・メメ・メモ」壬伏＝凶格

第一音、第二音とも「壬音」で、小凶格の「壬伏」を構成し、勝負に拘り、必要もないのに競いたがる、という象意があります。

「メヤ・メユ・メヨ・メワ」壬反＝凶格

第一音が「壬音」、第二音は「己音」で、小凶格の「壬反」を構成し、何でも争いを避け、情に負ける、色情問題を起こす。などの象意があります。

「メラ・メリ」

第一音が「壬音」、第二音が「丙音」で、「格局」を構成せず、これといった作用効果がありません。

「メリー喜多川」

めれ
めろ
めだ
めで
めど
めば
めび
めぶ
めべ
めぼ
めゔぁ
めゔぃ
めゔ
めゔぇ
めゔぉ
めぱ
めぴ
めぷ
めぺ
めぽ

「メル・メレ・メロ・メダ・メデ・メド」

第一音が「壬音」、第二音は「丁音」で、組み合わせると「格局」にならず、大きな作用はありません。

「メロ＝今井メロ」

「メバ・メビ・メブ・メベ・メボ・メヴ」「メパ・メピ・メプ・メペ・メポ」

いずれも第一音が「壬音」、第二音は「癸音」で、組み合わせると「格局」にならず、大きな作用はありません。

「も」から始まる「名《なまえ》」

も

もん　もあ　もい　もう　もえ　もお　もか　もき　もく　もけ　もこ　もが　もぎ　もぐ　もげ

「モ」という一音だけの名前は少ないかも知れませんが、「モウ」とか「モー」など、伸ばした場合と、「モン」は同じく一音とみなします。ただし、「モーモー」「モ・モ」「モンモン」などと繰り返せば、二音と見ます。「紋々」などと表記される場合も、実際に呼ばれる音声で判断します。

「モ」は「壬音」で「薬師如来」の音声であり、競争力を人に感じさせ、積極的、不退転、争いを好む、などのイメージにつながります。「モンモン」のように重なると、小凶格の「壬伏」を構成し、勝負に拘り、必要もないのに競いたがる、という象意があります。

「壬伏」にならない場合でも、「ム」から始まる音声の名前は、勝負に拘る女性に多いものです。

「モア・モイ・モウ・モエ・モオ」

第一音が「壬音」、第二音が「戊音」ですから、「格局」を構成せず、特に悪い作用がありません。

「モエ＝押切もえ・山口もえ」

もご
もさ
もし
もす
もせ
もそ
もち
もつ
もた
もて
もと
もざ
もじ
もず
もぜ
もぞ
もぢ
もづ
もな
もに

「モカ・モキ・モク・モケ・モコ」

第一音が「壬音」、第二音は「甲音」ですから、「格局」を構成せず、特に悪い作用がありません。

「モガ・モギ・モグ・モゲ・モゴ」

第一音が「壬音」、第二音は「乙音」ですから「格局」を構成せず、これといった作用効果がありません。

「モサ・モシ・モス・モセ・モソ・モチ・モツ」

第一音が「壬音」、第二音が「庚音」ですから「格局」を構成せず、これといった作用効果がありません。

「モタ・モテ・モト」

第一音が「壬音」、第二音が「丙音」で、「格局」を構成せず、これといった作用効果がありません。

「モザ・モジ・モズ・モヅ・モゼ・モゾ」

第一音が「壬音」、第二音が「辛音」で、組み合わせると「格局」にならず、特に良くも悪くもありません。

もぬ
もね
もの
もは
もひ
もへ
もほ
凶 もふ
凶 もま
凶 もみ
凶 もむ
凶 もめ
凶 もも
凶 もや
凶 もゆ
凶 もよ
凶 もわ
もら
もり
もる

「モナ・モニ・モヌ・モネ・モノ」

第一音が「壬音」、第二音が「丙音」で、「格局」を構成せず、これといった作用効果がありません。

「モナ＝山本モナ」「モネ＝上白石萌音」

「モハ・モヒ・モヘ・モホ」

第一音が「壬音」、第二音が「甲音」で、組み合わせると、「格局」にならず大きな作用はありません。

「モフ・モマ・モミ・モム・モメ・モモ」壬伏＝凶格

第一音、第二音とも「壬音」で、小凶格の「壬伏」を構成し、勝負に拘り、必要もないのに競いたがる、という象意があります。

「モモ＝いいだもも」「モモエ＝山口百恵」「モモコ＝菊池桃子・河内桃子」

「モヤ・モユ・モヨ・モワ」壬反＝凶格

第一音が「壬音」、第二音は「己音」で、小凶格の「壬反」を構成し、何でも争いを避け、情に負ける。色情問題を起こす、などの象意があります。

「モラ・モリ」

第一音が「壬音」、第二音が「丙音」で、「格局」を構成せず、これといった作

もれ　もろ　もだ　もで　もど　もば　もび　もぶ　もべ　もぼ　もゔぁ　もゔぃ　**もゔ**　もゔぇ　もゔぉ　**もぱ　もぴ　もぷ　もぺ　もぽ**

用効果がありません。

「モリオ＝北杜夫・風間杜夫・あがた森魚」

「モル・モレ・モロ・モダ・モデ・モド」

第一音が「壬音」、第二音は「丁音」で、組み合わせると「格局」にならず、大きな作用はありません。

「モバ・モビ・モブ・モベ・モボ・モヴ」「モパ・モピ・モプ・モペ・モポ」

いずれも第一音が「壬音」、第二音は「発音」で、組み合わせると「格局」にならず、大きな作用はありません。

「や」から始まる「名《なまえ》」

や

やん
やあ
やい
やう
やえ
やお
やか
やき
やく
やけ
やこ
やが
やぎ
やぐ
やげ

「ヤという一音だけの名前は少ないかも知れませんが、「ヤア」とか「ヤー」など、伸ばした場合と、「ヤン」は同じく一音とみなします。ただし、「ヤーヤー」「ヤ・ヤ」「ヤンヤン」などと繰り返せば、二音と見ます。「矢矢」などと表記される場合も、実際に呼ばれる音声で判断します。

「ヤ」は「己音」で「文殊菩薩」の音声であり、従順さを人に感じさせ、要領が悪い、騙される、カモにされる、支配される、などのイメージにつながります。「ヤンヤン」のように重なると、小凶格の「己伏」を構成し、色情に溺れる、何でも言いなりになる、苛められる、という象意があります。

「ヤア・ヤイ・ヤウ・ヤエ・ヤオ」

第一音が「己音」、第二音が「戊音」ですから、「格局」を構成せず、特に悪い作用がありません。

「ヤイコ＝矢井田瞳」「ヤエコ＝水谷八重子・塩月弥栄子」「ヤオハン」

「ヤカ・ヤキ・ヤク・ヤケ・ヤコ」

第一音が「己音」、第二音は「甲音」ですから、「格局」を構成せず、特に悪い作用がありません。

やご　やさ　やし　やす　やせ　やそ　やち　やつ　やた　やて　やと　やざ　やじ　やず　やぜ　やぞ　やぢ　やづ　やな　やに

「ヤガ・ヤギ・ヤグ・ヤゲ・ヤゴ」

第一音が「己音」、第二音は「乙音」ですから「格局」を構成せず、これといった作用効果がありません。

「ヤサ・ヤシ・ヤス・ヤセ・ヤソ・ヤチ・ヤツ」

第一音が「己音」、第二音が「庚音」ですから「格局」を構成せず、これといった作用効果がありません。

「ヤスオ＝田中康夫・大地康雄・田辺靖雄・福田康夫・降旗康男・山田康雄・内田康夫」「ヤスコ＝阿川泰子・沢口靖子・富田靖子・内藤やす子・原田康子・松雪泰子・長嶺ヤス子」「ヤスシ＝横山やすし・小野やすし・明石康・秋元康・井上靖」「ヤスヒロ＝中曽根康弘・山下泰裕」「ヤスユキ＝宮脇康之」

「ヤタ・ヤテ・ヤト」

第一音が「己音」、第二音が「丙音」で、「格局」を構成せず、これといった作用効果がありません。

「ヤタロウ＝岩崎弥太郎」

「ヤザ・ヤジ・ヤズ・ヤヅ・ヤゼ・ヤゾ」

第一音が「己音」、第二音が「辛音」で、組み合わせると「格局」にならず、特に良くも悪くもありません。

やぬ
やね
やの
やは
やひ
やへ
やほ
やふ　凶
やま　凶
やみ　凶
やむ　凶
やめ　凶
やも　凶
やや　凶
やゆ　凶
やよ　凶
やわ　凶
やら
やり
やる

「ヤザワ＝矢沢永吉」

「ヤナ・ヤニ・ヤヌ・ヤネ・ヤノ」

第一音が「己音」、第二音が「丙音」で、「格局」を構成せず、これといった作用効果がありません。

「ヤナセ（車ディーラー）」

「ヤハ・ヤヒ・ヤヘ・ヤホ」

第一音が「己音」、第二音が「甲音」で、組み合わせると、「格局」にならず大きな作用はありません。

「ヤフ・ヤマ・ヤミ・ヤム・ヤメ・ヤモ」己反＝凶格

第一音が「己音」、第二音は「壬音」で、小凶格の「己反」を構成し、柔軟性を欠き無用の争いを起こす、という象意があります。

「ヤマチャン＝山里亮太」

「ヤヤ・ヤユ・ヤヨ・ヤワ」己伏＝凶格

第一音、第二音とも「己音」で、小凶格の「己伏」を構成し、色情に溺れる、何でも言いなりになる、苛められる、という象意があります。

「ヤヨイ＝草間弥生」→弥は弓へんで攻撃的な文字であり己伏の象意とは矛盾し

やれ
やろ
やだ
やで
やど
やば
やび
やぶ
やべ
やぼ
やゔぁ
やゔぃ
やゔ
やゔぇ
やゔぉ
やぱ
やぴ
やぷ
やぺ
やぽ

ます。

「ヤラ・ヤリ」

第一音が「己音」、第二音が「丙音」で、「格局」を構成せず、これといった作用効果がありません。

「ヤル・ヤレ・ヤロ・ヤダ・ヤデ・ヤド」

第一音が「己音」、第二音は「丁音」で、組み合わせると「格局」にならず、大きな作用はありません。

「ヤバ・ヤビ・ヤブ・ヤベ・ヤボ・ヤヴ」「ヤパ・ヤピ・ヤプ・ヤペ・ヤポ」

いずれも第一音が「己音」、第二音は「癸音」で、組み合わせると「格局」にならず、大きな作用はありません。

「ゆ」から始まる「名《なまえ》」

ゆ

ゆん
ゆあ
ゆい
ゆう
ゆえ
ゆお
ゆか
ゆき
ゆく
ゆけ
ゆこ
ゆが
ゆぎ
ゆぐ
ゆげ

「ユ」という一音だけの名前は少ないかも知れませんが、「ユウ」とか「ユー」など、伸ばした場合と、「ユン」は同じく一音とみなします。ただし、「ユーユー」「ユ・ユ」「ユンユン」などと繰り返せば、二音と見ます。「悠々」などと表記される場合も、実際に呼ばれる音声で判断します。

「ユ」は「己音」で「文殊菩薩」の音声であり、従順さを人に感じさせ、要領が悪い、騙される、カモにされる、支配される、などのイメージにつながります。「ユンユン」のように重なると、小凶格の「己伏」を構成し、色情に溺れる、何でも言いなりになる、苛められる、という象意があります。

「ユア・ユイ・ユウ・ユエ・ユオ」

第一音が「己音」、第二音は「戊音」で「格局」を構成せず、特に悪い作用がありません。

「ユア＝新川優愛」「ユイ＝浅香唯・新垣結衣・上地結衣・夏川結衣」「ユウ＝阿久悠・蒼井優・早見優・山田優・滝田ゆう」「ユウイチ＝福永祐一・木村祐一」「ユウカ＝野村佑香・優香」「ユウコ＝浅野ゆう子・有森裕子・安藤優子・小倉優子・竹内結子・田中裕子・名取裕子・浜木綿子・笛木優子・望月優子」「ユウジ＝大野雄二・織田裕二・古関裕而・田中裕二・三宅裕司・綾部祐二」「ユウヤ＝

ゆご
ゆさ
ゆし
ゆす
ゆせ
ゆそ
ゆち
ゆつ
ゆた
ゆて
ゆと
ゆざ
ゆじ
ゆず
ゆぜ
ゆぞ
ゆぢ
ゆづ
ゆな
ゆに

内田裕也」「ユー＝ＹＯＵ・ダルビッシュ有」

「ユカ・ユキ・ユク・ユケ・ユコ」

第一音が「己音」、第二音は「甲音」で「格局」を構成せず、特に悪い作用がありません。

「ユカ＝大西結花・亀渕友香・小牧ユカ」「ユカリ＝伊東ゆかり・金子由香利」「ユキ＝内田有紀・岡崎友紀・小倉遊亀・葛城ユキ・岸ユキ・小柳ゆき・斉藤由貴・兵藤ゆき・松下由樹」「ユーキ＝天海祐希・大儀見優季・工藤夕貴・斎藤佑樹・目黒祐樹」「ユキエ＝仲間由紀恵・酒井ゆきえ」「ユキオ＝青島幸男・尾崎行雄・戸川幸夫・蜷川幸雄・橋幸夫・鳩山由紀夫・三島由紀夫」「ユキコ＝岡田有希子・清水由貴子・轟夕起子・花井幸子・三宅雪子」「ユキヒロ＝高橋幸宏・西崎幸広」

「ユガ・ユギ・ユグ・ユゲ・ユゴ」

第一音が「己音」、第二音は「乙音」ですから「格局」を構成せず、これといった作用効果がありません。

「ユサ・ユシ・ユス・ユセ・ユソ・ユチ・ユツ」

第一音が「己音」、第二音は「庚音」で「格局」を構成せず、これといった作用効果がありません。

ゆぬ
ゆね
ゆの
ゆは
ゆひ
ゆへ
ゆほ
凶　ゆふ
凶　ゆま
凶　ゆみ
凶　ゆむ
凶　ゆめ
凶　ゆも
凶　ゆや
凶　ゆゆ
凶　ゆよ
凶　ゆわ
ゆら
ゆり
ゆる

「ユースケ＝ユースケサンタマリア・吉永祐介・青柳裕介」

「ユタ・ユテ・ユト」

第一音が「己音」、第二音が「丙音」で、「格局」を構成せず、これといった作用効果がありません。

「ユタカ＝江夏豊・武豊・福本豊・埴谷雄高・水谷豊・山川豊」

「ユザ・ユジ・ユズ・ユヅ・ユゼ・ユゾ」

第一音が「己音」、第二音が「辛音」で、「格局」にならず、特に良くも悪くもありません。

「ユーゾー＝加山雄三・川島雄三・グッチ裕三・佐伯祐三」

「ユナ・ユニ・ユヌ・ユネ・ユノ」

第一音が「己音」、第二音が「丙音」で、「格局」を構成せず、これといった作用効果がありません。

「ユハ・ユヒ・ユヘ・ユホ」

第一音が「己音」、第二音が「甲音」で、組み合わせると、「格局」にならず大きな作用はありません。

ゆれ
ゆろ
ゆだ
ゆで
ゆど
ゆば
ゆび
ゆぶ
ゆべ
ゆぼ
ゆゔぁ
ゆゔぃ
ゆゔ
ゆゔぇ
ゆゔぉ
ゆぱ
ゆぴ
ゆぷ
ゆぺ
ゆぽ

「ユフ・ユマ・ユミ・ユム・ユメ・ユモ」己反＝凶格

第一音が「己音」、第二音は「壬音」で、小凶格の「己反」を構成し、柔軟性を欠き無用の争いを起こす、という象意があります。

「ユフイン＝湯布院温泉」「ユマ＝中村由真」「ユーミン＝荒井由美」「ユミ＝伊藤ユミ・多岐川裕美・松任谷由実」「ユミコ＝有働由美子・九重佑三子・鮫島有美子・釈由美子・野川由美子」「ユメジ＝月丘夢路」

「ユヤ・ユユ・ユヨ・ユワ」己伏＝凶格

第一音、第二音とも「己音」で、小凶格の「己伏」を構成し、色情に溺れる、何でも言いなりになる、苛められる、などの象意があります。

「ユーユ＝岩井由紀子」

「ユラ・ユリ」

第一音が「己音」、第二音が「丙音」で、「格局」を構成せず、これといった作用効果がありません。

「ユリ＝蛯原友里・白川ゆり・中江有里・松本友里・三井ゆり・ユリゲラー」「ユーリ＝大沢悠里・勇利アルバチャコフ」「ユリエ＝二谷友里恵」「ユリコ＝吉高由里子・小池百合子・星由里子・宮本百合子・石田ゆり子」

「ユル・ユレ・ユロ・ユダ・ユデ・ユド」

第一音が「己音」、第二音は「丁音」で、「格局」にならず、大きな作用はありません。

「ユーダイ＝千葉雄大」

「ユバ・ユビ・ユブ・ユベ・ユボ・ユヴ」「ユパ・ユピ・ユプ・ユペ・ユポ」

いずれも第一音が「己音」、第二音は「癸音」で、組み合わせると「格局」にならず、大きな作用はありません。

「よ」から始まる「名《なまえ》」

よ

よん
よあ
よい
よう
よえ
よお
よか
よき
よく
よけ
よこ
よが
よぎ
よぐ
よげ

「ヨ」という一音だけの名前は少ないかも知れませんが、「ヨウ」とか「ヨー」など、伸ばした場合と、「ヨン」は同じく一音とみなします。ただし、「ヨーヨー」「ヨ・ヨ」「ヨンヨン」などと繰り返せば、二音と見ます。「世々」などと表記される場合も、実際に呼ばれる音声で判断します。

「ヨ」は「己音」で「文殊菩薩」の音声であり、従順さを人に感じさせ、要領が悪い、騙される、カモにされる、支配される、などのイメージにつながります。「ヨンヨン」のように重なると、小凶格の「己伏」を構成し、色情に溺れる、何でも言いなりになる、苛められる、という象意があります。

「ヨア・ヨイ・ヨウ・ヨエ・ヨオ」

第一音が「己音」、第二音が「戊音」で「格局」を構成せず、特に悪い作用がありません。

「ヨーイチ＝東陽一・崔洋一・前田陽一・舛添要一・菅原洋一」「ヨウ＝吉田羊」「ヨウコ＝山本陽子・森下洋子・南田洋子・南野陽子・夏樹陽子・内藤洋子・司葉子・高橋洋子・島田楊子・今陽子・岸洋子・阿木燿子・浅茅陽子・小野洋子」

よご
よさ
よし
よす
よせ
よそ
よち
よつ
よた
よて
よと
よざ
よじ
よず
よぜ
よぞ
よぢ
よづ
よな
よに

「ヨカ・ヨキ・ヨク・ヨケ・ヨコ」

第一音が「己音」、第二音は「甲音」で「格局」を構成せず、特に悪い作用がありません。

「ヨーコ＝ヨーコ・オノ」

「ヨガ・ヨギ・ヨグ・ヨゲ・ヨゴ」

第一音が「己音」、第二音は「乙音」で「格局」を構成せず、これといった作用効果がありません。

「ヨサ・ヨシ・ヨス・ヨセ・ヨソ・ヨチ・ヨツ」

第一音が「己音」、第二音が「庚音」で「格局」を構成せず、大きな作用がありません。

「ヨサブロウ＝与三郎」「ヨシエ＝市毛良枝・内海好江・柏原芳恵・平淑恵・藤原義江・堀田善衛・水谷良重」「ヨシアキ＝堤義明・足利義昭」「ヨシオ＝赤尾好夫・大石良雄・児玉誉士夫・小島よしお・白井義男・田端義夫・原田芳雄・吉田義男」「ヨシカズ＝蛭子能収・白川義員」「ヨシキ＝yoshiki・岩間芳樹・日高義樹」「ヨシコ＝音羽美子・石井好子・岡田嘉子・香山美子・川島芳子・佐久間良子・櫻井よしこ・中田喜子・三浦徳子・三田佳子・山口淑子」「ヨシタカ＝南佳孝」「ヨシノブ＝三宅義信・高橋由伸」「ヨシノリ＝小林よしのり・もんたよしのり」「ヨシヒコ＝井ノ原快彦・大槻義彦・野田佳彦・宮内義彦」「ヨシヒロ＝甲斐

よぬ
よね
よの
よは
よひ
よへ
よほ
凶　よふ
凶　よま
凶　よみ
凶　よむ
凶　よめ
凶　よも
凶　よや
凶　よゆ
凶　よよ
凶　よわ
よら
より
よる

よしひろ」「ヨシミ＝岩崎良美・芦川よしみ・臼井吉見・竹内好・天童よしみ・渡辺喜美」「ヨシユキ＝神津善行・三宅義行」

「ヨタ・ヨテ・ヨト」

第一音が「己音」、第二音が「丙音」で、「格局」を構成せず、これといった作用効果がありません。

「ヨザ・ヨジ・ヨズ・ヨヅ・ヨゼ・ヨゾ」

第一音が「己音」、第二音が「辛音」で、組み合わせると「格局」にならず、特に良くも悪くもありません。

「ヨナ・ヨニ・ヨヌ・ヨネ・ヨノ」

第一音が「己音」、第二音が「丙音」で、「格局」を構成せず、これといった作用効果がありません。

「ヨネ＝神尾米」

「ヨハ・ヨヒ・ヨヘ・ヨホ」

第一音が「己音」、第二音が「甲音」で、組み合わせると、「格局」にならず大きな作用はありません。

よれ
よろ
よだ
よで
よど
よば
よび
よぶ
よべ
よぼ
よゔぁ
よゔぃ
よゔ
よゔぇ
よゔぉ
よぱ
よぴ
よぷ
よぺ
よぽ

「ヨフ・ヨマ・ヨミ・ヨム・ヨメ・ヨモ」己反＝凶格

第一音が「己音」、第二音は「壬音」で、小凶格の「己反」を構成し、柔軟性を欠き無用の争いを起こす、という象意があります。

「ヨヤ・ヨユ・ヨヨ・ヨワ」己伏＝凶格

第一音、第二音とも「己音」で、小凶格の「己伏」を構成し、色情に溺れる、何でも言いなりになる、苛められる、などの象意があります。

「ヨラ・ヨリ」

第一音が「己音」、第二音が「丙音」で、「格局」を構成せず、これといった作用効果がありません。

「ヨル・ヨレ・ヨロ・ヨダ・ヨデ・ヨド」

第一音が「己音」、第二音は「丁音」で、組み合わせると「格局」にならず、大きな作用はありません。

「ヨバ・ヨビ・ヨブ・ヨベ・ヨボ・ヨヴ」「ヨパ・ヨピ・ヨプ・ヨペ・ヨポ」

いずれも第一音が「己音」、第二音は「癸音」で、組み合わせると「格局」にならず、大きな作用はありません。

「ら」から始まる「名《なまえ》」

ら

吉 らん
吉 らあ
吉 らい
吉 らう
吉 らえ
吉 らお
吉 らか
吉 らき
吉 らく
吉 らけ
吉 らこ
らが
らぎ
らぐ
らげ

「ラ」という一音だけの名前は少ないかも知れませんが、「ラア」とか「ラー」など、伸ばした場合と、「ラン」は同じく一音とみなします。ただし、「ラーラー」「ラ・ラ」「ランラン」などと繰り返せば、二音と見ます。「LALA」などと表記される場合も、実際に呼ばれる音声で判断します。「ラ」は「丙音」で「大日如来」の音声であり、力強さを人に感じさせ、現実的、実行力、経済力、統率力、などのイメージにつながります。

ただし、「ランラン」のように重なると、小凶格の「月伏」を構成し、力でごり押しする。利益優先に過ぎる。守銭奴になる、という象意があります。

「ラン」

「ラン＝伊藤蘭」

「ラア・ライ・ラウ・ラエ・ラオ」月奇得使＝吉格

第一音が「丙音」、第二音が「戊音」で、中吉格の「月奇得使」を構成し、財源を開拓し、出費を抑えて蓄財する、という象意があります。

らご
凶 らさ
凶 らし
凶 らす
凶 らせ
凶 らそ
凶 らち
凶 らつ
らざ
らじ
らず
らぜ
らぞ
らぢ
らづ
凶 らた
凶 らて
凶 らと
凶 らな
凶 らに

「ラカ・ラキ・ラク・ラケ・ラコ」飛鳥跌穴＝吉格

第一音が「丙音」、第二音が「甲音」で、中吉格の「飛鳥跌穴」を構成し、いつも棚ボタ式に利益が得られる、という象意があります。

「ラクタロウ＝三遊亭楽太郎」

「ラガ・ラギ・ラグ・ラゲ・ラゴ」

第一音が「丙音」、第二音は「乙音」で「格局」を構成せず、これといった作用効果がありません。

「ラサ・ラシ・ラス・ラセ・ラソ・ラチ・ラツ」熒惑入白＝凶格

第一音が「丙音」で「大日如来」の「吉音」ですが、第二音が「庚音」で、中凶格の「熒惑入白」を構成し、強引なやり方のために、入るべき利益を他人に盗られる、という象意があります。

「ラザ・ラジ・ラズ・ラヂ・ラヅ・ラゼ・ラゾ」

第一音が「丙音」、第二音は「辛音」で、組み合わせると「格局」にならず、特に良くも悪くもありません。

「ラタ・ラテ・ラト」月伏＝凶格

第一音、第二音ともに「丙音」で小凶格の「月伏」を構成し、力でごり押しす

凶　らぬ
凶　らね
凶　らの
吉　らは
吉　らひ
吉　らへ
吉　らほ
らふ
らま
らみ
らむ
らめ
らも
らや
らゆ
らよ
らわ
凶　らら
凶　らり
らる

る。利益優先に過ぎる。守銭奴になる、という象意があります。

「ラナ・ラニ・ラヌ・ラネ・ラノ」月伏＝凶格

第一音、第二音ともに「丙音」で小凶格の「月伏」を構成し、力でごり押しする。利益優先に過ぎる。守銭奴になる、という象意があります。

「ラハ・ラヒ・ラヘ・ラホ」飛鳥跌穴＝吉格

第一音が「丙音」、第二音が「甲音」で、組み合わせると、中吉格の「飛鳥跌穴」を構成し、いつも棚ボタ式に利益が得られる、という象意があります。

「ラフ・ラマ・ラミ・ラム・ラメ・ラモ」

第一音が「丙音」、第二音が「壬音」で、組み合わせると「格局」にならず大きな作用はありません。

「ラモ＝中島らも・ラモス瑠偉」

「ラヤ・ラユ・ラヨ・ラワ」

第一音が「丙音」、第二音は「己音」で、組み合わせると「格局」にならず、大きな作用はありません。

られ
らろ
らだ
らで
らど
らば
らび
らぶ
らべ
らぼ
らゔぁ
らゔぃ
らゔ
らゔぇ
らゔぉ
らぱ
らぴ
らぷ
らぺ
らぽ

「ララ・ラリ」月伏＝凶格

第一音、第二音ともに「丙音」で小凶格の「月伏」を構成し、力でごり押しする。利益優先に過ぎる。守銭奴になる、という象意があります。

「ラル・ラレ・ラロ・ラダ・ラデ・ラド」

第一音が「丙音」、第二音は「丁音」で、組み合わせると「格局」にならず、大きな作用はありません。

「ラバ・ラビ・ラブ・ラベ・ラボ・ラヴ」「ラパ・ラピ・ラプ・ラペ・ラポ・ラポ」

第一音が「丙音」、第二音は「癸音」で、組み合わせると「格局」にならず、大きな作用はありません。

「り」から始まる「名《なまえ》」

り

吉　りん
吉　りあ
吉　りい
吉　りう
吉　りえ
吉　りお
吉　りか
吉　りき
吉　りく
吉　りけ
吉　りこ
りが
りぎ
りぐ
りげ

「リ」という一音だけの名前は少ないかも知れませんが、「リイ」とか「リー」など、伸ばした場合と、「リン」は同じく一音とみなします。ただし、「リーリー」「リ・リ」「リンリン」などと繰り返せば、二音と見ます。「凛々」などと表記される場合も、実際に呼ばれる音声で判断します。「リ」は「丙音」で「大日如来」の音声であり、力強さを人に感じさせ、現実的、実行力、経済力、統率力、などのイメージにつながります。

ただし、「リンリン」のように重なると、小凶格の「月伏」を構成し、力でごり押しする。利益優先に過ぎる。守銭奴になる、という象意があります。

「リア・リイ・リウ・リエ・リオ」月奇得使＝吉格

第一音が「丙音」、第二音が「戊音」で、中吉格の「月奇得使」を構成し、財源を開拓し、出費を抑えて蓄財する、という象意があります。

「リュウ＝芥川龍之介・村上龍・橋本龍太郎・河村隆一」「リョウ＝池辺良・加川良・半村良・飛鳥涼・加藤諒」「リョウコ＝小沢遼子・国仲涼子・坂口良子・佐野量子・篠原涼子・谷亮子・中野良子・遊井亮子・米倉涼子」「リョウイチ＝池上遼一・笹川良一・服部良一」「リョウスケ＝入江陵介」「リョウマ＝竹内涼真」「リエ＝宮沢りえ・中原理恵・ともさかりえ・柴田理恵・田中理恵」「リエコ

りご
凶 りさ
凶 りし
凶 りす
凶 りせ
凶 りそ
凶 りち
凶 りつ
りざ
りじ
りず
りぜ
りぞ
りぢ
りづ
凶 りた
凶 りて
凶 りと
凶 りな
凶 りに

＝西原理恵子・残間里江子」「リオ＝山下リオ」

「リカ・リキ・リク・リケ・リコ」飛鳥跌穴＝吉格

第一音が「丙音」、第二音が「甲音」で、中吉格の「飛鳥跌穴」を構成し、いつも棚ボタ式に利益が得られる、という象意があります。

「リカ＝足立梨花・香山リカ・三浦リカ」「リキ＝力道山・竹内力・安岡力也」

「リコ＝東尾理子」

「リガ・リギ・リグ・リゲ・リゴ」

第一音が「丙音」、第二音が「乙音」で「格局」を構成せず、これといった作用効果がありません。

「リサ・リシ・リス・リセ・リソ・リチ・リツ」熒惑入白＝凶格

第一音が「丙音」で「大日如来」の「吉音」ですが、第二音が「庚音」で、中凶格の「熒惑入白」を構成し、強引なやり方のために、入るべき利益を他人に盗られる、という象意があります。

「リサ＝秋川リサ・後藤理沙・純名里沙・須藤理彩・綿矢りさ」「リツ＝伊藤律」

「リツコ＝中山律子・田中律子」

凶　りぬ
凶　りね
凶　りの
吉　りは
吉　りひ
吉　りへ
吉　りほ
りふ
りま
りみ
りむ
りめ
りも
りや
りゆ
りよ
りわ
凶　りら
凶　りり
りる

「リザ・リジ・リズ・リヂ・リヅ・リゼ・リゾ」

第一音が「丙音」、第二音は「辛音」で、組み合わせると「格局」にならず、特に良くも悪くもありません。

「リタ・リテ・リト」月伏＝凶格

第一音、第二音ともに「丙音」で小凶格の「月伏」を構成し、力でごり押しする。利益優先に過ぎる。守銭奴になる、という象意があります。

「リナ・リニ・リヌ・リネ・リノ」月伏＝凶格

第一音、第二音ともに「丙音」で小凶格の「月伏」を構成し、力でごり押しする。利益優先に過ぎる。守銭奴になる、という象意があります。

「リナ＝内山理名・愛内里菜・松野莉奈・武田梨奈・川栄李奈」

「リハ・リヒ・リヘ・リホ」飛鳥跌穴＝吉格

第一音が「丙音」、第二音が「甲音」で、組み合わせると、中吉格の「飛鳥跌穴」を構成し、いつも棚ボタ式に利益が得られる、という象意があります。

「リヘエ＝天野屋利兵衛」「リホ＝牧瀬里穂・吉岡里帆」

「リフ・リマ・リミ・リム・リメ・リモ」

第一音が「丙音」、第二音が「壬音」で、組み合わせると「格局」にならず大

りれ
りろ
りだ
りで
りど
りば
りび
りぶ
りべ
りぼ
りゔぁ
りゔぃ
りゔ
りゔぇ
りゔぉ
りぱ
りぴ
りぷ
りぺ
りぽ

きな作用はありません。

「リヤ・リユ・リヨ・リワ」

第一音が「丙音」、第二音は「己音」で、「格局」にならず、大きな作用はありません。

「リラ・リリ」月伏＝凶格

第一音、第二音ともに「丙音」で小凶格の「月伏」を構成し、力でごり押しする。利益優先に過ぎる。守銭奴になる、という象意があります。

「リリー＝リリーフランキー、双子のリリーズ、リリィ」「リンリン・ランラン」

「リル・リレ・リロ・リダ・リデ・リド」

第一音が「丙音」、第二音は「丁音」で、組み合わせると「格局」にならず、大きな作用はありません。

「リバ・リビ・リブ・リベ・リボ・リヴ」「リパ・リピ・リプ・リペ・リポ・リポ」

第一音が「丙音」、第二音は「癸音」で、組み合わせると「格局」にならず、大きな作用はありません。

「る」から始まる「名《なまえ》」

る

るん
るあ
るい
るう
るえ
るお
るか
るき
るく
るけ
るこ
るが
るぎ
るぐ
るげ

「ル」という一音だけの名前は少ないかも知れませんが、「ルウ」とか「ルー」など、伸ばした場合と、「ルン」は同じく一音とみなします。ただし、「ルール」「ル・ル」「ルンルン」などと繰り返せば、二音と見ます。「縷々」などと表記される場合も、実際に呼ばれる音声で判断します。「ル」は「丁音」で「成就如来」の音声であり、派手さを人に感じさせ、目立つ、光り輝く、徒花、などのイメージにつながります。

「ルンルン」のように重なっても「伏吟」とはならず、これといった悪さがありません。

「ルア・ルイ・ルウ・ルエ・ルオ」

第一音が「丁音」、第二音は「戊音」で「格局」を構成せず、特に良い作用も悪い作用もありません。

「ルイ＝吉田類・吉田ルイ子」「ルイルイ＝太川陽介」「ルー大柴」

「ルカ・ルキ・ルク・ルケ・ルコ」

第一音が「丁音」、第二音は「甲音」で「格局」を構成せず、これといった作用効果がありません。

るご
るさ
るし
るす
るせ
るそ
るち
るつ
るざ
るじ
るず
るぜ
るぞ
るた
るて
ると
るな
るに
るぬ
るね

「ルガ・ルギ・ルグ・ルゲ・ルゴ」

第一音が「丁音」、第二音は「乙音」で「格局」を構成せず、これといった作用効果がありません。

「ルサ・ルシ・ルス・ルセ・ルソ・ルチ・ルツ」

第一音が「丁音」、第二音が「庚音」で、「格局」を構成せず、これといった作用効果がありません。

「ルザ・ルジ・ルズ・ルヅ・ルゼ・ルゾ」

第一音が「丁音」、第二音が「辛音」で「格局」を構成せず、これといった作用効果がありません。

「ルタ・ルテ・ルト」

第一音が「丁音」、第二音が「丙音」で、「格局」を構成せず、これといった作用効果がありません。

「ルナ・ルニ・ルヌ・ルネ・ルノ」

第一音が「丁音」、第二音が「丙音」で、組み合わせると、「格局」にならず、大きな作用はありません。

るの
るは
るひ
るへ
るほ
吉
るふ
吉
るま
吉
るみ
吉
るむ
吉
るも
るや
るゆ
るよ
るわ
るら
るり
るる
るれ
るろ
るだ

「ルハ・ルヒ・ルヘ・ルホ」

第一音、第二音は「甲音」で、組み合わせると「格局」にならず、大きな作用はありません。

「ルフ・ルマ・ルミ・ルム・ルメ・ルモ」星奇得使＝吉格

第一音が「丁音」、第二音が「壬音」で、中吉格の「星奇得使」を構成し、学問、名声を得られる。試験に合格する。他人を出し抜く、などの象意があります。

「ルミ＝榊原るみ・深津瑠美」「ルメール」

「ルヤ・ルユ・ルヨ・ルワ」

第一音が「丁音」、第二音は「己音」で、組み合わせると「格局」にならず、大きな作用はありません。

「ルラ・ルリ」

第一音が「丁音」、第二音が「丙音」で、「格局」にならず、大きな作用はありません。

「ルル・ルレ・ルロ・ルダ・ルデ・ルド」

第一音、第二音とも「丁音」で、「格局」にならず、大きな作用はありません。

るで
るど
凶 るば
凶 るび
凶 るぶ
凶 るべ
凶 るぼ
凶 るゔぁ
凶 るゔぃ
凶 るゔ
凶 るゔぇ
凶 るゔぉ
凶 るぱ
凶 るぴ
凶 るぷ
凶 るぺ
凶 るぽ

「ルバ・ルビ・ルブ・ルベ・ルボ・ルヴ」「ルパ・ルピ・ルプ・ルペ・ルポ」
朱雀投江＝凶格

第一音が「丁音」、第二音は「発音」で、中凶格の「朱雀投江」を構成し、成績が上がらない。試験に落ちる。文書の間違いがある、などの象意があります。

「れ」から始まる「名《なまえ》」

れ

れん
れあ
れい
れう
れえ
れお
れおな
れか
れき
れく
れけ
れこ
れが
れぎ
れぐ

「レ」という一音だけの名前は少ないかも知れませんが、「レウ」とか「レー」など、伸ばした場合と、「レン」は同じく一音とみなします。ただし、「レーレー」「レ・レ」「レンレン」などと繰り返せば、二音と見ます。「恋々」などと表記される場合も、実際に呼ばれる音声で判断します。「レ」は「丁音」で「成就如来」の音声であり、派手さを人に感じさせ、目立つ、光り輝く、徒花、などのイメージにつながります。

「レンレン」のように重なっても「伏吟」とはならず、これといった悪さがありません。

「レン」

「レン＝大杉漣・とまりれん」格局なし

「レア・レイ・レウ・レエ・レオ」

第一音が「丁音」、第二音は「戊音」ですから、「格局」を構成せず、特に良い作用も悪い作用もありません。

「レイ＝なかにし礼・檀れい・菊川怜・団令子・トリンドル玲奈」「レイカ＝宇津木麗華」「レイコ＝大原麗子・潮田玲子・高島礼子・湯川れい子」「レオ＝森本

レオ・江崎玲於奈」

「レカ・レキ・レク・レケ・レコ」

第一音が「丁音」、第二音は「甲音」ですから、「格局」を構成せず、これといった作用効果がありません。

「レガ・レギ・レグ・レゲ・レゴ」

第一音が「丁音」、第二音は「乙音」ですから、「格局」を構成せず、これといった作用効果がありません。

「レサ・レシ・レス・レセ・レソ・レチ・レツ」

第一音が「丁音」、第二音が「庚音」で、「格局」を構成せず、これといった作用効果がありません。

「レザ・レジ・レズ・レヅ・レゼ・レゾ」

第一音が「丁音」、第二音が「辛音」で「格局」を構成せず、これといった作用効果がありません。

「レタ・レテ・レト」

第一音が「丁音」、第二音が「丙音」で、「格局」を構成せず、これといった作

れね	
れの	
れは	
れひ	
れへ	
れほ	
れふ	吉
れま	吉
れみ	吉
れむ	吉
れめ	吉
れも	吉
れや	
れゆ	
れよ	
れわ	
れら	
れり	
れる	
れれ	

用効果がありません。

「レナ・レニ・レヌ・レネ・レノ」

第一音が「丁音」、第二音が「丙音」で、組み合わせると、「格局」にならず、大きな作用はありません。

「レナ＝田中麗奈・能年玲奈」

「レハ・レヒ・レヘ・レホ」

第一音が「丁音」、第二音は「甲音」で、組み合わせると「格局」にならず、大きな作用はありません。

「レンホウ＝蓮舫」

「レフ・レマ・レミ・レム・レメ・レモ」星奇得使＝吉格

第一音が「丁音」、第二音が「壬音」で、中吉格の「星奇得使」を構成し、学問、名声を得られる。試験に合格する。他人を出し抜く、などの象意があります。

「レミ＝平野レミ」「レモンチャン＝落合恵子」

「レヤ・レユ・レヨ・レワ」

第一音が「丁音」、第二音は「己音」で、組み合わせると「格局」にならず、大きな作用はありません。

凶 **れろ**
凶 **れだ**
凶 **れで**
凶 **れど**
凶 **れば**
凶 **れび**
凶 **れぶ**
凶 **れべ**
凶 **れぼ**
凶 れゔぁ
凶 れゔぃ
凶 **れゔ**
凶 れゔぇ
凶 れゔぉ
凶 **れぱ**
凶 **れぴ**
凶 **れぷ**
凶 **れぺ**
凶 **れぽ**

「レラ・レリ」

第一音が「丁音」、第二音が「丙音」で、「格局」にならず、大きな作用はありません。

「レル・レレ・レロ・レダ・レデ・レド」

第一音、第二音とも「丁音」で、「格局」にならず、大きな作用はありません。

「レバ・レビ・レブ・レベ・レボ・レヴ」「レパ・レピ・レプ・レペ・レポ」

朱雀投江＝凶格

第一音が「丁音」、第二音は「癸音」で、中凶格の「朱雀投江」を構成し、成績が上がらない。試験に落ちる。文書の間違いがある、などの象意があります。

「ろ」から始まる「名《なまえ》」

ろ

ろん　ろあ　ろい　ろう　ろえ　ろお　ろか　ろき　ろく　ろけ　ろこ　ろが　ろぎ　ろぐ　ろげ

「ロ」という一音だけの名前は少ないかも知れませんが、「ロウ」とか「ロー」など、伸ばした場合と、「ロン」は同じく一音とみなします。ただし、「ローロー」「ロ・ロ」「ロンロン」などと繰り返せば、二音と見ます。「論論」などと表記される場合も、実際に呼ばれる音声で判断します。「ロ」は「丁音」で「成就如来」の音声であり、派手さを人に感じさせ、目立つ、光り輝く、徒花、などのイメージにつながります。

「ロンロン」のように重なっても「伏吟」とはならず、これといった悪さがありません。

「ロア・ロイ・ロウ・ロエ・ロオ」

第一音が「丁音」、第二音は「戊音」ですから、「格局」を構成せず、特に悪い作用はありません。

「ロイ＝ロイジェームス」

「ロカ・ロキ・ロク・ロケ・ロコ」

第一音が「丁音」、第二音は「甲音」ですから、「格局」を構成せず、これといった作用効果がありません。

ろご
ろさ
ろし
ろす
ろせ
ろそ
ろち
ろつ
ろざ
ろじ
ろず
ろぜ
ろぞ
ろた
ろて
ろと
ろな
ろに
ろぬ
ろね

「ロク＝六三郎」

「ロガ・ロギ・ログ・ロゲ・ロゴ」

第一音が「丁音」、第二音は「乙音」ですから、「格局」を構成せず、これといった作用効果がありません。

「ロサ・ロシ・ロス・ロセ・ロソ・ロチ・ロツ」

第一音が「丁音」、第二音が「庚音」で、「格局」を構成せず、これといった作用効果がありません。

「ロザ・ロジ・ロズ・ロヅ・ロゼ・ロゾ」

第一音が「丁音」、第二音が「辛音」で「格局」を構成せず、これといった作用効果がありません。

「ロザンナ」

「ロタ・ロテ・ロト」

第一音が「丁音」、第二音が「丙音」で、「格局」を構成せず、これといった作用効果がありません。

「ロッテ」「ロトセブン」

ろの	
ろは	
ろひ	
ろへ	
ろほ	
ろふ	吉
ろま	吉
ろみ	吉
ろむ	吉
ろめ	吉
ろも	吉
ろや	
ろゆ	
ろよ	
ろわ	
ろら	
ろり	
ろる	
ろれ	
ろろ	

「ロナ・ロニ・ロヌ・ロネ・ロノ」

第一音が「丙音」、第二音が「丙音」で、組み合わせると、「格局」にならず、大きな作用はありません。

「ロハ・ロヒ・ロヘ・ロホ」

第一音が「丁音」、第二音は「甲音」で、組み合わせると「格局」にならず、大きな作用はありません。

「ロフ・ロマ・ロミ・ロム・ロメ・ロモ」星奇得使＝吉格

第一音が「丁音」、第二音が「壬音」で、中吉格の「星奇得使」を構成し、名声を得られる。試験に合格する。他人を出し抜く、などの象意があります。

「ロミ＝ロミ山田」

「ロヤ・ロユ・ロヨ・ロワ」

第一音が「丁音」、第二音は「己音」で、組み合わせると「格局」にならず、大きな作用はありません。

「ロラ・ロリ」

第一音が「丁音」、第二音は「丙音」で、「格局」にならず、大きな作用はありません。

ろだ 凶
ろで 凶
ろど 凶
ろば 凶
ろび 凶
ろぶ 凶
ろべ 凶
ろぼ 凶
ろゔぁ 凶
ろゔぃ 凶
ろゔ 凶
ろゔぇ 凶
ろゔぉ 凶
ろぱ 凶
ろぴ 凶
ろぷ 凶
ろぺ 凶
ろぽ 凶

「ローラ」

「ロル・ロレ・ロロ・ロダ・ロデ・ロド」

第一音、第二音とも「丁音」で、「格局」にならず、大きな作用はありません。

「ロバ・ロビ・ロブ・ロベ・ロボ・ロヴ」「ロパ・ロピ・ロプ・ロペ・ロポ」

朱雀投江＝凶格

第一音が「丁音」、第二音は「発音」で、中凶格の「朱雀投江」を構成し、成績が上がらない。試験に落ちる。文書の間違いがある、などの象意があります。

「ロビン＝呂敏」

「わ」から始まる「名《なまえ》」

わ

わん
わあ
わい
わう
わえ
わお
わか
わき
わく
わけ
わこ
わが
わぎ
わぐ
わげ

「ワ」という一音だけの名前は少ないかも知れませんが、「ワア」とか「ワー」など、伸ばした場合と、「ワン」は同じく一音とみなします。ただし、「ワーワー」「ワ・ワ」「ワンワン」などと繰り返せば、二音と見ます。「和和」などと表記される場合も、実際に呼ばれる音声で判断します。

「ワ」は「己音」で「文殊菩薩」の音声であり、従順さを人に感じさせ、要領が悪い、騙される、カモにされる、支配される、などのイメージにつながります。「ワンワン」のように重なると、小凶格の「己伏」を構成し、色情に溺れる、何でも言いなりになる、苛められる、という象意があります。

「ワア・ワイ・ワウ・ワエ・ワオ」

第一音が「己音」、第二音が「戊音」ですから、「格局」を構成せず、特に悪い作用がありません。

「ワカ・ワキ・ワク・ワケ・ワコ」

第一音が「己音」、第二音は「甲音」ですから、「格局」を構成せず、特に悪い作用がありません。

「ワカ＝井上和香」「ワカコ＝酒井和歌子・島崎和歌子」「ワクコ＝湧子」「ワコ

ウ＝和光」

「ワガ・ワギ・ワグ・ワゲ・ワゴ」

第一音が「己音」、第二音は「乙音」ですから「格局」を構成せず、これといった作用効果がありません。

「ワサ・ワシ・ワス・ワセ・ワソ・ワチ・ワツ」

第一音が「己音」、第二音が「庚音」ですから「格局」を構成せず、これといった作用効果がありません。

「ワサブロウ＝和三郎」「ワシロウ＝和志郎」「ワンチャン＝王貞治」

「ワタ・ワテ・ワト」

第一音が「己音」、第二音が「丙音」で、「格局」を構成せず、これといった作用効果がありません。

「ワタル＝高田渡・竹下亘」

「ワザ・ワジ・ワズ・ワヅ・ワゼ・ワゾ」

第一音が「己音」、第二音が「辛音」で、組み合わせると「格局」にならず、特に良くも悪くもありません。

わぬ		
わね		
わの		
わは		
わひ		
わへ		
わほ		
わふ	凶	
わま	凶	
わみ	凶	
わむ	凶	
わめ	凶	
わも	凶	
わや	凶	
わゆ	凶	
わよ	凶	
わわ	凶	
わら		
わり		
わる		

「ワナ・ワニ・ワヌ・ワネ・ワノ」

第一音が「己音」、第二音が「丙音」で、「格局」を構成せず、これといった作用効果がありません。

「ワハ・ワヒ・ワヘ・ワホ」

第一音が「己音」、第二音が「甲音」で、組み合わせると、「格局」にならず大きな作用はありません。

「ワフ・ワマ・ワミ・ワム・ワメ・ワモ」己反＝凶格

第一音が「己音」、第二音は「壬音」で、小凶格の「己反」を構成し、柔軟性を欠き無用の争いを起こす、という象意があります。

「ワヤ・ワユ・ワヨ・ワワ」己伏＝凶格

第一音、第二音とも「己音」で、小凶格の「己伏」を構成し、色情に溺れる、何でも言いなりになる、苛められる、などの象意があります。

「ワラ・ワリ」

第一音が「己音」、第二音が「丙音」で、「格局」を構成せず、これといった作用効果がありません。

われ
わろ
わだ
わで
わど
わば
わび
わぶ
わべ
わぼ
わゔぁ
わゔぃ
わゔ
わゔぇ
わゔぉ
わぱ
わぴ
わぷ
わぺ
わぽ

「ワル・ワレ・ワロ・ワダ・ワデ・ワド」

第一音が「己音」、第二音は「丁音」で、組み合わせると「格局」にならず、大きな作用はありません。

「ワバ・ワビ・ワブ・ワベ・ワボ・ワヴ」「ワパ・ワピ・ワプ・ワペ・ワポ」

いずれも第一音が「己音」、第二音は「発音」で、組み合わせると「格局」にならず、大きな作用はありません。

名づけ漢字字典

名づけの注意点――「漢字」をどう使うか

先に説明したように「なまえ」には、「得するなまえ」と「損するなまえ」があり、「名づけ」に最も大切なことは、「凶格」の「なまえ」を避けることです。

本書は、「音声」を中心とした名づけ方法を説明するもので、「ひらがな」「カタカナ」「アルファベット」などで名づける場合、「字義」「字形」「画数」などは考慮する必要がありません。ただ「凶格」の「音声」を使わないだけで、「損するなまえ」をひとまずは回避できます。

ところが「漢字」を使うとなると、「損するなまえ」を避けるのも、そう簡単ではありません。「漢字」には、「字義」「字形」「画数」という要素がつきまとうからです。

特に現代の日本のように、誰でも漢字の意味を知っているような社会では、「字義」の重要度は非常に大きなものになります。

人々が本能的に感じているのではと思えるのは、最近の子どもの名前や企業名などで、「漢字」を使わないものが多くなってきたり、難しい「漢字」を避けたり、逆に、ひどく難しい「漢字」を「音声」だけのためにあて、「漢字」の意味を無視したような使い方をよく見かけるからです。

特にバブル崩壊ごろから、「トマト銀行」のような名前が成功している例があり、「トマト」のまねをしたのか、大銀行でも「さくら」「あさひ」「みずほ」などと柔らかい名前をつけていますが、「トマト」がいかにも庶民的で、消費者にも馴染みやすいのに比べ、「さくら」や「あさひ」というのは、国花であり、日章旗のイメージであり、体制べったりで、これらの企業の体質をそのまま表しています。

「さくら」も「あさひ」も、すぐに散ったり消えてしまう、はかないものというイメージどおり、銀行同士の合併・統合によって、やはりこの名前は長続きしませんでした。

その後、この手の名前で残っているのは「みずほ銀行」くらいになっています。この名前も「豊葦原瑞穂の国＝トヨアシハラミズホノクニ」から取っているので、やはり親方日の丸ですが、宝くじなどの既得権のおかげで潰れることもないようです。

元祖の「トマト銀行」は、その後も健在で、お隣り広島の「もみじ銀行」というのも残っています。

人名の場合でも、「ひらがな」や「カタカナ」だけで名前をつけますと、ほとんどその音声が与えるイメージだけで、名前の良し悪しが決定するようになります。

現代の日本のように、普段の生活や、放送、通信など、「漢字」をイメージするひまもなく、「音声」だけで名前を認識する機会が多いところでは、「字形」や「画数」よりも音声によるイメージが重要な要素になるのは当然と言えます。

さらに分析するなら、「音声」によるイメージというのは、なんらかの「音声」そのものが人間の感性に直接与える作用、つまり「心地よい音声」とか、「耳障りな音声」というようなものと、「音声」が「言語」としての意味を持って頭の中でつくられるものとに分けられます。

「音声」による「姓名学」というのは、主に前者がその対象であり、後者のほうは、「字義」による

「姓名学」の対象ということになります。

もし、「音声」により、常にその意味が、つまり「漢字」としてイメージされるとすれば、「字義」のほうが重要ということになりますが、いつもそうとは限りません。

「姓名」の「字義」によって、その人のイメージが影響されることは、心理学を持ち出すまでもなく、常識的に誰でも感じることですが、ある「漢字」の意味は、時代によって変遷があり、字体も、現代中国式の略字や、日本式の当用漢字の略字のように、原形とはかなり異なったものもあります。

たとえば、「万」と言う字は、「萬」という字が本字ですが、この「萬」という字は、もともと「さそり」を意味する文字だったものが、万を意味する数字に変わってしまったものです。

すると、「万由子」や「万里子」のように「万」の字を使う名前は、「万」と書く限りは、音声を借りただけのもので、意味を感じないか、そのまま、数が多いと感じるかどちらかであり、「さそり」をイメージする人はまずいません。ただ「万里子」という名前を見ると、ずいぶん遠い道程なので、目標の達成が困難と感じることはあるでしょう。これは「遼」とか「遥」といった名前と同様です。

ところが、日本でも戦前までは、「萬」という字のほうが普通であり、今でも、有価証券の記載には、「萬」の字を使うことになっています。

すると、「万」という漢字を見て、「萬」という字をイメージする人がいるわけで、「萬」が「さそり」の意味であることを知らなくても、この字形に含まれる刺々しさは、何となく感じてしまい、その人のイメージに重なってしまうことがあります。

また、「白」と書いて「百」に一本足りないから「つくも＝九十九」と読ませることがありますが、「白」とか「つくも」とかいう名前は「一本足りない人」というイメージにつながりかねません。

同様に、「木」と言う字は、「本」に一本足りない、「里」と言う字は「理」に「玉」が足りない、「毎」という字は「海」に「水」が足りない、など、マイナスイメージとなり、これらの文字を名前に使うと、何かが足りない人物という印象を持たれたり、本人が不平不満の多い人になってしまう可能性があります。

その他にも、「反意」つまり、逆の意味の文字が使われてしまう場合があります。例えば、女性で「陽子」という「名」の人がいます。ものごとを「陰陽」に分けると、男性が「陽」、女性が「陰」にあたることは、世界共通の認識であり、女性に「陽子」と名づけることは、実は無理があるのです。女優には「陽子」がかなり多く、「山本陽子」「島田陽子」「野際陽子」「夏樹陽子」「浅茅陽子」「南野陽子」など、いずれもある程度までは売れていますが、素質からすれば、もっと売れても良いように思えます。「島田陽子」は「島田楊子」と改名したようですが、「つま楊枝」みたいであまり感心しません。

男性では「慎太郎」のように「漢字」の組み合わせがおかしいものが見られます。

例えば、「恭雄」は、「恭順」の「恭」と「英雄」の「雄」、ですから、ほとんど正反対の意味になっており、このように、意味が矛盾すると、人にちぐはぐな印象を与えてしまいます。

外国語で別の意味になってしまう「なまえ」も注意が必要です。

中国語で、

「花子」は乞食、

「公司」は会社、

「亀」は妻を寝取られて手も足も出ない人、

「鮎子」はなまずの子、
というように、日本語と同じ漢字を使っていても、意味が違ってしまう場合があります。
これは、言い出せばきりのないことで、
英語圏で
「シホ」は「SHIT・HOT」（クソ暑い）、
「雄大」は「YOU・DIE」（死ね）、
「優作」は「YOU・SACK」（クビ、泥棒、FUCK）、
など、意地悪な耳で聞けば、確かにそう聞こえる例は、いくらでもあるでしょう。
しかし、世界には、中国語と英語以外にも、何百何千という言語があり、生まれたばかりの子どもが、いったい将来どこの国の人と、知り合い、取り引きし、恋愛し、結婚するか、なかなか予測できるものではありません。

何となく変な名前

小田マリ（おだまり）　大沢理奈（おおさわりな）
長田マリ（おさだまり）　福本理奈（ふくもとりな）
水田マリ（みずたまり）　川本理奈（かわもとりな）
金子マリ（かねこまり）　芳賀　唯（はがゆい）
多田典子（ただのりこ）　浅香　唯（あさかゆい）

吉野理奈（よしのりな）　甘利優奈（あまりゆうな）
関　辰代（せきたつよ）　大原辰代（おおはらたつよ）
安藤奈津（あんどーなつ）　佐藤俊男（さとうとしお）

右のような例は、まだいくらでもあると思いますが、これも、ことさら意地悪な見方をしなければ、別にどうと言うこともありません。

年子（としこ）→　年子（としご）
玉子（たまこ）→　玉子（たまご）
里子（さとこ）→　里子（さとご）
優奈（ゆな）　→　湯女（ゆな）

これらも、同様です。

もし、学校でいじめの原因になるとか、気になる場合は、命名前に多くの人に見てもらい、チェックすることです。

田中角栄元総理が威勢のいいころ、そのまま「田中角栄」と命名された子どもがいましたが、ロッキード事件以後、学校でいじめられるようになり、裁判の結果、改名を認められたことがありました。
いじめ、というのは、いじめるほうが悪いはずですが、それでもこういう名前は避けるほうが無難でしょう。

もう一つは、別に不祥事がなくても、名を借りた有名人が大物すぎると、借りたほうが貧弱に見えてしまう、という問題もあります。

改名の効果

「改名」の効果と言うと、疑問視されることが多いようですが、「姓名」というものは、使われてこそ作用や効果があるもので、たとえ戸籍名であっても、誰も知らなければ何の効能もありません。「改名」の場合は日常生活でいつもその名前を使い、みんなから改名した名前で呼ばれるようになれば、必ずその効果が出るようになります。

美術家の、妹尾河童という人は、日頃から徹底的にこの名前で通した結果、裁判所でも認められ、ついに戸籍名を変更することができました。

一般の人は、そこまでやらなくても、いつもその名前を使ってさえいれば、改名の効果は充分に得られます。

「読み方」だけで、「凶格」を「吉格」に変えることもできます。

例えば、「貴志郎＝きしろう」という「音声」は、「中凶格」の「飛宮格」を構成しますが、これを「たかしろう」と読めば、「中吉格」の「飛鳥跌穴格」に変えることができます。

名前の「読み方」は、裁判の必要もなく、役場の窓口で変更可能ですが、「名刺」に「カナ」をふるだけでも「改名」できてしまいます。

ただし、「健伸＝けんしん」のように、「字形」にも問題がある場合、「たけのぶ」などと読み替えただけでは解決しないこともあります。

名づけ漢字字典

通常、名前に使う漢字について、『康熙《こうき》字典《じてん》』の画数の順序で、その吉凶と注意点を列挙します。

次の「へん」や「つくり」の字は画数に注意してください。

「氵」（水）四画　「水」（水）四画
「犭」（犬）四画　「扌」（手）四画
「阝」（阜）八画　「阝」（邑）七画
「王」（玉）五画　「王」（王）四画
「月」（肉）六画　「月」（月）四画
「忄」（心）四画　「艹」（艸）六画
「辶」（辵）七画

【一画】

一《イチ》 一郎、太一、昇一、健一、喜一、など、実力以上に評価される人が多い。いつも方針が一貫して人々に信頼感を与える。

乙《オツ》 乙女、早乙女、などと使われるが、不安定で、人に安らぎを与えない。

【二画】

九《キュウ》 安定感はあるが、十に一足りない、物足りない、不平不満を感じさせる。

人《ジン》 人間の意味であり、安定。

刀《トウ》 かたな。刺々しく攻撃的な印象。自分も責める。

乃《ナイ》 女性名に使われるが、刺々しく、安心感がない。

二《ニ》 「二」よりも実力通りに評価される。

八《ハチ》 もとは背中の形。逃げる。安定感がない。

力《リキ》 農具の形。助力を得られる。

了《リョウ》 おわり、という意味で、使い方に注意。

【三画】

丸《ガン》 九に点でも十にはならず、物足りない感じがつきまとう。

己《キ》 自己、おのれ。曲がりくねって見失いやすい。

久《キュウ》 永久、恒久、久しい、無難。

弓《キュウ》 武器の弓。攻撃的なイメージで人に緊張感を与える。

三《サン》 変化がなさすぎる。変化を求めない番頭役には良い。

士《シ》 男性器の形。男。武士。兵士。

子《シ》 子ども。一生懸命努力するが結果がなかなか出せない人。

小《ショウ》 原義は雨粒。スケールの小ささを感じさせる。

丈《ジョウ》 つえの意味で、あまり良いイメージはない。

夕《ユウ》 三日月の形。弱々しい。女性の魅力を感じさせる。

千《セン》 発音だけ。安定感に欠ける。

大《ダイ》 安定感のある文字。威厳やカリスマ性を感じさせる。

万《マン》 「万里」のように意味を感じさせると望みが遠いイメージ。

也《ヤ》 今まで歩いてきた道をそのまま最後まで歩き通す。刺々しい。

与《ヨ》 →「與」十四画

【四画】

王《オウ》 地上に一人。尊大で横着。不満や愚痴が多い。

介《カイ》 魚介類の介。よろい。自分のからに閉じ込もりやすい。

元《ゲン》 もと、はじめ。字義は良い。

公《コウ》 口ひげの生えた老人。王公。おおやけ。軽快さに欠ける。窮屈。重苦しい。

五《ゴ》 迷路に迷うこと。誤の原形。低迷しやすい。

之《シ》 「ゆき」と読むが、行くという意味はあまり感じさせない。

心《シン》 こころ。いつも心労が絶えない。選り好みが激しい。

仁《ジン》 友愛。優等生タイプ。厳しく刺々しいイメージがつきまとう。

斗《ト》 はかり、ます。闘争的なイメージになる場合がある。

日《ニチ》 太陽。明るく派手。「今日子」のように中の字に使うと良い。

比《ヒ》 二人の人が同じ方向を向く象形。発音だけで意味はあまり関係ない。

夫《フ》 向上心が非常に強い。出世のために家族を顧みない。回りを犠牲にしても頑張る。

文《ブン》 派手さのある文字。濡れ衣を着せられやすい。

友《ユウ》 左手と右手の関係、友和。

予《ヨ》 発音のみで使う。あまり使わないほうが良い字。

【五画】

右《ウ》 みぎ。助け。人を助けやすい。

永《エイ》 永久、ながい。良いイメージ。

央《オウ》 威厳があり、バランスが良い。

加《カ》 主に音声を借りるだけ。

可《カ》 良い、という意味のなかで一番下。秀・優・良・可。

叶《キョウ》 望みがなんとか叶う。

玉《ギョク》 宝石。高く評価されやすく、何かと重宝がられる。姓でも効果がある。

玄《ゲン》 黒、不透明、もと。得体の知れない感じ。玄人のイメージ。

弘《コウ》 緊張感が強い文字。ワンマンで強引、強欲なイメージ。

功《コウ》 いさお。文字通りに評価が高くなりやすい。

巧《コウ》 たくみ。功のほうが良い。

広《コウ》 →[廣]十五画

左《サ》 ひだり。たすけ。他人の助けを借りやすい。

史《シ》 記録の意味。女性は知的なイメージ。ふみは音声が壬伏格。

司《シ》 「同」の左が欠けた形。同が欠けるから、孤独になりやすい、和まない。

四《シ》 縁起かつぎで嫌われる数で、やはり使わないほうが良い。

市《シ》 庶民的な感じを与える文字。高貴さには欠ける。

矢《シ》 刺々しさを感じさせ、トラブルが多くなる。

出《シュツ》 出る杭は打たれる。

世《セ》 よ。「代」よりも上品な感じ。

正《セイ》 何をやっても、その場で止まってしまう。信念があるが空回りしやすい。

生《セイ》 いきる。良い文字。

代《ダイ》 刺々しい。代わる、という意味があり、不安定なイメージ。

布《フ》 左手に持つハンカチ。安っぽい。ごまかしが効かない。

冬《トウ》 冬美、は可愛がられる。冬彦、はイメージが悪い。

平《ヘイ》 境遇が不安定になりやすく、不平不満が多くなる。

未《ミ》 未来というイメージは良いが、いまだに希望が叶えられない。

民《ミン》 一般的、庶民的なイメージ。

由《ユ》 自由のイメージ。

立《リツ》 前向きで、進歩的、安定感がある良い字。

令《レイ》 命令の令。「令子」は外見が良い。

礼《レイ》 ↓［禮］十八画

【六画】

安《アン》 家の中にいる女、安定、安らぎ。女性には良い。

衣《イ》 ころも。悪いイメージではない。

伊《イ》 トラブルを招きやすい。

宇《ウ》 音声だけで、宇宙のイメージはない。

会《カイ》 ↓［會］十三画

気《キ》 ↓［氣］十画

伎《ギ》 妓と同義。伎芸。字形で陽刃を持ち、刺々しい。

吉《キチ》 良いことを表わす。上が土の俗字は良くない。

匡《キョウ》 はこ。良いものを盗まれる。

共《キョウ》 力強さを感じさせる良い文字。

旭《キョク》 朝日。貪欲にどんどん伸びて行くイメージ。

圭《ケイ》 封玉。土が重なっているようにしか見えない。

冴《コ》 氷に牙で、冷たい、刺々しい。

伍《ゴウ》 隊伍、伍長、のように軍隊のイメージ。

光《コウ》 高貴で派手。位負けしやすい。光輝のように重なると凡人は負けてしまう。

好《コウ》 親しみやすいが、ただ女の子で安っぽい感じを与える。

考《コウ》 原義は「老」と同じ。腰が曲がったイメージ。

亘《コウ》 めぐる、わたる。上下に「二」の板挟みで身動きが取れない。

行《コウ》 ゆく。使いやすい字。

合《ゴウ》 「百合」以外ではあまり使われないが、良い文字。

在《ザイ》 ある。発展性のある文字。

糸《シ》 細い、弱々しい、薄幸なイメージ、良いことが長続きしない。

至《シ》 終点、限界、のイメージ。

次《ジ》 いつも次。氷に欠で冷たい、冷遇、物足りない。

朱《シュ》 他人の間違いを直し指導する。うるさいイメージ。「朱美」は美人に見える。

収《シュウ》 右手でものを取り入れる、収める。がめつい印象。

充《ジュウ》 みつる。あてる。補充する。欠点を補う。

匠《ショウ》 三方塞がりで安全でもない。刺々しい。

庄《ショウ》 小さな村。悪いイメージはない。

臣《シン》 奴隷の意味。宮仕えには良い。

尽《ジン》 ↓【盡】十四画

全《ゼン》 まっとうする、逆に不足を感じる。チャンスを逃す。

早《ソウ》 早朝。忙しい。

多《タ》 多すぎる。女性的、純粋、潔癖症。

竹《チク》 松竹梅＝上中下の中。

兆《チョウ》 きざし。良くも悪くもない意味。字形的には不恰好。

伝《デン》 ↓【傳】十三画

凪《ナギ》 上から蓋をして「止める」発展性のない字。

年《ネン》 収穫。今では時間単位の年以外の意味を感じることがない。

妃《ヒ》 「女」がついているので艶かしさがあるが、トラブルに遭いやすい。

百《ヒャク》 数が多い、十分、という意味。志がある、気位が高い、イメージ。

帆《ホ》 頼りない、無気力、無軌道、非行、放浪、など。

名《メイ》 なまえ。良いイメージの文字。女性的な魅力を感じさせる。

有《ユウ》 左手に肉を持った形。ある。良いイメージ。

吏《リ》 身分の低い役人。刺々しい。

【七画】

延《エン》 のびる。悪い意味ではない。

完《カン》 おわり。必ずしも良いイメージとはいえない。

希《キ》 まれ、のぞみ。望みが薄いイメージ。自己評価が高い。

求《キュウ》 もとめる。飢餓感や不足感が強くなる。

杏《キョウ》 あんず。間抜けな感じ。男は失言、女は身を失う。

亨《キョウ》 とおる、すすめる。良い意味。

均《キン》 ひとしい。庶民的なイメージ。

吟《ギン》 うめく。いつも下積みでうだつの上がらないイメージ。

君《クン》 君主。あなた。

吾《ゴ》 間違った言葉が口から出る。間の抜けたイメージ。

克《コク》 勝つ、克服する。

江《コウ》 揚子江。スケールが大きすぎ、分相応のところにおさまらない。

孝《コウ》 子が親の犠牲になる。自分は親孝行だが、自分の子には背かれる。

宏《コウ》 広い。バランスも取れており、問題ない。

佐《サ》 たすけ。よく人から助けられる。刺々しい。

作《サク》 作る。刺々しい。

志《シ》 士の心で、こころざし。心労や悩みごとが多くなる。

秀《シュウ》 秀でる。最高に良い(秀・優・佳・良・可)。女子には注意。

寿《ジュ》 ↓【壽】十四画

初《ショ》 いつまでたっても初めで発展しない。刺々しいイメージ。

助《ジョ》 手助けの意味しか感じないので重みのないイメージ。主役になれない。

伸《シン》 無理して背伸びする意味。

成《セイ》 武力で成立させること。刺々しいイメージを感じさせる。

男《ダン》 田を耕すから男の意味。能力以上のことに手を出しやすい。

町《チョウ》 男が田へ行く。女につけると反意となる。

杜《ト》 森。ふさぐ、行き詰まりやすい。

努《ド》 女奴隷まで農作業に駆り出すこと。無理する。苦労の多い名前。

忍《ニン》 心の上に刃。いつも忍耐を強いられ、心が傷つく。

兵《ヘイ》 兵隊、兵器。あまり良くないイメージ。

歩《ホ》 あまり意味がない、安定感がない。

毎《マイ》 海に水がない形。物足りない、不平不満が多い。

妙《ミョウ》 たえ。女性の魅力を感じさせる字。

佑《ユウ》 人の助け。助けが得られる名前。気難しい人。

邑《ユウ》 むら。集落。都市国家。特に良くも悪くもない字。

利《リ》 作物を刈り取ること。刺々しさを感じさせる。

里《リ》 さとの意味よりも、音声のために使う。

李《リ》 すもも。安っぽく見える。

良《リョウ》 厳めしい、うるさいイメージ。障害には強い人。

伶《レイ》 気がきくが玩具的な人間。太鼓持ち。刺々しい。

【八画】

亜《ア》 音声だけで使われる。強情になりがち。

依《イ》 頼る。依頼。気難しい人。

栄《エイ》 ↓［榮］十四画

延《エン》 ↓［延］七画

果《カ》 くだもの。結果。

佳《カ》 よい、うつくしい。トラブルに遭いやすい。

岳《ガク》 山の上の丘で、高い山。カリスマ性を感じさせる。重苦しさがある。

学《ガク》 ↓［學］十八画

季《キ》 季節。「実」「美」などの文字と組むと字義が良い。

宜《ギ》 よろしい。下の字に使うと良い。

京《キョウ》 みやこ。派手さがあり、洗練された感じ。バランスも取れている。

享《キョウ》 そなえる。享受。落ち着いた人のイメージ。

供《キョウ》 そなえる。提供。トラブルに遭いやすい。

協《キョウ》 協力を得られるが、協力させられるイメージ。

尭《ギョウ》 ↓【堯】十二画

金《キン》 金属、黄金。バランスが良いが、堅苦しい感じを与える。

欣《キン》 よろこぶ。イメージの悪い字。

具《グ》 供物の箱を台に重ねた象形。そなわる。

径《ケイ》 ↓【徑】十画

弦《ゲン》 弓のつる。張りつめた緊張感のあるイメージ。刺々しい。

幸《コウ》 幸福の幸で、イメージが良い。幸福はバランス次第で儚い。

昂《コウ》 日が昇る。上昇志向の強いイメージ。

岬《コウ》 みさき。組み合わせが必要。

国《コク》 ↓【國】十一画

沙《サ》 「砂」よりきれいに見える。

始《シ》 これから何かが始まること。女性の魅力を感じさせる字。

枝《シ》 幹から出た枝葉末節。主役になれない。

児《ジ》 兒が本字。可愛いというイメージ。「児」では非行少年のような印象。

周《シュウ》 あまねく。周到。周知。独り占め。

宗《シュウ》 家の中に神の啓示。家の重圧で苦労する。

尚《ショウ》 たっとぶ。下の字に使うと良い。

昌《ショウ》 太陽が二つで、非常に派手な文字。安定している。

承《ショウ》 うける。承認。責任を負わされる。

昇《ショウ》 日が昇る。どんどん伸びる。派手さと異性的魅力を感じさせる。

征《セイ》 行って正す。征伐。征服。遠征。攻撃的、侵略的なイメージ。

政《セイ》 非常に厳しい人。天才的な面があるが器用貧乏。

汰《タ》 水が多すぎること。淘汰。「泰」と同字。過剰に革新的なイメージ。

卓《タク》 テーブル。バランスが悪い。

知《チ》 口に矢をくわえる、闘争的な文字。

忠《チュウ》 忠義には、何も良いことがない。悩み、心労が多くなる。

長《チョウ》 永久的に良い。

直《チョク》 まっすぐ、素直。良い字義だが固いイメージ。

定《テイ》 安定。

典《テン》 模範、典型。品行方正なイメージ。伸び悩む。

奈《ナ》 大いなる神の啓示。奈良の奈なので、おっとりした感じ。

扶《フ》 助ける。男の手を借りること。

武《ブ》 闘争心、向上心が強い。それほど猛々しいわけではない。

歩《ホ》 歩↓【步】七画

朋《ホウ》 友達。月が並んでいるので、女性的なイメージ。

房《ボウ》 部屋。寝室、女性的なイメージ。

牧《ボク》 牧畜。子育てに苦労するイメージ。

明《メイ》 日月が会う、明るい。誰からも好かれる文字。

夜《ヤ》　暗い、寂しい、幸薄いイメージ。刺々しい。

来《ライ》　來。主に音声だけ。

和《ワ》　みんなでご飯を食べる、なごやか。

【九画】

威《イ》　女を威す。威嚇。猛々しい。

映《エイ》　うつる。映える。きれいなイメージ。

音《オン》　音、音楽。

皆《カイ》　みんな。俗っぽいイメージ。

紀《キ》　のり。おきて。記録。発展が遅く苦労が多い。長続きしない。

姫《キ》　女奴隷。日本では使いづらい。

軍《グン》　軍隊。イメージが悪い。字形は悪くない。

計《ケイ》　はかる。計算。計画。数量的な間違いなどにうるさい人。

奎《ケイ》　星の名。二十八宿の奎木狼。いつも不足感がつきまとう。

研《ケン》　→【研】十一画

建《ケン》　たてる。建設的イメージ。知的でエレガントな印象。

彦《ゲン》　かしこい。刺々しい。オタク的な一芸に秀でるときがある。

厚《コウ》　あつい。埋もれてしまう危険がある。

虹《コウ》　にじ。一瞬の光栄。長続きしない。異性のトラブルが多い。

香《コウ》　かおり。作物が日に香る。女性は知的に見える。名香。

哉《サイ》　や、かな。感嘆や疑問。主に音声のみで使う。刺々しい字。

秋《シュウ》　あき。稲藁を火で焼く。「火」を持っているので頑固。一生実りを求める。

重《ジュウ》　おもい。地道に積み重ねて実力で勝負。あまり得することはない。

俊《シュン》　俊逸、俊英、俊敏。闘争的なイメージ。刺々しい。

春《シュン》　派手で自己主張が強く頑固。カリスマ性がある。

咲《ショウ》　国字でさく。咲けば必ず散る。長続きしない。「笑」の古字で「えみ」は可。

昭《ショウ》　あかるい。「昭和」日本が口に刀を銜えて戦争を始めた。

信《シン》　信用、信頼も勘違いには勝てない。刺々しい。信用トラブルが多い。

星《セイ》　空の星。人が好む良いイメージ。望みが遠い。

泉《セン》　泉が湧く。良いイメージ。

染《セン》　そめる。感染、汚染。悪いことに染まるイメージ。

奏《ソウ》　かなでる。奏上する。短命のイメージ。

則《ソク》　規則。厳めしく、刺々しいイメージ。

待《タイ》　待機。接待。ホテルで行列を組んで待つこと。

泰《タイ》　カリスマ性を持つが尊大なイメージ。

拓《タク》　ひらく、開拓。

治《チ》　政治。

貞《テイ》 貞操の貞。片親(父)と縁が薄い傾向。

南《ナン》 南というイメージは良い。

波《ナン》 風波、波浪。不安定。

美《ビ》 羊が大きい。うつくしい。威厳を感じさせる。

品《ヒン》 供物、品物。品がない。

勉《ベン》 つとむ。勉強。努力と苦労の人。

保《ホ》 間抜けな感じ。刺々しい。

法《ホウ》 水を去らせること。法律というイメージもあまりなく、意味は感じない。

昴《ボウ》 すばる。純粋、清浄。歌になってから低俗で間抜けなイメージ。

耶《ヤ》 摩耶は釈迦の生母。賢いイメージ。

勇《ユウ》 勇気。積極的なイメージ。

柚《ユウ》 ゆず。名前に使ってもあまり意味はない。

宥《ユウ》 ゆるす。宥和。あまり名前に使う意義のない文字。

要《ヨウ》 腰の原形。男性には使いたくないが、女性には使いにくい文字。

律《リツ》 法律の律。厳格なイメージ。エレガントな象意。

柳《リュウ》 やなぎ。中国では悲しい別れのシンボル。日本ではあまり良いイメージがない。

亮《リョウ》 あかるい。かがやく。はっきりする。良いイメージの字。

怜《レイ》 かしこい。小賢しい。あざとい。心労が多い。バランスが悪い。

郎《ロウ》 ↓(阝↓邑)十四画

【十画】

育《イク》 そだてる。養育。教育。育てる苦労がつきまとう。

員《イン》 かず。員数。人員。金銭。

桜《オウ》 ↓[櫻]十四画

花《カ》 安っぽい。色気とトゲがあり、女性は翻弄されやすい。

夏《カ》 セミ、転じて夏。女性は活きの良い、生意気なイメージ。

芽《ガ》 刺々しい。異性関係が派手。

栞《カン》 しおり。きれいな女性名。刺々しさがある。

気《キ》 氣。略字の「メ」は刺々しい。

記《キ》 しるす。記録。頑固で変えることを嫌うイメージ。

赳《キュウ》 たけし。猛々しく、刺々しい。

恭《キョウ》 うやうやしい。恭順。悪いイメージはないが、心労が多い。

桂《ケイ》 かつら。土が重なり泥まみれ、苦労が多い。

径《ケイ》 みち。あまり広い道ではない。

恵《ケイ》 ↓[惠]十二画

兼《ケン》 かねる。バランスが良い字。

拳《ケン》 こぶし。げんこつ。闘争的なイメージ。

貢《コウ》 みつぐ。イメージが悪い。

恒《コウ》 つね。恒久性。心労が多い。

洸《コウ》 光が水に映える。「光」のほうが良い。

高《コウ》 高い。志が高いイメージ。安定感がある。

晃《コウ》 派手で華やか。一時的な光栄。

耕《コウ》 たがやす。ひらく。素朴で良いイメージ。

航《コウ》 航海。航行。船が波に抗って進む。良いイメージ。

紘《コウ》 ひろい。ひも。なわばり。挫折しやすく障害が多い。

剛《ゴウ》 たけし。他人の意見に耳を貸さない。刺々しい。

紗《シャ》 うすぎぬ。非常にきれいなイメージの文字。薄幸な印象。

時《ジ》 とき。旅先で晴れた日。タイミングが良い。

修《シュウ》 特殊な技術や知識を身につけること。厳しくて刺々しい。

峻《シュン》 けわしい。人間性も険しい人。

隼《ジュン》 はやぶさ。止まり木に鳥。俊敏で利発な印象。

純《ジュン》 純粋。純真。純情。純朴。挫折やトラブルを招きやすい。

真《シン》 まこと。真理。真実。やや堅苦しい。

晋《シン》 すすむ。物足りないイメージ。

秦《シン》 収穫が非常に多い。始皇帝の秦。

素《ソ》 もと。素材。白い布。努力家だが、挫折やトラブルを招きやすい。

哲《テツ》 口が鋭い。知恵があり弁が立つ。哲人。意志が強い頑固な人。

展《テン》 ひらく。のぶ。展開。展覧。伸展。発展。トラブルを招きやすい。

桃《トウ》 もも。人気はあるが安っぽいイメージ。

桐《トウ》 きり。女性に良いイメージの字。

芙《フ》 芙蓉。女性が実際より美しく見える。異性関係が派手。

峰《ホウ》 みね。険しさのある字。頑固。

芳《ホウ》 かんばしい。色気を感じさせる。異性関係が派手になりやすい。

紋《モン》 文様。派手さがあり、濡れ衣を着せられたり、挫折やトラブルを招きやすい。

祐《ユウ》 天の助け、天祐。

洋《ヨウ》 大海、広い。恵まれて発展性のある象意。

容《ヨウ》 うけいれる。かたち。受容。容姿。容貌。無理強いされやすい。

栗《リツ》 くり。安っぽくてどうでもいい字。

倫《リン》 倫理。堅苦しくてうるさいイメージ。刺々しい。

留《リュウ》 とめる。子沢山の家で最後の子にしたい。刺々しい。

竜《リュウ》 龍の古字。人の中で抜きんでる人。男性は唯我独尊、女性は強すぎる。

玲《レイ》 玉、宝石。きれいなイメージ。女性的な魅力を感じさせる。

【十一画】

偉《イ》 えらい。偉そうで尊大なイメージ。刺々しい。

英《エイ》 花。優れる、秀でる。異性的な魅力とカリスマ性がある字。

悦《エツ》 えつ。よろこび。不安や心労が耐えない。

苑《エン》 その。御苑。女性的な魅力を感じさせる。

海《カイ》 悪いイメージはない。績み。

貫《カン》 つらぬく。やや刺のあるイメージ。

基《キ》 基礎の意味。下の字に良い。

規《キ》 のり。規則。規格。うるさくて堅苦しいイメージ。

強《キョウ》 強制。威圧を与える。刺々しく強引でトラブルが多い。

教《キョウ》 右手に鞭を持って子どもに教える。教条的強制的なイメージ。

啓《ケイ》 ひらく。啓蒙。命令される、乗せられやすい人。

経《ケイ》 ↓[經]十三画

蛍《ケイ》 ↓[螢]十六画

研《ケン》 とぐ。みがく。研磨。研鑽。努力家。頑固。

乾《ケン》 天。男。かわく。強いイメージ。安定感に欠ける。

健《ケン》 健康。健全。刺々しい。ひどく気難しい人。

絃《ゲン》 つる。弦。緊張の人生。切れやすい。挫折やトラブルがある。

悟《ゴ》 さとり。煩悶の文字。いつも心労が絶えない。

梧《ゴ》 きり。桐梧。誤解がある。

浩《コウ》 ひろい。おおらかで輝きと発展性のある良いイメージの字。

康《コウ》 すこやか。ふくよかなイメージ。

国《コク》 堅苦しい。閉じ込められて魅力を発揮できない。

彩《サイ》 刺々しい。派手で華やかなイメージ、金銭トラブルに遭いやすい。

紫《シ》 むらさき。高貴なイメージ。トラブルが多く挫折しやすい。

若《ジャク》 若々しいイメージ。異性問題が多い。

脩《シュウ》 ゆっくりコツコツ積み上げていくイメージ。気難しい人。

将《ショウ》 将軍。将兵。猛々しい。刺々しい。

祥《ショウ》 さち。神に捧げる羊の象。吉祥。

渉《ショウ》 わたる。危険をともない、良いイメージではない。

章《ショウ》 あきら。法律。やや堅苦しいイメージ。

紹《ショウ》 つぐ。紹介。トラブルや障害が多い。

梢《ショウ》 こずえ。実際以上に女性的魅力を引き立てる。

常《ジョウ》 つね。平凡だが特に悪いイメージもない。

紳《シン》 紳士。郷紳。挫折や障害が多い。

崇《スウ》 たかし。崇高。祟りという字に似ているので注意。

雪《セツ》 ゆき。美しいが融けて消える。儚い。寒い。薄幸。女性的な魅力を感じさせる。

張《チョウ》　いつも緊張を緩めず、一生休まずに働く。

梅《バイ》　うめ。松竹梅の梅。庶民的。

苗《ビョウ》　なえ。異性的魅力を感じさせる。早苗一字形は良いが音声は凶格。

彬《ヒン》　あきら。内外ともに良い。自己矛盾を感じさせる。刺々しい。

敏《ビン》　敏感。敏捷。鋭敏。女性の魅力を感じさせる。

邦《ホウ》　国。大きいイメージ。特に善し悪しのない文字。

望《ボウ》　満月。いつも高い目標を追いかけて昇り詰めることができる。

麻《マ》　麻。乱麻。智が勝ちすぎる。

茉《マツ》　茉莉花（ジャスミン）。異性関係が派手。

務《ム》　力を強制する象意。何かを強制されたり、成果を横取りされやすい。

茂《モ》　しげる。草が生える、雑草。非常に平凡なイメージが強い。

唯《ユイ》　ただ。妥協しない、融通の利かない性格を示す。

悠《ユウ》　はるか。あまり悠々とはできない。いつも火の車。刺々しい。心労が多い。

梨《リ》　なし。鋭い果物。治療効果、副作用ともに多い。刺々しい。

朗《ロウ》　ほがらか。「郎」よりも良い字。

浪《ロウ》　なみ。人生の荒波。障害が多い。女性は薄幸（浪子）

【十二画】

賀《ガ》　「財」が「加」わる。非常に良いイメージ。

雅《ガ》　みやび。原義はカラス。女性はノーブルで派手。厳しい性格。

絵《カイ》　↓［繪］十九画

覚《カク》　↓［覺］二十画

喜《キ》　よろこび。少し間抜けだが親しみやすい。

幾《キ》　いく。何かと心労が絶えない。異性関係には恵まれる。

貴《キ》　たかし。高貴。プライド。無愛想。必要なことは進んでやる。根性がある人。

喬《キョウ》　たかし。喬木。無駄口が多い。

尭《ギョウ》　堯。ゆたか。豊穣。豊饒。収穫が多い。刺々しい。

暁《ギョウ》　↓［曉］十六画

欽《キン》　つつしむ。欽定。気紛れで何もかも棄ててしまうことがある。

恵《ケイ》　惠。めぐみ。心労が多い。あまり恵まれない。

景《ケイ》　ひかり。かげ。実力以上に華やかに見えるが位負けすることがある。

結《ケツ》　むすぶ。身動きが取れない。挫折しやすい。実力の割に芽が出ない。

絢《ケン》　あや。派手さのあるきれいなイメージ。挫折しやすい。

皓《コウ》　てる。牛が暑さにあえぐ。普通は派手さだけで悪いイメージがない。

策《サク》　竹を束ねたもの。結束力があり、良いイメージ。

淑《シュク》　大人しい。特に問題のない字。

惇《ジュン》　あつし。心労が多い。

淳《ジュン》　あつし。新鮮なイメージ。実力以上に魅力的に見える。

順《ジュン》　したがう。順応、恭順、順調。あまり従順ではないが順調。

晶《ショウ》　派手すぎ。位負け、実力が伴わない、大きなことをやりたがる。

捷《ショウ》　はやい。狙ったものを素早く手に入れる。恵まれた条件。

勝《ショウ》　勝つ。勝ち気な性格。女性には強すぎるイメージ。それほど刺々しさはない字。

翔《ショウ》　かける。とんびに油揚をさらわれる。実力を発揮するチャンスを逃す。

清《セイ》　きよし。清浄で純粋。凝り性、オタク、より新しい革新的なものを求める。

盛《セイ》　さかん。武力で食料を取る。猛々しく闘争的。運勢的には盛ん。

晴《セイ》　はれ。晴れ晴れとした良いイメージ。派手さのある字。

茜《セン》　あかねぐさ、根が赤い。夕焼けの空の色。女性的な魅力が大きい。

草《ソウ》　くさ。ただの草。レベルが低いイメージ。無欲な印象。根無し草。

創《ソウ》　つくる。創造。創業。トラブルを起こしやすい。

善《ゼン》　よし。口が大きく開いて、抜けたところがある。

尊《ソン》　たかし。尊厳、尊大、お高くとまるイメージ。

智《チ》　どんな人でも賢く見えるが自意識過剰。他人をやり込める。刺々しさもある。

朝《チョウ》　あさ。はつらつとした良いイメージの字。

登《トウ》　のぼる。積極的なイメージの良い字。厳しさと親近感が同居する字。

等《トウ》　ひとしい。無難な文字。

敦《トン》　あつい。実直な良いイメージ。やや教育的な暑苦しさもある。

能《ノウ》　知能。能力。非常に闘争的なイメージ。

博《ハク》　ひろし。博愛。博学。博士。ある分野で自分の特長を出せる。

富《フ》　とみ。家の中にお神酒の酒樽がある象。

猛《モウ》　猛々しい文字。イメージが良くない。刺々しい。

雄《ユウ》　オス。英雄。雄々しく派手。女性に向かない。男性でも名前負けしやすい。

理《リ》　玉に刻まれた文様。理屈っぽさはなく穏和な性格。女性的な魅力を感じさせる。

涼《リョウ》　派手さはあるが、うすら寒い、冷たい、すねる、冷ややかなどのイメージ。

【十三画】

阿《ア》　音声だけで善し悪しのない文字。なんらかの助けを得られる。

愛《アイ》　いとしい。めでる。かなしい。おしむ。愛しさを感じさせる字。心労が多い。

渥《アツ》　あつい。ねんごろ。家に潤いがあるというイメージ。

郁《イク》　豊かな村。中国では憂うつの欝の代字。なんらかの助けを得られる。

詠《エイ》　よむ。うたう。話が心地よいイメージ。あまりうるさい感じはしない。

園《エン》　その。派手なイメージの字。

幹《カン》　みき。戦闘に備えること。闘争的な文字。競争好き。

暉《キ》　かがやく。太陽。派手で輝かしい。ラッキーチャンスがある。

熙《キ》　かわく。ひかる。ひろまる。不人気になりやすい。

義《ギ》　自他の区別をはっきりする。やるべきことだけをやる。刺々しい。

経《キョウ》　經。書物。性格的にきちんとする。挫折や障害が多くなる。

勤《キン》　まじめにこつこつ働く。つとめる。何らかの助けが得られる。

琴《キン》　こと。奇麗なイメージだが、組み合わせが難しい。女性的な魅力。

絹《ケン》　きぬ。純粋できれいなイメージ。似合う人には良い。挫折しやすい。

嵯《サ》　高い山と低い山が入り混じったこと。厳めしいが、得する面もある。

詩《シ》　うた。詩歌。自然に出てくる言葉を待つ象。エレガントなイメージ。

資《シ》　もと。資本、資産、資源。

詢《ジュン》　とう。はかる。質問すること。間抜けなイメージ。

渚《ショ》　なぎさ、水際。派手さはあるが薄幸の女性。いつも新しいものを欲しがる。

照《ショウ》　てる。てらす。派手さのある字。勢いは良いが、上下を弁えない。刺々しい。

新《シン》　あらた。刺々しさがある。

数《スウ》　↓[數]十五画

勢《セイ》　いきおい。威勢。勢いの良い字だが、暴走しやすい。

聖《セイ》　ひじり。どんな分野でもトップになれる。

靖《セイ》　やすし。無難な文字。堂々と見える。

鉄《テツ》　↓[鐵]二十一画

伝《デン》　傳。刺々しい。

楓《フウ》　かえで。トラブルが多い。

豊《ホウ》　↓[豐]十八画

裕《ユウ》　ゆとりがあって伸び伸びとしている。おっとりしたイメージ。

誉《ヨ》　↓[譽]二十一画

湧《ユウ》　水が湧き出す。

莉《リ》　花草。茉莉花。異性関係のトラブルの可能性。

鈴《レイ》　すず。身分の象徴。他人と折り合いにくい。性格が強いイメージを与える。

【十四画】

栄《エイ》　榮。栄える。略字のほうが問題がない。

瑛《エイ》　美しい宝石。大衆に迎合しないので親しみにくい面もある。異性的な魅力が強い。

温《オン》　あたたかいイメージ。

華《カ》　花のような安っぽさがないが、気位が高い感じを持つ場合がある。

歌《カ》　うた。うるさいイメージ。急に世の中が嫌になったりする。

嘉《カ》　よし。目標が達成できる。異性的な魅力もある。

綺《キ》　あやぎぬ。綺羅。挫折しやすい。

菊《キク》　きく。痩菊、影が薄い。異性関係は派手になりやすい。

銀《ギン》　固いイメージ。反抗。いかついが、いつも金にはかなわない。

源《ゲン》　みなもと。水源。原のほうが良い。

滉《コウ》 ひろい。水と日光。派手な字。晃のほうが良い。

瑳《サ》 玉をみがくこと。女性的な魅力を感じさせる。

菜《サイ》 女性が可愛らしく見える字。明菜、菜々子。異性関係が派手になる。

滋《ジ》 うるおいがある、良いイメージ。異性関係が派手。

慈《ジ》 いつくしみ。心労がより多い。異性関係が派手。

実《ジツ》 實。家のなかに宝がある。みのり。

寿《ジュ》 壽。老人を感じさせる。老けたイメージ。太陽が上らない。発展が遅い。

準《ジュン》 はかり。水準。準備。不安定。

彰《ショウ》 あらわす。顕彰。表彰。刺々しい。発展を阻害する。知らない間に金が出る。

慎《シン》 つつしみ。間違って使うと慎みがない人。いつも心労が絶えない。

槙《シン》 まき。樹木の名。まっすぐに成長する良い木の意味。無難な字。

尽《ジン》 盡。つきる。つくす。あまり良いイメージのない字。バランスは悪くない。

斉《セイ》 齊。そろう、ととのう。バランスが良い。

誠《セイ》 まこと。武力を後ろ楯にした言論。無理強い。刺々しい。

精《セイ》 米の糠を取ること。白米。精米。精密。エキス。

誓《セイ》 誓いの言葉。非常に堅苦しいイメージ。

静《セイ》 ↓［靜］十六画

総《ソウ》 ↓［總］十七画

聡《ソウ》 ↓［聰］十七画

造《ゾウ》 つくる。移動が多く活動的。

琢《タク》 玉を磨くこと。妥協しない。異性的な魅力はあるが苦労が多い。

暢《チョウ》 のぶ。流暢。物事が順調。

肇《チョウ》 はじめ。エレガントな印象。

通《ツウ》 とおる。ものごとに通じる。かよう。みち。格別良いイメージでもない。

禎《テイ》 めでたい。特に良くも悪くもない文字。厳しい性格。

透《トウ》 とおる。透明。意味は良いが組み合わせにくい。

寧《ネイ》 やすまる。安寧。丁寧。刺々しい上に心労が多い。

緋《ヒ》 あか。派手さのある字。挫折や障害が多い。

輔《ホ》 たすける。人から助力を得られる。ラッキーチャンスに恵まれる。

舞《ブ》 まい。人が舞う姿の象形。不安定で落ち着かない。定着しない。

福《フク》 ふく。幸福。福々しい字。

萌《ホウ》 芽が出ること。いつも芽生えで成長がない。異性関係が派手。

夢《ム》 きれいでムードのある字だが、儚い、空しい。女性的な魅力。

与《ヨ》 與。音声だけ。与えるという意味ではあまり使われない。略字は安っぽい。

綾《リョウ》 あやぎぬ。挫折や障害が多い。

燎《リョウ》 燎原の火。世の中を席巻するような力強い字。使わないほうが無難。障害が多い。

緑《リョク》　みどり。挫折や障害が多い。

綸《リン》　綸子。派手で高級なイメージ。挫折や障害が多い。

郎《ロウ》　男。廊下に控えて皇帝を警護する武官。

【十五画】

逸《イツ》　安逸、秀逸など良いイメージ。逸脱、後逸など悪いイメージ。移動が多く活動的。

影《エイ》　かげ。どこか陰のあるイメージ。派手に浪費する恐れがある。

鋭《エイ》　するどい。人を安心させない。障害が多い。

寛《カン》　ひろい。寛容、寛大。ゆったり、のんびりしたイメージ。

葵《キ》　あおい。派手で高貴なイメージ。異性的な魅力がある。

輝《キ》　かがやく。輝かしい人生。何もしなくても輝く。ラッキーチャンスに恵まれる。

毅《キ》　たけし。剛毅。成功もあるが苦労も多い。刺々しい。

熙《キ》　↓[煕]十三画

慶《ケイ》　よろこぶ。自分の魅力や特長が好意的に受け入れられる。心労が多い。

賢《ケン》　かしこい。堅苦しく重苦しいイメージ。どっしりして安定する。

広《コウ》　廣。妊婦が入れる広い家。略字は不満、欲望が強い。

興《コウ》　おこる。積極的で良いイメージ。バランスが良く、名前に使いやすい。

諄《ジュン》　さとす。諄々と諭す。くどいイメージ。

緒《ショ》　玉の緒。端緒。派手さがあり魅力を感じさせるが、苦労、挫折や障害が多い。

進《シン》　鳥が行くこと。前進。派手で移動が多い。

数《スウ》　數。鞭打ちの回数を数えること。忙しい文字。

節《セツ》　ふし。節度。礼節。節気。人間的に立派に見える。

徹《テツ》　とおす。徹底。貫徹。何でも徹底してやる。

稲《トウ》　いね。いつも人から求められる。穏やかだが激しい面もある。

徳《トク》　人徳。気苦労が多い。心労が多く、刺々しさもある。

摩《マ》　さわる。さする。摩擦。按摩。摩耶は釈迦の生母。梵語のイメージが強い。

満《マン》　みつる。あるところまで目いっぱいになってしまい先に進めない。

葉《ヨウ》　素朴なイメージで人気がある。異性的魅力がある。

瑶《ヨウ》　宝石の一種。表現が愛くるしい。女性的魅力を発揮する。

諒《リョウ》　まこと。ゆるす。諒解。諒承。悪い意味のない無難な字。

凜《リン》　さむい。冷たい。ある種の厳しさを感じさせる。孤独を好む傾向。不倫は似合わない。

瑠《ル》　瑠璃。宝石の一種。異性的魅力。やや刺々しい。

黎《レイ》　黎明は夜明けでいつまでも暗いまま。無難な字。

【十六画】

衛《エイ》　まもる。防衛。衛生。堅苦しく、厳めしく、近づきにくいイメージ。

叡《エイ》　かしこい。叡智。厳しくて逆らえないイメージ。刺のある字。

学《ガク》　學。傲慢なイメージを与える。略字のほうが上が軽くてまだ良い。

暁《ギョウ》 暁。太陽がどんどん昇る、積極的な良い字。

錦《キン》 にしき。錦繡。錦衣。故郷に錦を飾る。強引で人気がなく苦労が多い。

蛍《ケイ》 螢。きれいで、寂しく、はかないイメージ。派手でトラブルが多い。

潔《ケツ》 きよし。潔癖。熱しやすく冷めやすい。刺々しい。

憲《ケン》 憲法。憲章。憲兵。厳しくてうるさいイメージ。刺々しい。心労が絶えない。

樹《ジュ》 樹木。すくすくと成長するイメージ。

潤《ジュン》 うるおい。灌漑のための水門。スケールが大きい。革新的に進歩発展する。

親《シン》 親しむ。何となく重苦しい、鬱陶しさのある字。

静《セイ》 靜。あまり静かな人生は送れない。

整《セイ》 ととのう。無難だが堅苦しい字。

達《タツ》 達成、栄達、達人。本来の目標以外の思わぬことを達成する。

澄《チョウ》 澄んだ心で物事を偏見なく新鮮な目で見ることができ付和雷同しない。

都《ト》 みやこ。派手なイメージ。自分が目立つ。助力が得られる。地の利を得る。

道 みち。イメージが良く、使いやすい字。身の移動が多くなる。

鮎《ネン》 あゆ。中国語ではナマズの意味。刺々しい。

篤《トク》 あつい。篤実。矛盾がある。

遊《ユウ》 あそび。放蕩に走りやすい。身の移動が多くなる。

蓉《ヨウ》 芙蓉。蓮の花。成都の別名。異性的な魅力を与える。

頼《ライ》 賴。依頼。信頼。当用漢字では無難な字。財のある字。本字は刺々しい。

璃《リ》 瑠璃。宝石の一種。異性的魅力。トラブルが多い。

龍《リュウ》 竜。力強いイメージだが、トラブルが多い。厳しくて刺がある。

【十七画】

営《エイ》 いとなむ。堅実なイメージ。

霞《カ》 かすみ。頼りなくて儚いイメージ。女性的魅力を感じさせる。薄幸の佳人。

謙《ケン》 へりくだる。謙虚。謙譲。やや堅苦しいが無難な字。

厳 →［嚴］二十画

駿《シュン》 足の速い馬。駿馬。良い馬の意味だが、人間には向かない字。トラブルが多い。

瞬《シュン》 まばたき。一瞬。瞬間。良いことが長続きしない。純粋で聡明だが激しい性格。

穂《スイ》 ほ。稲穂。意味としては無難。穏やかだが心労が多い。

総《ソウ》 總。すべて。多くを求め関わろうとする。挫折しやすく心労が絶えない。

聡《ソウ》 聰。さとい。賢く見える。知的でエレガント。気配りが良いが心労が多い。

繁《ハン》 しげる。繁茂。繁栄。繁盛。頻繁。良いことが長続きしない。

弥《ヤ》 彌。大きい、ゆきわたる。発音だけ。多少傲慢なイメージ。

優《ユウ》 すぐれる。気苦労の多い名前。優しいと言うよりお節介な人。刺々しい。

陽《ヨウ》 太陽。陽気。女性は強く見えて向かない。助けが得られる。

遥《ヨウ》 はるか。追い求める目標が遠すぎる。身の移動が多い。激しい面もある。

隆《リュウ》　盛り上がる。上昇志向が強く背伸びしすぎる。助けが得られる。

瞭《リョウ》　あきら。明瞭。遠くを見る。職業によっては良い字。知的でエレガント。

澪《レイ》　しずく。儚く美しい。薄幸の女性。女性的な魅力。

【十八画】

環《カン》　わ。たまき。宝石。指輪。金環。女性的な魅力はあるが障害も多い。

織《ショク》　おる。投機的な傾向が出やすい。刺々しく挫折しやすい。

豊《ホウ》　豐。豊は礼のつくり。ラッキーな文字。

曜《ヨウ》　光り輝く。日曜。七曜。非常に派手なイメージ。

煬《ヨウ》　隋の煬帝の煬。非常に派手な字。障害が多い。

翼《ヨク》　つばさ。バタバタして落ち着かない。派手。

礼《レイ》　禮。エレガントで派手。略字体は空間が多いが悪くはない。外見が良くなる。

【十九画】

絵《カイ》　繪。きれいなイメージ。挫折しやすい。金銭に縁はある。

鏡《キョウ》　かがみ。派手さのある字。障害が多い。

霧《ム》　きり。人を惑わす、儚いイメージ。女性的な魅力はあるが苦労が多い。

遼《リョウ》　はるか遠く。遼遠。目指す目標が遠すぎて達成が困難。身の移動が多い。

麗《レイ》　うるわしい。華麗。美麗。麗人。協調性や競争力がある。

【二十画】

覚《カク》　覺。さめる。いつも緊張がとれない。やや不安定。本字は頭が重い。

馨《キョウ》　かおる。良い香と良い音色。女性が実際より魅力的に見える字。

薫《クン》　薰。人気の出る名。異性的な魅力があるが障害も多い。

厳《ゲン》　嚴。きびしい。いかめしい。親しみを持ちにくい字。

譲《ジョウ》　↓［讓］二十四画

蔵《ゾウ》　藏。くら。どっしりした重み。異性的魅力があるが厳しいイメージ。

耀《ヨウ》　かがやく。非常に派手な人生。「曜」よりも華やか。非常に派手。

藍《ラン》　あい。藍染。しっとりとした上品さを感じさせる字。異性的な魅力がある。

【二十一画】

桜《オウ》　櫻。日本人の好む文字。略字は安っぽい。どちらでも異性的な魅力はある。

鶴《カク》　つる。上品で美しいイメージ。やや薄幸な運勢。派手だが障害が多い。

護《ゴ》　まもる。守護。護衛。弁護。少しうるさい印象。異性的魅力はあるが障害も多い。

鉄《テツ》　鐵。てつ。刺々しい。略字は字形が悪い。

誉《ヨ》　譽。ほまれ。名誉。無難な字。本字は頭が重い。略字は軽い。

【二十二画】

響《キョウ》　ひびき。音響。うるさい印象。

【二十三画】

顕《ケン》　あらわれる。顕現。顕在。顕著。派手で聡明。

蘭《ラン》 らん。花の名。異性的な魅力。

【二十四画】

譲《ジョウ》 譲。ゆずる。謙譲。譲歩。譲ってばかりの人生になりがち。

【著者紹介】

掛川東海金（かけがわ・とうかいきん）

1953年長野県生まれ。

20代で家業を引継ぎ、経営、経理、税務、不動産売買、民事訴訟などの実務に10年余り携わり、独学でPCソフトを開発する。

1991年より、運命学ソフトの製作・販売を開始。

掛川掌瑛（かけがわしょうえい）と名乗る。

1994年より10年間、台湾出身の碩学張明澄師（故人）に師事し、明澄派五術、南華密教、雲門禅などを伝授され、《東海金》と命名される。

現在、張明澄記念館最高顧問。

同記念館より、掛川掌瑛名で『子平大全』『子平姓名大全』『紫薇大全』『六壬大全』『奇門風水大全』『太乙大全』『星平会海』『周易大全』など30冊余りの著書を出版。

明澄五術ソフト30種以上も発売中。開運印鑑デザインにも秀でる。

密教姓名学《音声篇》

2017年 7月18日　初版発行

著　者――掛川東海金（かけがわ・とうかいきん）
装　幀――中村吉則
編　集――初鹿野剛
本文DTP――Office DIMMI

発行者――今井博央希
発行所――株式会社太玄社
TEL 03-6427-9268　FAX 03-6450-5978
E-mail:info@taigensha.com　HP:http://www.taigensha.com/

発売所――株式会社ナチュラルスピリット
〒107-0062　東京都港区南青山5-1-10　南青山第一マンションズ602
TEL 03-6450-5938　FAX 03-6450-5978

印刷――モリモト印刷株式会社

ISBN 978-4-906724-33-8 C0011
Printed in Japan

●陰陽五行を極める本格的占い出版社、太玄社の本

【実践】四柱推命
人の運命と健康のあり方
盧恆立（レイモンド・ロー）著
山道帰一 監訳
島内大乾 翻訳
世界最高峰のグランドマスターによる渾身の一作。人の健康状態、将来の病気の予見までを90の命式から読み解く！
定価 本体三〇〇〇円＋税

【実践】四柱推命鑑定術
盧恆立（レイモンド・ロー）著
山道帰一 監訳
アマーティ正子 翻訳
世界最高峰のグランド・マスターのロー先生が鑑定の秘技を惜しみなく伝授！ 人生に何が起こり、何が改善できるのかを200を超える命式から縦横無尽に読み解く！
定価 本体三八〇〇円＋税

風水住宅図鑑
風水で住宅をみるための基礎知識
山道帰一 著
住んではいけない場所・間取りを知ることが、凶を避ける知恵である！ 風水で住宅をみるための基礎知識。
定価 本体三八〇〇円＋税

風水・擇日万年暦
1924〜2064
山道帰一 著
日本初！ 新暦で並び直された全ページフルカラーの画期的な万年暦。この一冊で「暦」を自在に使いこなせます。万年暦を使いこなすための定番技法も各種収録！
定価 本体三九〇〇円＋税

玄空飛星派風水大全
山道帰一 著
オールカラー！ 台湾風水界の重鎮鍾進添老師・徐芹庭博士も大絶賛！ 日本の風水界の虚実を糺す「玄空飛星学」の唯一無二の本格的教科書！
定価 本体六八〇〇円＋税

子平推命 基礎大全
梁 湘潤 著
田中要一郎 翻訳
台湾の至宝 子平推命の大家による名著。本邦初翻訳！ 子平を志すもの必見・必読の書。子平（四柱推命）を台湾の大家が順を追って解説。
定価 本体三〇〇〇円＋税

誰でもわかる正統派風水
エリザベス・モラン
マスター・ジョセフ・ユー 著
マスター・ヴァル・ビクタシェフ
島内大乾 翻訳
風水の基礎となる考えから歴史から、順を追って風水について説明しています。風水という環境だけでなく、四柱推命でその人の運気も解説しています。
定価 本体三〇〇〇円＋税

お近くの書店、インターネット書店、および小社でお求めになれます。

六壬神課 金口訣入門

池本正玄 著

安倍晴明をはじめ陰陽師がこぞって学んだという占術で、奇門・六壬・太乙を融合させ、他に類を見ないほどの的中率を誇る。物事の吉凶成敗の判断を即座に占う、金口訣入門書決定版！ 定価 本体二四〇〇円+税

玄妙風水大全

坂内瑞祥 著

数々の実績を残している名風水師がその秘訣を開示！ 玄空風水の奥義を「水法」を中心に紹介。 定価 本体四五〇〇円＋税

フライング・スター 風水鑑定術

福田英嗣 著

世界のセレブ御用達！人気ナンバーワン鑑定マニュアル。〈飛星チャート〉144パターンを一挙全解！家運を安定させ、人生を大きく改善する優秀なコンパス。 定価 本体二四〇〇円＋税

ハワイアン風水

クリア・イングレバート 著
伊庭野れい子 訳

ハワイからやって来た、すぐに実践できる「ハワイアン風水」。ハワイの人気風水師が、たくさんの美しい写真を載せて解説！ 定価 本体一九〇〇円＋税

誰でもできる かんたん風水！ バグアチャート風水

伊庭野れい子 著

9つのコーナーとエリアでかんたん運気アップ！入り口から見た位置で、「恋愛運」も「金運」も「健康運」も決まります！ 定価 本体一五〇〇円＋税

風水と住まいの精霊開運法

塩田久佳 著

風水のヒケツは、「住まいの精霊さん」にあった！著者が「住まいの精霊さん」から学んだ秘伝満載！さまざまな風水を学んできた著者がたどり着いた開運風水法。 定価 本体一三〇〇円＋税

ツキをよぶ フォーチュンサイクル占い

イヴルルド遙華 著

幸せを導く24の運勢サイクル。自分の周期を知り、新たな扉を開くフォーチュンサイクル占いです。アクションを起こす時期を前もって知ることで、本来の魅力を発揮。 定価 本体一五〇〇円＋税

お近くの書店、インターネット書店、および小社でお求めになれます。

●陰陽五行を極める本格的占い出版社、太玄社の本

仙道房中術の悟り
張明彦 著
中国の仙道房中術の奥義が学べる小説形式の実践マニュアル！
定価 本体一六〇〇円＋税

チベット密教の秘密と秘法
張明彦 著
チベット密教の教義。そして性的ヨーガを含む秘法の全貌を一挙公開！　死から次の生を得るまで魂魄がたどる四十九日の旅が詳らかに！
定価 本体一八〇〇円＋税

仙道双修の秘法
張明彦 著
決定版！　男女双修術入門！　今に活かす古代中国の男女性愛長寿法。生前の快楽と死後の平安という、人生最大の問題の答えがここにある。
定価 本体一五〇〇円＋税

クリスチャン・アストロロジー 第3書
ウィリアム・リリー 著
田中要一郎 監訳
田中紀久子 訳
古代から近世にかけての占星術を集大成し、リリーの研究結果をまとめた書。現代の占星術はこの本から始まっています。研究者は必携の本です！
定価 本体三五〇〇円＋税

あなたの運命を開く場所はここだ！
真弓香 著
生まれ年月日、時間の星に導かれてあなただけの開運場所を見つける開運方法。その場所に移動することで開運する実践法をご紹介します。
定価 本体一六〇〇円＋税

新・日本神人伝
不二龍彦 著
幕末から昭和初期に現れ、霊的な革命を起こした天才たちの事跡。日本における「霊的サイクルの巨大な転換」を記した名著が、大幅にページを増やして、満を持して再登場！
定価 本体二六〇〇円＋税

古神道祝詞 CDブック
御影舎 古川陽明 著／解説／奏上
『日本の神様カード』著者 大野百合子氏推薦！　省略されていない本来の「大祓詞」をはじめ、重要で貴重な祝詞を網羅しています。
定価 本体二一〇〇円＋税

お近くの書店、インターネット書店、および小社でお求めになれます。